西语文献中的雷州

XIYU WENXIAN ZHONG DE LEIZHOU

雷州文献丛书

周立红　蔺志强　编译

中山大学出版社
SUN YAT-SEN UNIVERSITY PRESS
·广州·

图书在版编目（CIP）数据

西语文献中的雷州/周立红，蔺志强编译．—广州：中山大学出版社，2022.8
（雷州文献丛书）
ISBN 978-7-306-07570-3

Ⅰ.①西…　Ⅱ.①周…②蔺…　Ⅲ.①地方史—史料—雷州—现代　Ⅳ.①K296.54

中国版本图书馆 CIP 数据核字（2022）第 112720 号

出 版 人：王天琪
策划编辑：吕肖剑
责任编辑：周明恩
封面设计：曾　斌
责任校对：陈晓阳
责任技编：靳晓虹
出版发行：中山大学出版社
电　　话：编辑部 020-84110283，84113349，84111997，84110779，84110776
　　　　　发行部 020-84111998，84111981，84111160
地　　址：广州市新港西路 135 号
邮　　编：510275　　传　　真：020-84036565
网　　址：http：//www.zsup.com.cn　E-mail：zdcbs@mail.sysu.edu.cn
印 刷 者：广东虎彩云印刷有限公司
规　　格：787mm×1092mm　1/16　15.5 印张　395 千字
版次印次：2022 年 8 月第 1 版　2022 年 8 月第 1 次印刷
定　　价：48.00 元

编译说明

《西语文献中的雷州》是笔者承担中山大学历史学系陈春声教授、吴义雄教授和黄国信教授主持的“广东省财政厅雷州文化研究专项资金项目”一个子课题的研究成果，旨在翻译整理西语文献中关于雷州的记述。本书的核心文献来自法国海外国家档案馆（Archives nationales d'outre-mer）所藏关于雷州的档案和德国著名汉学家夏德（F. Hirth）1874年在《中国评论》（*The China Review*）杂志发表的关于雷州地理的一组文章。近年来，在岭南师范学院王钦峰教授、龙鸣教授和景东升教授的努力下，关于广州湾的法文档案正在陆续翻译出版。与之相比，本书所使用的档案包含广州湾，但更偏重于对雷州半岛的整体描述，主题集中于雷州的剿匪与治安，内容涉及法国驻广州总领事、广州湾总公使、法属印度支那联邦总督以及广东地方当局围绕剿匪问题的沟通和博弈，在各方围绕缉捕权的斗争中，折射出了20世纪二三十年代广东社会由内政不治引发外交风波的复杂面相，也体现了各个权力当局对待匪患问题的不同看法，同时也反映出中法当局在匪患问题上时而敌对、时而合作的现实主义态度。本书关于剿匪的档案种类包含信函、电报、诉状、新闻摘要、政治报告，为了便于研究者利用，编译者按照档案形成的时间和专题进行了编排。初到中国的夏德依据中外文著作和自己的调查完成的这组英文论文，第一次详细地向西方介绍了雷州半岛及周边的海陆地理特征、军政制度和风土人情，在当时影响很大。文章保存了有关19世纪雷州的很多珍贵信息，同时，作者对中西方地理学的比较以及对中国制度和典籍的理解和表达都是中西交流史研究的重要素材。

本书从最初构想到资料收集，再到翻译编辑，得到了中山大学历史学系领导和同仁以及学界朋友的大力支持和帮助。吴义雄教授看过档案目录后，当机立断聘请法国广州湾研究专家、马赛梯也尔中学教师Antoine Vanniere先生，也就是《广州湾租借地：法国在东亚的殖民困境》一书的作者，从法国海外国家档案馆收集相关档案，这使本书拥有了关于雷州半岛的大量核心的珍贵文献。同时，吴义雄教授在聘请学生助理参与初稿的翻译上给予了慷慨的经费支持。黄国信教授一直以来很关心本书的进展，帮助寻找能辨识雷州方言的学生协助工作，解答了书中涉及盐政的翻译难点问题。何文平教授派他的研究生刘青峰誊写、点校涉及雷州半岛的中文繁体字档案，同时，作为近代广东民间武器和匪患问题的研究专家，何教授还帮助解决了本书编译过程中遇到的很多专业问题。李爱丽教授为本书提供了雷州地理的英文文献，校对了书中有关海关职位的翻译。孙宏云教授委派他的雷州籍研究生叶磊帮助解决雷州人名和地名的翻译问题。中山大学中文系郭丽娜教授不辞劳苦，多番联络Antoine Vanniere先生帮忙收集资料，本书译者在翻译过程中也时常参阅她的译作《广州湾租借地：法国在东亚的殖民困境》。广东外语外贸大学王淑艳教授热心帮助联络初译者，并以她向来一丝不苟的工作态度帮助解决了许多翻译中的疑难问题。Antoine Vanniere先生以他丰富的学识和遵守契约的精神及时提供了一批高质量的档案，为本书能够保质保量完成做出了重要贡献。中山大学历史学系的师长和同仁赵立彬、潘一宁、牛军凯、周湘、王媛媛、柯伟明、侯彦伯等诸位教授利用他们的专业所长，为译者答疑解惑。

本书的分工如下：关于雷州的法语文献由周立红、于金华、张少婧、孙思萌、崔一梅、李凤晓、肖芳、胡蝶、孙凤、丁航翻译，由周立红统校、编辑，王淑艳帮助解决了翻译中的许多疑难问题；关于雷州的英文文献《雷州半岛：一个中国地理学的研究》，由蔺志强翻译、编辑；关于雷州的中文档案，由刘青峰点校、誊写，周立红校对，王媛媛帮助解决了点校中的一些疑难问题。法文档案里中国人姓名和雷州地名的书写大都由叶磊拼译，周立红也通过查阅史料拼译了一部分人名、地名。贺婧慧、彭雪、苏素锦、段兰芸参与了本书前期的资料收集工作。

两位编译者均从事世界史研究，编译这本雷州半岛史料集的过程既是一种新鲜的"跨界"体验，也是一段集中地补给中国近代史知识的时光。我们搜集阅读了大量相关的中文史料，力图在翻译中复原那个年代的语言、风格和气息，尽量使用时人对官职、人名、地名的称呼。为了尽量保留原件的样貌，原件字句的中断空白之处也保留原样，人名和地名仍采用原件的名词拼读法，故可能出现有的名字或地名有连字符，有的没有连字符的情况。然而，虽经多处查找、多方请教，还是有一些人名、地名没有拼译出来，在此祈求方家赐教。还需说明的是，本书未能搜罗尽记述雷州的所有西语文献。据香港大学德国学者 Bert Becker 介绍，1898—1914 年德国政府档案中藏有若干涉及广州湾的文献，内含领事撰写的报告、德国人亲访广州湾的记载以及法国外交官提供的咨询。因此，这项编译工作仅是开始，希望能抛砖引玉，以后有更多的同行将这项工作发扬光大。

周立红　蔺志强

2021 年 10 月 12 日

目　录
Contents

一、夏德笔下的雷州地理

（一）雷州半岛：一项中国地理学的研究

原文出处：*The China Review*, Vol. 2, No. 3（1874）, pp. 149 - 160。

在整理构成本文主题的资料时，作者试图实现两个目的：给予读者一些关于雷州的信息，并且在此过程中表明从中国的地理学著作中可以得到哪些类型的信息。因此，作者在此要提前向读者致歉，文章偶尔会离开题目所示的主题，插入一些与雷州关系不大的关于这些地理学作品的内容。

雷州半岛位于北纬20°15′到21°30′之间，平均长度为75海里。半岛的宽度是长度的一半，走向是从北向南，正如世界上大多数半岛一样。

雷州是中国大陆的最南点，在它的南端隔海而望有一个岛屿，虽然这个岛屿相对大了一些，但仍很容易令人想到《宇宙》（*Kosmos*）一书的作者提到的“世界外形的相似性”（similitudines physicae in configuratione mundi）之一，他首次注意到几个大陆最南端的形态具有令人称奇的相似性。他说，可以视为规律的是，北方的海岸都没有什么特定的形状，但南方却总是布满半岛，并且一般有岛屿为伴，如意大利半岛与西西里岛，东印度半岛与锡兰岛，朝鲜半岛与济州岛。我现在可以加上，雷州半岛与海南岛。但与前面的例子相比，这一对只是普遍形态的缩微版；它是亚洲其他半岛的有些畸形的复制品，是版图形似大象的中国的短而小的尾巴。

关于属于广东省的这一地区，我们掌握的资料少得可怜，如果它们是可靠的，那么这里的基本特征与周边地区可谓非常不同。卡尔·李特尔（Carl Ritter）① 把它与佛罗里达或日德兰半岛相提并论，但认为这里土壤更加肥沃，人口更多，开发也更深入；事实上，它与荷兰北部相似。李特尔关于雷州的认识主要基于一部游记，这部游记长期以来都是关于这里以及广东其他地区的唯一信息来源，它就是《从海南南部的万州（Manchao）到广州的旅行日记》。该文由普里福伊船长（Capt. Purefoy）② 发表于《亚洲杂志》1825年第20卷第521-536页及第621-627页。这篇文章稍加修改之后还以另一标题印行：《1819年罗斯（Ross）船长的英国船“友谊号”货运监督J. R. 从海南岛到广州的旅行》。它印成小册子的形式，在作者的朋友当中散发。③ 该文的一部分在《中国丛报》第18卷第5期第

① 《亚洲地理》，第三卷，第821页（*Erdkunde von Asien*, III. p. 821）。

② 查《亚洲杂志》该卷，称作者为“友谊号船上的一位乘客”，因此他显然不是“友谊号”的船长。另查，有一位詹姆斯·普里福伊（James Purefoy）曾在1807—1808年担任一艘英国船夏洛克号（The Charlotte）的船长，当为同一人。参见 James Horsburgh, *India Directory, or Directions for Sailing to and from the East Indies, China, New Holland, Cape of Good Hope, Brazil, and the Interjacent Ports*, London, 1823, p. 331。——译者注

③ 这一小册子可以在香港市政厅图书馆找到。

225－253页重新发表，并附有S. 威尔斯·威廉姆斯（S. Wells Williams）博士的评论。这两篇文章显然来自同一个来源，虽然以不同的作者之名发表。很难确定哪一位是最初的作者。该日记可能由普里福伊船长保存，他可能是英国船“友谊号”上的一位乘客，而J. R. 先生是这艘船的货运监督。根据《亚洲杂志》的版本，这次旅行在1804年11月11日启程，1805年2月16日结束。在J. R. 先生的版本中，日期相同，不过年份变成了1819年到1820年。这表明至少其中一篇文章为伪作，或者只能解释为两位都参加了旅行的作者当中有一位在有关自身经历方面的记忆奇差。

“友谊号”本计划从澳门前往交趾支那的岘港（Turon），结果在海南的万州（Wan-chow，或Man-chow）遭遇船难，因而开始了这次从陆路返回广州的探险。在这一次不情愿的旅行中写下的日记，用李特尔的话说，是“对这一欧洲人迄今几乎一无所知的滨海地区（雷州）的第一次匆匆一瞥”。然而它毕竟是匆匆一瞥，虽然作为一位有文化的船长的日记，保持着航海日志一样的规律，并且它对自然和生活的生动记述不无价值，但仍无法摆脱作为一本来历不明的书所受的怀疑，内容上也不乏夸张与谬误之处。这样一本“日记”，只有作为一种反映雷州内陆给外国旅行者留下的印象的资料时才算得上有权威性。

根据它的叙述，雷州半岛的南部宽阔而平坦，没有任何大的山丘；越往北走，则山势渐起，地貌也越与毗连的北部各府（departments）相似。半岛南部的土壤是深色的红土，庄稼是甘蔗与水稻，也有牧场穿插其间；而在雷州府城以北，则是成片的稻田绵延不绝；再往北部，又是各种果园的天下。该日记的描述让人觉得雷州半岛是一个混杂的区域，并且与耶稣会作家有关它的说法相吻合，即“府城所在的地区是该省西部各城市当中最好最富庶的”。

我会在下文中对雷州的农业特色再次加以描述，以表明普里福伊船长的游记在多大程度上与中国的各种记载中的有关说法相一致。

雷州现在是广东省的一个府，由知府（Chih-fu）管理，雷州知府同时接受在海南的道台（Tao-tai）的管辖。普里福伊船长的日记中不太恰当地把海南的道台称为“总督”（viceroy），虽然治所位于海南琼州府的雷琼道台被认为比省内的其他任何道台都有更独立的地位。

最新的英国海军部海图（Admiralty chart）给出的海岸线是否正确尚无确证，姑且依之计算，则雷州的面积为640地理平方英里（Geographical，or German square miles），相当于13600英国平方英里（English square miles）。①

与世界上的其他半岛相比，雷州在面积上小得多。下面给出雷州与一些知名半岛的面积对比：

朝鲜半岛	地理平方英里	4100
佛罗里达	……	1100
日德兰半岛	……	915

① 在计算这一区域以及下面给出的海南面积时，我使用了克鲁格尔（Klugel）的面积计算表（v Kloden，Handb. D. phys. Geogr. P. 61），把经度和纬度各为1度的一块区域分为36个梯形，每个梯形块分配克鲁格尔给出的相应纬度的比例。1地理平方英里＝21.28英国平方英里。（地理英里Geographical mile，是一种长度计算单位，以赤道上1分的长度为1单位，等于1855.4米。此处雷州半岛面积有误，640地理平方英里是下文海南岛的面积。作者在本文第二部分发表时做出更正：雷州的面积为160地理平方英里或德国平方英里，约等于3600英国平方英里。——译者注）

克里米亚半岛	……	476
古吉拉特半岛	……	300
雷州半岛	……	160

海南的面积几乎是雷州半岛的4倍。我计算其面积为640地理平方英里，或13600英国平方英里。这一数字与如下这些岛屿对比：

婆罗洲	地理平方英里	13600
马达加斯加	……	10926
爪哇岛	……	2326
古巴	……	1960
冰岛	……	1864
海地岛	……	1368
锡兰	……	1200
海南	……	640
西西里岛	……	464
牙买加	……	278
波多黎各	……	185
邦加岛	……	330

这样，雷琼地区（Lei-chiung，即海南加上雷州）占地总面积达到800地理平方英里，或17000英国平方英里。

作为一个府级行政区，雷州又分为三个县，包括：海康县，治所所在地与雷州府相同，位于半岛中部；徐闻县，位于半岛南部；遂溪县，位于半岛北部。

上述关于雷州半岛的内容都可以在外国人的著作中看到，李特尔在其著作中也进行了相似的概述。他在讲到广东省时遗憾地表示对《广东通志》只知其名却未得一读，他说，“如果得到这一著作，我们对广东的了解无疑将更加完整”。我现在就试图依据本土著作编写一些说明，主要的参考著作是《广东图说》，即“广东地图的文本说明”，此书是基于其他本土著作的中文汇编，比如不同州县的地方档案、《大清一统志》《广东通志》等。此书晚近成书（在1862年到1869年间），力求全面，因而可以认为是现存关于广东的最全面的中文地理学著作。

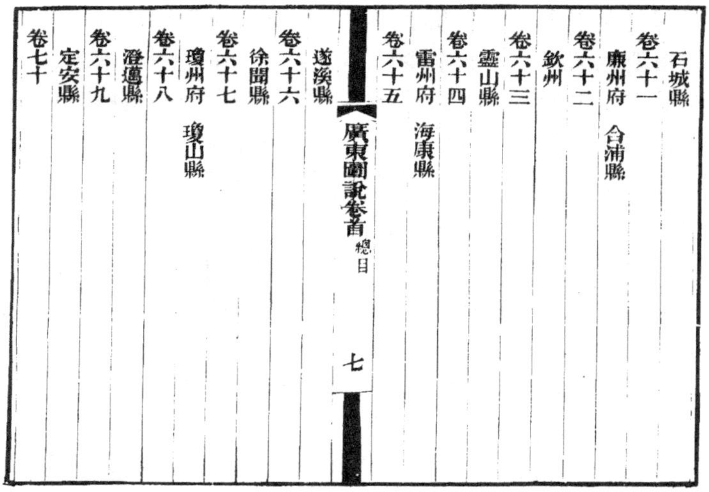
石城縣
卷六十一
廉州府 合浦縣
卷六十二
欽州
卷六十三
靈山縣
卷六十四
雷州府 海康縣
卷六十五
廣東圖說卷首 總目 七
遂溪縣
卷六十六
徐聞縣
卷六十七
瓊州府 瓊山縣
卷六十八
澄邁縣
卷六十九
定安縣
卷七十

《广东图说》按照统一的格式，非常规整地介绍了广东的每一个县。每一篇概述都首先介绍其基本方位，主要是距离府城多少里。然后是历史沿革，但仅提及该县在特定时期属于哪一王朝或区域的一部分。之后介绍县城城墙的周长和高度是几丈几尺，如果有护城河的话，也会标明其宽度和深度。

接下来的章节述及山岳及其高度，我敢说这些数据都尽其所能地做到了精确；但是外国地理学家却无法从中得到有关当地的海拔高度和地理特征的信息；① 而大量名字的罗列

① 《广东图说》的大多数水文和山岳信息是借鉴《广东通志》的，而《广东通志》在“山川”一章中经常记载某山方圆多少里，高多少丈（1 丈 =113/4 英尺），有时中小型的山岳则称高多少仞［1 仞 =5～8 尺（cubit，腕尺，或肘）］。但这些数据显然不是起于海平面的绝对高度，在没有对数和三角公式帮助的情况下，它只能是基于粗略计算的一个估测。书中说柳州府灵山县的罗阳山“高千丈（约等于 11750 英尺）”；而马蒂尼神父（Father Martini，此处无人名和著作全名，但应该是指卫匡国 Martino Martini。——译者）说登上此山需要两天时间。这两个数据对于外国地理学家而言是等价的；他们表达的意思只是罗阳山相对较高，比那些 200、500、300 丈的山要高得多。在欧洲人看来，这些数字无疑是错误的，即使外国人对一座山岳的测量与中国人吻合，那也只是巧合，比如罗浮山，《广东通志》记载其高度为 360 丈（约等于 4230 英尺）（另一著作称其为 3600 丈，显然是刻版人员的错误，也许本意是 3600 尺，等于 360 丈）。而且，与罗浮山不同，一般高山仅大致说高 200、500、1000 丈，也常比较模糊地说高“千仞”，或“数百丈”“数百仞”，等等。这些都证明中国人虽然如马蒂尼神父所说是“极度热情的山岳探索者”（Montium scrutatores nimii），但并不特别在意他们对山川高度的估算，不过这并不意味着这些数字完全无用。因为在国家的不同档案甚至高品质的地图中都有数以千计的山、岭、丈、尺等名称，使我们完全无法知晓它们的重要性，也无法确定某某山究竟应该被看作小丘、山岗、中型的山峰，还是一座高山，在这种情况下，任何有关一座山的规模的信息都必须珍惜。我认为有必要制作一个广东主要山岳的高度与占地范围的对照，并从《广东通志》记载的数以千计的高度数据中把高于 300 丈（约等于 3525 英尺）的山摘选出来，又把这 80 多个山岳的主要条目制成表格，我可以可靠地称之为“本土数据所见广东最高山岳表”（见本书第 6 页）。

以海南内陆的一些山岳的高度，它们本应被列入主要山岳当中，但《广东通志》并无相关数据，这无疑是因为那里被野蛮的山民部落占据，无法进行从容的测量。连州、连山等苗族区域也类似，对当地山岳高度的本土估算，我们也充满怀疑。

表格中这些数据与外国旅行者对其中一些“最高”峰的一般印象进行对比之后，表明我们不得不因为这些数据中的错误和夸大而把表格中超过一半的山岳剔除出去。因为虽然我们对中国人记录的小丘和山岗的数据比较放心，它们本身也不难估测，但看起来负责测量《广东通志》里的这些数据的山志学家们都很乐于夸大一些因别的原因而出名的山岳的高度。因为“梅岭”的名字全国皆知，所以它必须是一座高山；因此梅岭高 1350 丈这个数字我们肯定可以减去 1000 丈，因为马嘎尔尼使团记录中给出的 8000 英尺高度本身就已是夸大的了。

及对其名字来历的解释几乎无助于对其山岳特征形成最基本的认识。甚至关于某些山岳或山脉重要性的提示也非常少。小岛常常与山岳一起被提及，只是加了一个它们在“海中”、距县城多少里的说明。山岳与县城的距离以及坐落的方位从不会被忽略。

山岳之后的章节一般是对该县境内河流的罗列。“某某河流发源于某县的某一部分；从本县的某某地点入境，某某流向，经过哪些山、石、桥、镇等，折向某某方向，有某某支流汇入”，在详细而枯燥地记录每一个转弯或分流之后，接着说该河流“在某某湾、锚地或港口汇入大海”。这是《广东图说》记载每一条河流水文特征的标准套路，它在严格意义上讲是一种地形学的作品，回避了对所述地区的任何风光和地理学特征的反映。

（附广东最高山岳表，原文第153、154页）

Name in the Peking Dialect.	*Chinese Characters.*	*Position given in the Kuang-tung-t'ung-chih.*	*Approximate position as given in the Kuang-tung-t'u.*		*Height in C. (=Chang) J. (=Jên.)*	*Height in English feet.*	*Circuit of basis in Li.*
			N. Lat.	*W. or E. Peking.*			
Chiu-lien-shan,…………	九連山	30 Li E. Lien-p'ing-chou….	24°28′	W. 1°47′	2,000 C.	23,500	500 to 600
Shih-ya-shan,…………	石亞山	30 Li W. do. …	?	?	2,000 C.	23,500	…
Mei-ling,…………	梅嶺	80 Li (N.) Nan-hsiung……	25°25′	W. 2°21′	1,350 C.	15,862	…
'Hung-ai-shan,…………	洪崖山	90 Li E. do. ……	25°20′	W. 2°08′	Several thousand Jên.	10 to 20,000	50
Lien-'hua-shan,…………	蓮花山	30 Li N. 'Hai-fêng…………	23°10′	W. 1°57′	1,000 C.	11,750	50
Ch'i-t'ou-ch'ang,…………	旗頭嶂	100 Li N. Lu-fêng…………	23°23′	W. 0°56′	1,000 C.	11,750	…
Hsüeh-t'ung-shan,………	雪洞山	60 Li N. Chang-ning………	24°19′	W. 2°28′	1,000 C.	11,750	…
Ko-lo-shan,…………	戈羅山	80 Li S.E. do. ………	…	…	1,000 C.	11,750	…
'Hou-tzŭ-ling,…………	猴子嶺	25 Li S.E. Lien-p'ing-chou.	24°17′	W. 1°57′	1,000 C.	11,750	…
Shih-êrh-p'ai-shan,……	十二排山	30 Li E. do.	?	?	1,000 C.	11,750	30
Fu-lu-shan,…………	扶盧山	40 Li E. Ssŭ-'hui…………	23°26′	W. 4°02′	1,000 C.	11,750	…
San-kuei-shan,…………	三貴山	50 Li N. do. …………	?	?	1,000 C.	11,750	30
Lo-yang-shan,…………	羅陽山	30 Li E. Ling-shan…………	22°26′	W. 7°22′	1,000 C.	11,750	…
Ch'i-mu-ch'ang,…………	漆木嶂	40 Li W. Chang-lo…………	23°47′	W. 1°09′	1,000 C.	11,750	…
Ming-shan,…………	明山	40 Li S.E. Chia-ying………	?	?	900 C.	10,575	30
T'ung-ku-shan,…………	銅鼓山	80 Li S.E. do. ………	?	?	900 C.	10,575	100
Wang-shou-shan,………	王壽山	180 Li N.E. do. ………	24°37′	E. 0°02′	890 C.	10,457	200

Name in the Peking Dialect.	*Chinese Characters.*	*Position given in the Kuang-tung-t'ung-chih.*	*Approximate position as given in the Kuang-tung-t'u.*		*Height in C. (=Chang) J. (=Jên.)*	*Height in English feet.*	*Circuit of basis in Li.*
			N. Lat.	*W. or E. Peking.*			
Ta-ch'ang-shan,…………	大嶂山	20 Li E. 'Hai-fêng…………	?	?	700 C.	8,225	…
Shuang-kuei-shan,………	雙桂山	50 Li S. do. …………	22°48′	W. 1°10′	700 C.	8,225	7
Ming-shan,…………	明山	150 Li W. Ch'ieh-yang…….	23°33′	W. 0°37′	700 C.	8,225	40
Ta-lung-shan,…………	大降山	120 Li S.W. Hsin-ning…….	22°	W. 4°15′	600 C.	7,050	20
Tu-shan,…………	獨山	140 Li W. Ch'ieh-yang…….	23°35′	W. 0°33′	650 C.	7,637	30
Fêng-'huang-shan,………	鳳凰山	50 Li W.N.W. Jao-p'ing….	23°54′	E. 0°13′	600 C.	7,050	100
Hsi-yüan-shan,…………	西源山	60 Li E. Tê-ch'ing…………	?	?	600 C.	7,050	30
Shuang-'hao-ling.,………	雙鶴嶺	180 Li N.E. do. ……….	23°17′	W. 4°38′	600 C.	7,050	80
T'ien-ling-shan,…………	天嶺山	60 Li S.E. Lung-mên…….	?	?	1,000 J.	…	…
Pao-shan,…………	寶山	25 Li N. Wêng-yüan………	24°49′	W. 3°09′	1,000 J.	…	…
Chan-ch'i-shan,…………	展旂山	170 Li N.E. do. ………	?	?	1,000 J.	…	…
Wêng-shan,…………	翁山	Wêng-yüan-hsien…………	?	?	1,000 J.	…	…
Tieh-shan,…………	疉山	Chao-ch'ing-fu, on the boundary Ssŭ-'hui….	?	?	1,000 J.	…	100
Kao-chia-shan,…………	高峡山	30 Li E. Chao-ch'ing………	23°10′	W. 4°19′	1,000 J.	…	30
T'ung-ku-shan,…………	銅鼓山	30 Li S.W. do. ………	23°04′	W. 4°24′	1,000 J.	…	30
Ting-'hu-shan,…………	頂湖山	40 Li N.W. do. ………	23°13′	W. 4°18′	1,000 J.	…	100
Pai-shih-ling,…………	白石嶺	40 Li W. Lo-'hui…………	19°11′	W. 6°39′	1,000 J.	…	…

在所有的沿海县都会在河流一章中增加一部分对海岸线轮廓的粗略概述，这部分虽不完善，但对那些在这些根本不为人所知的中国海岸地区航行的人来说也许有些作用。这部分给出的信息也同样是各县遵循统一的模式。这里要指出，在雷州，与广东的其他一些地方一样，锚地（anchorage）被称为港（Chiang，广东话为 Kong）。一些港还注明“海船可在此停泊”，或“因暗礁多而难以靠近”，或该地海岸“海水浅而多沙”，等等。如果我们可以确定如此描述的海岸的方位，在我们的海图上找到对应的点，那么这些中国人提供的信息一定可以对那些理解其含义并有机会在当地航行的人有所帮助。①

在这些水文地理信息之后，是有关行政的章节。它开篇即说明在该县区衙门主政的最高官员的头衔。一般而言是知县，但在府城，则称知府，或者如果该城恰好是道（circuit）的治所，则称道台。需要指出的是，在广东，一个县的平均面积为 873 平方英里，即与英格兰的沃里克郡（Warwickshire）大小相当，而超过德国的科堡哥达公国（Duchy of Coburg-Gotha）。英格兰一个郡的平均面积是 1273 平方英里。而一个府的平均面积约 7360 平方英里，即相当于符腾堡王国（Kingdom of Wurtemberg）；一个道的面积则是府的两倍；潮州府道台的管辖面积达 18300 平方英里，几乎等于希腊的大小。

知县知州等以下是县辖分区的行政长官。按密迪乐先生（Mr. T. T. Meadows）的说法，这些官员一般是“巡检”，或“市镇行政官”，但如果这一分区包括县治所在地，则由“典史”负责，典史也兼管县的监牢。（密迪乐：《中国政府和人民散记》，Meadows, *Desultory Notes on the Government and People of China*, p. 96）每个分区又分为许多大乡，大乡又分为许多小村。在雷州府，大乡称为社，如新安社（Hsin-an she）、东昌社（Tung-chang she）。但是“社”这一称呼相对稀少，在《广东图》上，除雷州府外，我只发现一个大乡被称为社，即合浦县的三河社（San-ho-she）。大乡更多地被称为“都”或“堡”；但是，也有其他一些名称，并无限制。在东江上游及其东北和西南地区各县通用的是“约”，包括河源（Ho-yuan）、连平州（Lien-ping-chou）、长宁县（Chang-ning）、龙门县（Lung-men）、永安县（Yung-an）和长乐县（Chang-lo）。龙川县（Lung-chuan）和和平县（Ho-ping）除外。“约”也指由几个小村组成的“邻里”，又构成大乡的分区。“峒”（该字亦可写作“峝”）被用在山区的大乡，比如江西边界的连平州山区，安南边界的钦州山区，以及海南的整个内陆。在海南内陆，黎族山民居住的乡被称为“黎峒”，汉族居住区则被称为“图”或“都”。下面这些字用于大乡的名称：

都、堡、图、甲、铺、社、峒、练、乡、里、坊、约、洞、围。

“都”和“图”也用来区别同名的乡，比如海南海口港西部有海口一图、海口二图。

所有这些分区的通用名是“大乡”，即“较宽泛意义上的社区”，“乡”在这里不适于译为村庄（village），因为它总是“由若干个村庄组成的区域”。

每个大乡包括的村庄数量不定。“黄埔堡（广州黄埔港附近的乡）只有 4 条村，而本省最大的乡，阳江县太平署（Tai-ping ssu）的虔儒都，下辖不少于 718 条村。”《广东图》的文字部分记录了省内所有小村的名字，在这方面算是最完备的了；但其地图虽然以比较大的比例绘制（1 个纬度 =22.5 英寸），却并不是在所有县都标示得同样完整，不过，它细致地标明了不同的乡和重要的村庄的位置。

---

① 见本文附注。原文此处为长篇脚注，因篇幅原因，改为附注置于文后。

在记录各乡下辖的小村之后，一般附有一条说明，称某某市镇（墟或市）、军事据点（汛）、海关或在地理上不在该地界的其他地点，依“例”（instructions）也属于该乡管辖。

记录村庄的章节之后，是有关军事的部分。读过威妥玛先生（Mr. Wade）所写的《中华帝国的军队》（《中国丛报》，Vol. XX，p. 375）一文的人都会注意到，中国的军事组织布置与地方上的道、府、州、县等绝不一致，因而一个中国省份的军事地图和它的行政区划图看起来差异巨大。对那些对广东军事地理有兴趣的人来说，《广东图说》提供了相当令人满意的细节。我们不知道不同职位官员的具体职责，但他们各自驻防的地点，不管是城池、堡垒、据点还是营地，都有相应记录，并附有各军事点的军力以及其他各种与本国军人利益相关的信息。

每县地理部分的最后两到四个章节包括一个从县城通往邻县的道路上设立的官方驿站“塘铺”名录，或者一些重要的非官方地点，比如南海县的佛山。铺与铺的距离以“里”为单位。像欧洲的大型都城一样，广州也有自己的省城总铺，它是从周边主要地点到省城的共同终点。这些距离数据只有相对的价值。因为它们既不是直线距离，也不是两地之间道路的真实距离，而是按照中国的测量方法，“紧沿地面，翻山越岭”（close along the surface of the ground, up hill and down dale）。[①]

在山区的旅行者可能会发现这种测量距离的方法，如果准确的话，会比标在正确的地图上的绝对距离有更大的实际用处。以我自己的经验，它有点像图林根森林的居民所接受的原则，这些居民对无论是地理上还是航海上，无论是德语还是英语的 1 里格（league）、1 英里，这些概念不知所云，就像我的绝大多数读者如果在德国的这一地区询问一条路的距离时，会对所得到的回答无法理解一样，这个回答就是“几个小时”。它的意思很简单：“如果你以一般的速度行走，不快也不慢，就像我们村庄的一个健康的男人一般的走路方式一样，那么你将在几个小时内走完这段路。”这样，所有没法丈量的偏离，如跨过山谷溪流时的绕路、翻过山峰时的攀爬，以及那些难行的山路，全部都考虑到了。而你携带的地图上计算和标示出来的“英里”数字，则一定会至少在这一条路的“时间”距离方面误导你。所以，《广东图说》中以“里”给出的距离也许可以期待其“时间”正确性，不过几何学上的正确性就无法指望了。

铺或驿站用于传递官方的信函，按照涉及的官方交通的重要性，重要的地方会有两个或更多的士兵守卫。

［德］夏德（F. Hirth）

（待续）

附注：由于电白以西的中国海岸相对不为人知，我接下来将根据《广东图说》对从安南边境到电白的海岸稍做介绍。其中提到的一些地名的位置，除非特别说明，都是来自一幅中文地图——《广东图》，可能最多只能算是大致方位。

根据该地图，中国海岸的最西端在白龙角（Pak-lung Cape）（所有海图都标明该地）

① 密迪乐：《散记》，第 72 页（Desultory Notes on the Government and People of China, p. 72）。

以西15英里处，也是竹山埠（Choukshan）以西8英里处。在中文地图上，白龙角是位于北纬21°43′，北京以西8°33′（21°43′N. lat.，8°33′W. of Peking，这是卫匡国的中国地理位置标示法，经度以北京的经线为基准。——译者）的一个小岛，称为白龙尾（Pai-lung-wei），即白龙的尾巴（“尾”字经常用于称呼海岸线上突出的部分）。往东南东（E. S. E.）大约5英里是一个称为西蚬沙（Hsi-hsien-sha）的沙滩。白龙角以西，在安南的边境上有一条危险的通道被标为航海的边界（maritime frontier）。钦州城（Chin-chou）位于一个海湾的顶端，海湾入口处有龙门岛（Lung-mun）镇守；附近还有一岛名为江沙湾（北纬21°43′，北京以西8°9′），该岛被标明“多礁石难靠近”。与钦州交界的合浦县因北海港而闻名。北海港是所有条约中涉及“西部海岸”贸易的口岸，是东京湾的主港口。我们的海图在这一部分看起来错误颇多，而中文地图《广东图》则好得多，与科克船长（Capt. Cocker，掌管Chinese Rev. Str. Lingfeng船）交给我的一份概述更加吻合。根据这份概述，北海港在一个海湾的南部，而海湾顶端是廉州府城（lien-chou-fu）（据耶稣会士描述，位于北纬21°38′54″）。在南端，这一海湾被从东北方向伸出大陆的地峡保护，地峡尽头是称为冠头山的海角（据《广东图》，位于北纬21°35′，北京以西74°6′，但在科克船长的概述中称其位置要再往南5英里）。据记载，北海港有沙滩长达数里。东京湾的东北角有著名的暗铺港（An-pu，广东话为Om-po，原文标注为暗铺，即今天的安铺。——译者注），高州府和雷州府在此分界。

在大约北纬21°，东经109°0′45″，坐落着涠洲岛（海图上更靠西一些，但根据科克船长的说法，该岛几乎位于北海港高地的正南方），该岛有高达400英尺的垂直山崖，据说有一个良港。《广东图说》在遂溪县的山岳一章中，称涠洲岭方圆70里。其古名为大蓬莱。岛上有8个村庄，居民以种植蔬菜和药材为生。据称，周边出产珍珠。该岛东南方有一小岛，名为蛇洋山，方圆10里。岛上两山高500英尺，形如双蛇互视，因而得名。它也被称为小蓬莱。

据记载，雷州府的西海岸始于暗铺港。从此向南6英里到达下落港，该港多暗礁，难靠近。在乐民港（北纬21°13′，北京以西7°3′），“海船可以停泊”。南行15英里是博里港，海岸又变得多礁石而危险；据记载，洪排港（北纬20°53′，原文为2°53′，当为印错。——译者注）和向南12英里的海康港也是如此。在北纬20°35′的乌石港提到了乌石山，水浅而多沙。在北纬20°30′的流沙港和其南4海里的八登港，海船可以停靠。流沙港在海图中可找到。

半岛的西南角在外国海图上称为角尾角（Cape Cami），该地因海珠港而闻名。Cape Cami这个名字似乎来自附近的一个叫角尾村（Kok mei-tsun，原文附有中文“角尾材”，“材”显然为“村”之误写。——译者注）的小村，海角突出海岸，呈尖状，在该水域航行过的船长对我说，其形状要比海图所画尖得多。

海南海峡（Hainan Strait）的北岸有众多小港，但所有的航行，特别是海南与大陆之间的交通，都集中在海安港，其位置几乎与海南的海口港正对。向东10英里是白沙港，有一堡垒。雷州的西南角看起来同样因多礁石而危险。据记载，礁石位于青湾墩的小海湾（北纬20°17′，北京以西6°30′，与我们的海图所标相去甚远）。礁石看来成为从那里航行到位于北纬20°20′的南昭湾的一大障碍。该海湾以北，有一名为赤坎的村庄标注于那份中文地图——《广东图》中，而在《广东通志》的相应地图上则标为一个港口。另一个同名的地点位于这一海岸的北部，约为北纬 21°14′处。据说赤坎有一些前往潮州和福建的海船往来（见《中国丛报》Vol. Ⅴ，p. 343，其中 R. Morrison 在关于中国海岸的一篇文章中把赤坎标在半岛的西南角。另见《汕头海关贸易报告》1868 年第 95 页）。当一开始找这个地方时，我有些困惑，究竟是南部的赤坎还是北部的赤坎。但因为北部的赤坎称为“埠”，即港口的意思，而南部的赤坎在最新和最好的中文地图上仅标为一个海边的村庄，仍提示航行危险难以靠近，我现在倾向于将赤坎港定位在北纬 21°19′，东经 110°30′30″。赤坎的贸易由一个地方海关（native custom-house）管理。

锦囊港，徐闻县锦囊所（Chin nang so）城的港湾，位于北纬 20°28′，它与位于北纬 20°33′的斑鸠湾一样，都是适于海船停靠的港口。

斑鸠湾以北 5～10 英里，离海岸 3 英里处有两个小岛。北边的叫北莉埠，南边的叫新寮埠（Hsin-ya fau，广东话为 San-a fau，原文 ya 的中文写法为草字头下面一个了字。——译者注）。前往雷州府城和港口的河口在北莉岛以北几英里处。

这两个岛屿的西北是硇洲岛（Island of Now-chow），在外国人眼中并不特别陌生，有时候在从广州或香港前往海南的旅程中会提到它。北纬 21 度线横贯该岛的北部。已故的瓦萨洛（Vasallo）船长（当时掌管的船叫作 rev. str. Peng-chou-hai）将该岛的最西端定于北纬 20°53′10″，东经 110°36′57″。《广东图说》如此描述硇洲岛：“在西南部，两座山峰相对，形成马鞍山（一个非常常用的山名）；南部、东部和北部海岸黑石高耸，光滑如荷花之瓣。只有西部海岸有一处海船可以停靠；船只穿梭于这里与铺前（海南文昌的一个贸易市镇）之间，如风向合适，航程为一天一夜之内。该岛西南海岸为沙洲所阻。”（《广东图说》原文：“二峰突起，形如马鞍。东南北三面海滨黑石峥嵘，形如莲瓣。惟西南面津前一带为海船寄椗之所。西与文昌县之铺前墟相望，海船顺风一昼夜可达。”——译者注）在行政建制上硇洲是一个社（township），隶属于高州府吴川县。当地人口约两万，绝大多数以捕鱼为生，土地不及雷州半岛肥沃。其外销物产中包括糖，但数量不大。据说该地有海盗出没。根据《广东图说》记载，硇洲有五堡镇守，但当地人告诉我，这些堡垒都极残破。

硇洲与大陆之间有一个比它大两倍的岛屿。以前的海图没有标出此岛，但最新的海军地图标出了这个岛屿和其周边的海岸情况。这个岛屿叫东山海岛，《广东通志》则称其为东海岛。它是遂溪县下辖的政区，与遂溪县被一条狭窄的海道隔开，据说只有小舢板可以通行；该岛面积约 230 平方英里。尉翠岭（今称龙水岭——译者注）位于岛的东北部，海图上标为 Jaiquelin 山，“一座陡峭的石山，到处是危险的峭壁，高度超一千寻（fathoms）。”［原文为“千仞”。仞是一个长度不明的古老度量单位，似乎只用于表示高度。“夫子之墙数仞”（《论语》英文版，理雅各译，XIX，23，3）、“堂高数仞”（《孟子》英文版，理雅各译，VII. 下 34，2），其长度也许与法国的“toise”接近，但在本文，千仞显然只是一个概称，仅仅意味着“很高”］。对于航行于周边海上的水手来说，尉翠岭是一个地标。东山海岛的居民以捕鱼、晒盐为生，海盐贸易规模很大，远达广东、广西全境、湖南和江西南部。据记载，该岛西部有两个港口是可以通行大船的，即麻丹港和狗尾草港。后者在前者以北 2～3 英里处。东山岛西北有一个小岛叫东头山，岛上有一个舢板码头。东山岛周边航行危险，因为水下沙洲很多，其中暗沙（暗沙也是水下沙洲的统称）、磨刀沙、鹿根沙被特别提到。尉翠岭是由东山岛北部海岸围成的一个海湾的入口，这个海湾就是广州湾。这一入口（北纬 21°12′，北京以西 6°14′）据说很危险。前面提及的赤坎港和另一个关税所（native customs' station）两家滩可以通过广州湾到达。

北纬 21°17′和北京以西 6°13′处是一个河口，溯河北上依次是吴川县、化州和高州府所在地。河口称为限门港，两岸沙洲高耸，“如旋风吹起的小山”。吴川县位于限门港以北 5 英里的河左岸，据说有一个虽小但很好的港口。（《中国丛报》，Vol. V，p. 334）据杜赫德（du Halde）记载，该河涨潮可远达高州府。从限门港往东直到那录港（北纬 21°25′，北京以西 6°1′）约 18 英里，海岸被绵延的沙洲包围，汉语称为“一带暗沙”。那录港是吴川县与电白县的分界点。在中国地图上，从此往东 6 英里处的海岸标注有“暗礁”。瓦萨洛船长给我的水东（Shui-tung）港大致位置是北纬 21°32′30，东经 110°，比《广东图说》所示位置偏北 5 英里，电白内港的位置是北纬 21°28′30，东经 111°11′。

（二）雷州半岛：一项中国地理学的研究（续）

原文出处：*The China Review*，Vol. 2，No. 5（1874），pp. 276 – 282。

在继续我关于雷州的笔记之前，我必须请求读者更正一个错误，它逃过了本文第一部分出版时的校对检查，这个错误虽然很容易发现，但因为十分重要，还是不能不专门指出。在第 150 页，海南的数据被误用到雷州身上，正确的表述应当是“雷州的面积为 160 地理平方英里或德国平方英里，等于 3600 英国平方英里”。

在《广东图说》中，一府之下各县的概述之前都有一张该府的全图，并配有少量文字介绍。

因此，在雷州府部分，我们首先知道的是其府治在广州西南 1422 里。这一数字，基于上文解释的原因，当然是错误的。

这些距离的数据都是借自《广东通志》，并主要来源于《大清一统志》或其他有关雷州府的档案，很奇怪它们会被认为值得用于像《广东图》这样具有如此高的可信度的地图中；因为编纂者应当很容易发现这些数据与耶稣会士给出的位置极不相符，而后者被广泛地使用于所有更好的现代中国地图中。把两三个耶稣会士的数据与他们自己地图上的数据进行比较之后，他们应当可以认识到其价值。但是，另一方面，对下表的仔细研读将为那些错误找到理由，中国档案记录中给出的距离比实际直线距离长很多，而且普通旅行者从广州到达该处需要绕行的路线越多，距离的数据也就越长。

与广州的距离	里（据中国文献）	海里（大概直线距离）	1海里=里	经度1度=里
嘉应州，……………………	700	178	8.9	234
肇庆府，……………………	290	66	4.4	264
潮州府，……………………	878	185	4.7	282
雷州府，……………………	1,422	230	6.2	372
钦州府，……………………	1,700	250	6.8	408
佛冈厅，……………………	440	55	8	480
新制里长度，…………………………………………………………			4.17	250
旧制里长度，…………………………………………………………			3.2	$192\frac{1}{2}$

[本表将中国文献所标不同地点与广州的距离（里）与耶稣会士测量的距离（海里）相折算之后，得出1海里相当于多少里。作者相信耶稣会士的数据比较准确，所以从折算结果的巨大差别可以看出中国文献标注距离的不准确性。第5列标明将里程与两地的经度距离折算后，经度1度相当于多少里。最后两行则标明新旧里制与海里和经度距离的正常换算数值。——译者]

有关雷州府和钦州府的数据错误相对大得多，因为从广州到这两个地方的陆地行程很长，根据我为此搜寻的一部中国旅行书①所列的途中驿站计算，距离分别达到300海里和360海里，而其直线距离则分别为230海里和250海里。佛冈厅（Fu-kung-t'ing）是广州正北方的一个独立市镇，直线距离55海里，但其道路沿北江绕行三水和清远，实际旅程达到两倍的距离。这也许能说明收入这些数据的道理，但是，任何人如果想要用它们来解决地理方面的问题，考虑到上述的情形，一定要十分谨慎。

在对一府的历史脉络进行不超过一页篇幅的介绍之后，《广东图说》接着会提供该府的各种距离数据，包括该府的长度和宽度、府辖各县县治之间的距离、到达海岸或邻县边界的距离等。这些数据也是完全无法利用的。

接下来对历史沿革的介绍也是枯燥乏味的，不外乎列举该府曾在中国历史的某一时期属于某国某省。它是广东省历史的一个简短概要，但主要是关于区划变迁的叙述。

现在的雷州府，在秦朝（前249—209）时是南越国的一部分，南越国包括东京湾周边地区和广西、广东的一部分。在公元前213年，它被秦征服并成为其附属国，整个南越被分为三郡，其中之一是象郡，"大象之乡"，包括交趾支那、今雷州府和雷州半岛。当时，海南为黎族所占，黎人其时尚未开化，在中国历史学家看来，那是一块世外之地。后来（前111），雷州半岛据说成为合浦郡的一部分，首府在今廉州府，位于东京湾的北岸。在后汉（the Posterior-Han）、晋、宋诸朝，雷州地区被称为徐闻县，而今天的徐闻县只是雷州的最南部。在列举其他一些称谓与区划变迁之后，该书指出，雷州之名首次出现是在唐贞观八年（634）。在13世纪末，雷州县（时称雷州路）升格为府，隶属海北和海南道长官管辖；雷州

① 《示我周行》，或"旅行者指南"。

本身在当时称为“海北”。雷州现在的行政建制和官方名称“雷州府”始于1368年。①

概述部分的最后介绍了雷州府的边界、海岸、卫所等的方位，以及下辖各县名称。

接下来，我将概要叙述雷州的地理状况，主要依据《广东图说》，在合适的地方我会以其他中国著述补充说明。但我将偏离《广东图说》的体系，将雷州府作为一个整体来叙述，而不是像该书那样分别介绍各县的情况。

城墙

城墙看起来是中国人唯一的永久建筑作品 。他们的庙宇、宫殿、拱门和桥梁数量众多，这是事实，但是，与别的国家相比，这些建筑都是短命的，原因在于这些建筑华而不实的风格（superficial and unsubstantial style）。它们都或多或少为满足当代人的使用和愉悦而建，在这方面，看似与古埃及人性情相似的中国人与金字塔和卡纳克神庙的建筑者表现出巨大的不同。

在中国唯一经受住时间考验的建筑物就是城墙。最著名的是在北方边境线上的长城。但大量帝国城市的城墙几乎都是同样耐久的地标。它们的四至被详尽地记录在所有地理著作中。

广东有超过100座有城墙的城市，规模各异，其城墙高度从10英尺到30英尺不等，宽度则一般都足够几个骑马者在墙顶并排前行。一些城墙四周有护城河，一些城市的护城河则随时间的推移被填平了。

虽然被城墙圈围起来的空间（城内）总是比周围的空间（城外）小，但城墙的长度绝大多数情况下是与该城的重要性相一致的。下表给出了广东比较重要的城池城墙的周长和高度，以及护城河的宽度和深度。如表所示，广州不出意外地在城墙长度上冠绝群雄。

城市	城墙		护城河	
	长度（丈）	高度（丈）	宽度（丈）	深度（丈）
广州　旧城，………………	2,275	2.20	…	…
新城，………………	1,004.50	2	2	0.35
潮州府，………………	1,762	2.60	1	1
连州府，………………	1,670	3.20	2	1.20
韶州府，………………	1,635	2.20	2.50	2.20
揭阳县，………………	1,600	2.30	2	1
灵山县，………………	1,543	2.10	1.90	0.10
新会县，………………	1,370	1.80	3	0.70
雷州府，………………	1,349	2.80	3	0.90

① 上文所依据《广东图说》原文如下：雷州府府治在省城西南一千四百二十二里。秦为象郡地，汉元鼎六年置合浦郡，治徐闻县。后汉、晋、宋因之。南齐仍移合浦郡来治，治海康县。大业初州废，仍属合浦郡。唐武德四年复置南合州，贞观元年改名东合州，八年始改曰雷州。天宝元年曰海康郡，乾元元年复曰雷州，属岭南道。五代周、南汉、宋曰雷州海康郡，属广南西路。元至元十五年置雷州路安抚司，十七年改总管府，为海北海南道治，隶湖广行中书省。明洪武元年改曰雷州府，属广东布政使司，今因之。（《广东图说》卷六十四）

续表

城市	城墙		护城河	
	长度（丈）	高度（丈）	宽度（丈）	深度（丈）
惠州府，………………	1, 326	2. 20	…	…
东莞县，………………	1, 299	2. 20	3	3. 50
琼州府，………………	1, 253	2. 70	4. 80	3. 20
电白县，………………	1, 164. 70	2	3	1
德庆州，………………	1, 150	3	…	…
南雄州，………………	1, 131	1	…	…
崖州，………………	1, 060	2	…	…
嘉应州，………………	985	2. 60	2	1
徐闻县，………………	978	1. 50	…	…
清远县，………………	908	1. 80	4	0. 60
归善县，………………	904. 50	1. 90	…	…
新安县，………………	900	2. 50	2. 20	1. 20
肇庆府，………………	864	2. 50	…	…
罗定州，………………	744. 27	1. 90	…	…
顺德县，………………	655	1. 55	1. 65	0. 65
高州府，………………	640	1. 40	3	1. 60
钦州，………………	594. 50	2. 40	20	0. 80
定安县，………………	593. 40	1. 40	1. 50	1
连州，………………	548	2. 30	2	0. 50
增城县，………………	540	3. 30	2	1. 50
遂溪县，………………	470	1. 50	0. 60	0. 50
连山厅，………………	180	3	…	…

（1 丈 = $11\frac{3}{4}$英尺）

增城县的城墙最高，而位于安南边境的钦州护城河最宽，东莞县则拥有最深的护城河。一些城市特别小，而一些较小的县或亭的城池几乎可以装进罗马的斗兽场（周长 1641 英尺，约 139 丈）。过去巴黎内城的城墙长 14800 英尺（约 1260 丈），而前两年推倒的柏林城墙长度达 46800 英尺（约 3983 丈，或两倍于广州旧城或北城）。柏林的腓特烈大街（Friedrich's Strasse）长约 723 丈；所以，沿广州旧城和新城城墙行走一圈（总长 3279 丈）相当于沿柏林最长的大街往返两次。

山岳

如果仅基于中文资料来对山岳的基本情况进行估测，正如前文关于中国人测量山岳的方法部分所见，可能会是最艰难的工作，而如果没有外国旅行者的叙述辅助和校正的话，那也将是所有依据本土资料进行的地理探索中最不可靠的部分。

《广东图说》描述了属于雷州三县的 52 座山岳的位置，但根据《广东通志》所载部分山岳的高度，其中绝大部分明显难当“山岳”之名，即使根据中国人的测量，这些土丘的高度也不超过一丈、两丈或三丈（12 ～ 35 英尺），但它们被认为值得一提这一事实，正印证了普里福伊船长的说法，即雷州几乎一马平川。《广东通志》提及的最高山岳是斜离岭，又名雷公岩（Lei-kung yen），位于遂溪县南 50 里处。据载，该山高千仞，但是，在《广东图》的文字部分虽提及此山，却没有在地图中标示。根据《广东通志》内的遂溪县图，此山应位于广州湾海岸某处，与东山岛隔海相望。它与东山岛上的尉翠岭似乎是唯一值得一提的两座真正的山岳。剩余的所谓山岳中只有一座时礼山超过了 70 丈（825 英尺），位于雷州府东南 80 里处；半岛中部有极少数几座山标高达到 50 丈或 60 丈，有一些高 20 丈或 30 丈，其余绝大部分甚至低于 10 丈（118 英尺）。

关于山岳的描述中，更有意思的是山岳名的来历。一般而言，山岳得名多基于其外形，或奇特之处，或其他与其相关的东西。当一座山因某种物产而出名时，常会在书中有所标记。比如，茶山，“种植茶树的山”，就常见于广东省各地。在雷州有两座山盛产高良姜，一座是龙床山，位于锦囊所（Chin-nan so）镇西 5 英里，另一座是冠头岭①，位于徐闻县东；而根据《广东通志》所载，遂溪县西 70 里的螺冈岭（Lo-kang ling）盛产橄榄果，但在绝大多数地方都转抄《广东通志》内容的《广东图说》却略去了这一条，是否有意而为，不得而知。也许《广东图说》的编撰者有自己的充分理由做此删略，从这一点来看，几乎通篇照录了《广东通志》地理部分的《广东图说》却完全抛弃了其关于山岳高度的内容，也许可以看作其批判性的自我怀疑精神发展的值得注意的一个例证。位于流沙港（Lau-sha Anchorage）东北一英里的讨泗山（Tao-ssu shan）以竹林茂密而著称。雷州府东南 8 里的盐绳岭则被提及有煤矿井，并出产木棉——一种中国棉树，物种在广东到处可见；《广东图说》略去了其他的记录。一种被称为米榛（即“大米坚果”）的果实，生长在遂溪县东北的石门镇以北的调楼山（Tiao lou shan），即“梯田式的山”。建在山顶或山腰的庙宇常被提及。在雷州，绝大多数庙宇都是为求雨而建，而大量没有庙宇的小山丘也被指出是有意而为，也许风水学决定了它们必须如此。雷州最著名的山岳庙是雷神庙，位于雷州府西 8 里的英榜山上，该庙献给雷神，也称雷祖，按西方的说法也可以称它为雷州的“雷神朱庇特”（Jupiter tonans）庙。

以下是我根据仔细研读《广东通志》记载的雷州山岳位置情况而得到的总体印象，该书的叙述太乏味，在此将不会详尽地罗列。

南部地势最低，徐闻县境内的最高山峰是高山岭②（50 丈，即 588 英尺，实际可能不超过 200 英尺）。中部沿西海岸有一系列山岳，而东部完全是平原。在遂溪县山峦渐多，特别是在该县的东北边界。

河流、湖泊等

雷州的河流当然只有地方性的重要性，很少有河流长度超过 30 英里。河流的走势在

---

① 原文注音为 Kuan-tou shan，即冠头山，但在《广东图说》中为冠头岭（卷六十六）。——译者

② “高山岭”这个名字让我想到了日德兰半岛上的“Himmelbjerg”山，其意为“与天齐高的山”；二山相比于其周围平原上的小山伙伴都是巨人般的存在。

所有的地方记录中都有详细的描述。我选择"大水溪"（Ta-shui-chi）作为中国水文地理学的代表。这一河流"起于徐闻县东部的龙床岭，流向西南，经过马鞍山，之后源于"风流塘"的"葫芦溪"从东北方汇入，水量大涨。该河继续流向西南，过高山岭后，在"大水桥"处转向东南。之后水流骤急，水声巨大，冲出一个无底深潭，名为"龙潭"①。其后河水继续流向东南，经过"海安所"城；在此，它再次转向，流向西南，在海安港入海。据《广东图》所载，大水溪总长28英里；从源头到入海口的直线距离为17英里。

《广东图》收入24条主要河流，以及大量的支流。对各条河流的详情文字介绍与地图上的走向非常吻合。

在雷州府城以东海岸入海的河流都被利用来进行灌溉，似乎这些河流的河道都被人工改造过，以利于在整个大平原上建立有效的输水系统——正如普里福伊船长在雷州附近所见，大平原上"稻田一望无际"。南渡河（Nan-tu-ho）长度是半岛东西宽度的2/3左右，在雷州府城南数里处经过。它由两个或自然或人工的湖泊相连，一个是"西湖"（Sai wu），位于雷州府城以西，离城很近，另一个是"特侣塘"（Te-lu-tang），属于遂溪县，位于北纬20°58′，北京以西6°42′至6°44′之间。

这些湖泊主要作为淡水水库，为半岛东部海边大量的盐碱沼泽地提供灌溉水源。

从《广东图》看，"西湖"应当是最小的一个湖泊，但却被描述为非常深——"无底"。中文地图上在雷州城旁还标出一个湖泊，但没有名称；它位于城西1里处，而另一个资料说位于城西半里。宋代（960—1278）的两位大官，何和戴，修筑了堤坝，让周围的溪流全部汇入其中，因而被认为是这个对本县农业至关重要的大水库的建造者。西湖水面长满荷花，无数紫燕每晚汇集于此，"燕燕燕（yen-yen-yen）地鸣叫不止"②。西湖有一个曾用名叫罗湖。

特侣塘建于明代（1368—1628），当时占地40顷（1顷=16.7平方英亩）。其水源来自12个不同的水泉。一条运河将它从南部与大肚河连接起来，大肚河又流入南渡河。这一体系建成之后曾在某时陷入无序状态，但是在雍正元年（1723）它被第二次疏浚重建，"现在为雷州民众造福甚巨"。

这两个湖泊看来是这一地区整个农业兴盛的调节器，因为中国作家称这些水利系统为当地土地肥沃的主要原因。

雷州府城东西的大片良田都依赖于海岸的堤坝系统和由湖泊进行调节的淡水灌溉。在"洋田"③这一条目下，《粤中见闻》可能依据一些来自半岛地方文献的记载描述了雷州府

① "龙潭"之名并非此潭的专属名称（nomen proprium），而是大量水潭的常用名。我曾经想要寻找龙潭与普通水潭有何本质不同之处，结果徒劳无功，甚至我仍无法确定"龙"只是一个修饰语（epitheton ornans），还是它可以在任何实质性意义上描述一个"潭"（很深的水塘）。龙潭在广东数量众多，没有哪个府没有一个或多个龙潭。其名称各地有不同的解释。比如"龙"一般会与当地的某些传说相关。"大鱼变化为龙，然后升天"，等等。

② 《粤中见闻》是广东各种地理情况的记载，由吕男世（原文如此，作者实为范端昂，字吕男——译者注）编撰，于1801年在三水出版。其中大部分材料借自《广东通志》和其他地方文献，但也有一些是编者在广东各地长期生活中亲自搜集记录的。有关雷州湖泊的内容主要来自上述著作。（关于西湖紫燕，《粤中见闻》原文如下：雷州西湖每夜有紫燕数万集荷花中，其谣云："燕燕燕，飞入荷花寻不见。荷花落尽燕无依，归去犹衔花一片。"清·范端昂撰：《粤中见闻》，汤志岳校注，广东高等教育出版社，1988年版，342页。作者将"燕燕燕"理解为拟声词，显然不妥。——译者）

③ 《粤中见闻》卷六，洋田条，第31页。

的我冒险翻译为“盐沼”（salt marshes）① 的田地。“这是深厚而肥沃的土壤，易于耕种，不需要大量劳力，可产出大量谷物，供养灾年中的整个地区。在涨潮时，田中聚水，但可以由海岸精心修筑的堤坝阻挡，堤坝总是在一定时候处于台风引来的大浪冲溃的威胁之下；其时海岸将被海水浸漫，水退之后，洋田就会变成盐碱地，经过三四年不断的耕耘之后才可以再次种植作物。雷州居民没有重要的贸易活动，大半居民依靠种田为生，无论丰歉。被称为‘东洋田’的田地南北宽达数十里。这一区域最适于灌溉，因为特侣塘和罗湖（即西湖）邻近。但是必须筑起长长的堤坝以抵御洪水。当海岸得到有效控制的时候，谷物将丰收，但一个堤坝溃口就会使良田变成泽国；这已在过去被充分证明。”②

夏德（F. Hirth）

（待续）

（三）雷州半岛：一项中国地理学的研究（续完）

原文出处：*The China Review*, Vol. 2, No. 6（1874）, pp. 341 – 351。

区划与行政

按照中国地理学著作的结构，我现在来讲雷州的区划与行政部分。关于前者，我将仅限于提到每县不同乡镇所辖村庄的数量，因为堆积一些村庄的名字没有多大意义。但是，我会在介绍乡镇时尽量深入细节，只要《广东通志》提供了相关的信息。

I. 海康县，广东话称 Hoi-hong yun，由一位知县掌管，县府在雷州府城。在同一城内还有雷州府知府的衙门，知府是整个地区的最高文官，他配有一位秘书，称为“经历”，还有两位学校的监督官员，称为“教授”和“训导”，他们一般都有举人的身份，各自负有不同的职责。这三位官员，即秘书和两位学校监督在知府的领导之下，但级别低于知府。海康县分为两个司（Township）。

---

① 《广东通志》解释“洋田”为“以田近海故曰洋田”。引自《广东通志》之《广东舆图》，山川，12，第111章。

② 上文依据英文原文译出，可看出作者对其所见中文典籍的理解。而文中所引《粤中见闻》原文如下：洋田：雷州郭外洋田万顷，其土深而润，用力少而收获多。岁登，则粒米狼戾，否则一郡告饥。然洋田中洼，海势高，其丰歉每视海岸之修否。岁飓风作，涛激岸崩，咸潮沉滥。潮消卤发，田禾伤败，至于三四年然后可耕。雷州地偏，民无生业，多半托命于田。而虞干虞溢，东洋为甚。东洋田延袤数十里，皆资灌溉于罗湖、特侣二渠，借捍御于长堤、乌岸，修则穰，弛则荒，固往事之验也。罗湖者西山诸流所汇，宋时何、戴二太守筑堤成湖，而开东西二闸，引水西流以溉白沙田，引水南流以溉东洋田，民大获利。岁久湮塞。特侣塘广四十八顷，受十二坑之水。明时筑东南堤闸，导水南流，由二龙大河汇西湖诸水溉南洋田。又开八大渠，从渠入大肚河。又开二十四小渠，以沃海康、遂溪东南之田。日久湮塞，田中不能资水刷咸，半成荒土。雍正元年癸卯冬，疏复特侣塘，雷人赖之。（清·范端昂撰：《粤中见闻》，汤志岳校注，广东高等教育出版社，1988年版，第61 – 62页）——译者注

1. 清道司（Ching-tao ssu），由巡检（Hsun-chien）管辖，他是九品官员，衙门在一个叫北和墟的市镇，非常靠近外国海图上标示为 Mt. Wo-shek 的一个海岸边的地点。该司又分为 4 个社：那里社有 14 个村和官昌集；官和社有 12 个村和将军、平湖、英利 3 个集市；英风社有 14 个村，及海康所城①和北和墟（巡检驻地），以及潭斗墟和石盘墟；武郎社有 6 个村，及平场墟和纪家墟。属于该镇的村庄总数为 43 个。

2. 府城所在的司，由一位典史（Tien shih）掌管，该官员也住在雷州府城。此司分为 15 个社，共达 144 个村。

II. 遂溪县，广东话称 Sui-kai yun，由一位知县掌管。公共教育与海康县相同，在两位督学的控制之下。本县分为 3 个司。

1. 位于遂溪县南部的镇由县丞（即知县的助理，见 Meadows，*Desultory Notes*，Note VIII，p. 95）掌管，治所位于杨柑墟。他管辖着 6 个社，63 个村庄。该镇的集市包括乐民墟，那是西海岸边的一个港口，位于北纬 21°，与涠洲岛隔海相望。

2. 湛川司，由巡检掌管，治所位于东山岛，该岛与其对岸地区构成此镇辖地。湛川司分为 8 个社，45 个村。东山岛为一个社，被称为东海社，广东话称 Tung-hoi；包括 7 个村庄，司长官住在北部的东山集市。

3. 县府所在地的司由典史掌管，其衙门也在遂溪城内。该司分为 9 个社，52 个村。赤坎埠属于此镇。

III. 徐闻县，广东话称 Tsu-man-yun，是三县中最南的一个。由知县掌管。公共教育和其他两县一样由两位督学负责。徐闻县分为 3 个司。

1. 东场司（Tung-chang-ssu），由巡检掌管，治所在迈陈市（Mai-chen），近西海岸，辖 3 个社 269 个村。

2. 宁海司（Ning-hai-ssu），由巡检掌管，治所在曲界墟（Chu-chieh）。辖 4 个社 280 个村。锦囊所在东海岸附近。

3. 县城所在地的司由典史掌管，辖 7 个社 345 个村。此司包括海安所，由一位同知（Tung-chih，即副知府 sub-prefect，见 Meadows，*Desultory Notes*，Note VIII，p. 88）独立管辖，其级别高于知县。②

---

① 除了府、县和司的治所都有城墙之外，中国还有另一个级别的有城墙的城，它们显然都是出于军事目的而建。其名往往是某“所”，在大多数省份都能发现这样的地名。卫匡国（Father Martini）在他的“四方条目”（Catalogus Longitudinum et Latitudinum）［收于 1655 年出版的《中国新图志》（*Novus Atlas Sinensis*）］中，把它们称为“堡垒”（Fortalitia）或“军城”（Civitates Militares），并标出其方位；他还称它们为“防卫所”（Munimenta）。涉及广东的这类地方时，他还强调它们是“为了保卫该省和其海疆”（ad provinciae et maris custodiam）。这些“设防的城镇”一般比其他同样级别的地方有更加强大的守卫力量，因为作为沿海省份，它们都位于海岸或海岸附近，似乎是为了给遭受土匪或海盗侵扰的乡民提供庇护所。广东省现在有 12 个这样级别的军城，位于海康县和雷州府城以西 25 英里处的海康所便是其中之一。属于雷州府的还有徐闻县的海安所和锦囊所。

② 同知多是出于特殊情况或非常事务而特别设置的。海安所的副知府称为“雷州海防同知”（Lei-chou hai-fang Tung-chih），负责雷州的海防事务。而广州附近的佛山同知则为剿灭盗匪而设；其他同知也有为一般事务而设的，如广州南海县的同知。

城镇

虽然中国的地理学著作没有关于城镇的章节，但在雷州的地理区划部分之后介绍一些城镇的情况还是很适宜的。本土著作极少提及城镇的一般状况，下面的资料就十分少见，它是《广东通志》从遂溪县的某些独特的地方文献引用而来的。“遂溪人的传统平和而真诚；他们的住房狭小低矮；因为海风使空气总是十分潮湿，海风也会以其强力摇撼一切，空气潮湿又使木虫横行。官府的房屋以砖瓦修筑，从而可以抵御所有这些攻击。街道两侧的房屋则为泥石素墙，仅足以遮蔽风雨。”①关于遂溪县城及其周边，普里福伊船长曾做如下描述：“城墙由石条筑成，高 15 尺。②有城垛和扶墙，上有无数狭小而密集的枪眼，还有圆形射击孔，为火绳枪、弓箭及其他武器所用；我们只看到两三支火炮（guns）和老式 4 磅炮（four-pounders），杂乱地堆放在每个城门。房屋整洁，市场货物丰富。城内有许多水塘。城外都是田地，种植各种蔬菜和水果，特别是桃子。在城中央有一宝塔高耸，从城南很远便可望见。遂溪（Sui-ki）因独特的女性生意而著名。她们很小就被从各地带到这里，接受各种才艺培训。事实上，当地被认为是一个巨大的妻妾工厂，人们从很远的地方为之而来。”我要声明我在迄今已阅读的材料中并未见到有关这一交易的记载，特别是在《广东通志》卷九十三的“风俗”条，那里本该是最有可能找到相关记载的地方。

根据普里福伊船长的说法，雷州府城人口众多，而且是富庶且贸易发达的地方，他说：“我们看见几艘货船停在城外。几条街道长达 1 英里；它们整洁而宽阔，高大的店铺里堆满各种商品，我们注意到其中有绵白糖、金箔和手工的花朵。在市中心有一座 200 尺高的宝塔。当天我们看到几包棉花，无疑是从孟买进口到广州的，然后可能再从广州运到这个港口，供应内地之需。”

关于半岛南部的城镇，很难从普里福伊船长的游记中找到有用的信息，因为他对中国地名的拼写太糟糕了，几乎不能辨别出任何一个名字。海安所城在离海岸 60 ～ 70 码处。它接受来自海南的各种物产，包括糖、槟榔、盐和鞣制好的兽皮。徐闻县城离海安所不到 3、4 英里。普里福伊船长发现这里无事可记。《广东通志》引述《大清一统志》，提到这里有一个水库名为“月池”，位于徐闻县城外。“因为城内经常失火，救火用水总是不足，于是知县张师益（原文注音为 Chang-shih，疑漏‘益’字——译者注）在 1575 年（万历二年）扩大了月池，达到方圆 200 丈，深 1 丈。池水清澈且常满，靠近县城便于取用，从而使回禄（Hui-lu，引起火灾的魔鬼）不再可怕。”③ 普里福伊船长发现徐闻县城以北的道路“极好，两边绿树成荫”。

半岛上主要的海港包括西海岸的乐民港（Lo-min，广东话为 Loh-man）、南部的海安所、东部海岸的雷州城，以及广州湾内的赤坎港。从我所搜集的资料来看，雷州居民不以商贸为生，似乎这些港口接收的货物要多于运出的。其物产，如下文所述，并不很适于贸易，当地居民绝大多数勠力耕田而已。

---

① 《广东通志》，卷九十三，第 20 页。（原文见道光《广东通志》，卷九十三舆地略十一，照录如下：遂俗朴，屋宇多简陋。盖海滨多风，地气复湿，风则飘摇，湿易蠹朽。城中惟官署始用砖石，差可耐久，里巷则土垣素壁，仅蔽风雨而已。——译者注）

② 与《广东图说》所述高度“丈五”一致。

③ 原文见道光《广东通志》，卷九十三舆地略十二，照录如下：月池在县南门外。县多火灾，且乏灌溉。明万历二年知县张师益凿周二百余丈，深丈许，泉清不竭。回禄无患，灌溉便之。——译者注

军事力量

我已经提到，中国的军队部署一般并不与地方区划相一致，雷州府的情况便可清晰地反映这一特点。这里的军事管辖权掌握在三位总兵（Tsung-ping）手里，这三位总兵分别是高州总兵、阳江总兵和海南总兵。除了八旗兵营归广州的鞑靼将军直接统领外，广东省共有 11 个普通（汉族，非满族或旗人）部队，其中 6 个是陆军，4 个隶属于海军，一个是混合编队。它们驻扎于省内的不同州府，其统领的头衔之前往往加上其辖区所在的主要州府名的第一个字。

A. 陆军

1. 制台（或总督）所辖的部队，司令部在肇庆。

2. 抚台（或广东巡抚）所辖的部队，司令部在广州。

3. 将军或陆路提督所辖的部队，司令部在惠州。

4. 南韶连总兵所辖的部队，司令部在韶州（Shao-chou）。

5. 潮州府总兵的部队，司令部在潮州。

6. 高廉罗（高州府、廉州府和罗定州）总兵的部队，司令部在高州。

B. 海军

7. 水师提督的部队；司令部在虎门。

8. 阳江总兵的部队，司令部在阳江。

9. 碣石总兵的部队，司令部在碣石。

10. 南澳总兵的部队，司令部在南澳。

C. 混合部队

11. 海南（雷琼）总兵的部队，司令部在琼州。

在鞑靼将军之下，上述部队的统领就是本省的最高军事首脑。其中，陆路提督和水师提督比其他几位的级别高，但是陆路提督的官衔偶尔也封给一个普通的总兵，并不因而提升其实际地位。普通的陆路总兵和水师总兵没有差别。总兵，或称镇台（与称总督为制台，称巡抚为抚台一样，这是该官衔的一个半官方的称谓）。因此需要根据其掌管的是陆军还是水师而分别翻译为 Major-General（陆军少将）或 Vice-Admiral（海军中将）。[①]

从全国的军事制度情况很容易推知，雷州的军队也包括陆军和海军两部分。在南部，海军和陆军都在海南总兵的管辖之下，他兼任陆军和海军的统领。在其领导下，徐闻县的最高军事长官是海安所游击（yu-chi），他拥有“大老爷”（Ta-lao-yeh）的头衔。更低级别的军官驻扎在其他各港口和内地。按照有关资料的说法，全县驻有兵丁 1155 人，其中 270 人为步兵，701 人为哨兵（Shoa-ping），只有 9 人为骑兵。这是一个营的兵丁数的官方上限，其中一部分驻扎在徐闻县；但我不能确定这些官方的说法是否与实际情况相符。

《广东图说》记录了每一个兵营的确切人数。据其说法，海安所有 440 人，锦囊所则只有 100 人。按照规定，在中国的这一地区，一个炮台不能超过 50 人；一个兵营（称为汛）人数在 50 到 25 之间；驿站（travelling station）由 2～5 人把守；墩（look-outs）的守

---

① 参见威妥玛《中华帝国的军队》（*The Army of the Chinese Empire*），载《中国丛报》，Vol. XX，p. 375。

卫力量与驿站相同。

半岛北部两县的陆军在一位参将（Colonel）的统领之下，他又接受高州府镇台的领导，此镇台掌管除徐闻和海南以外整个广东西部的陆军。海康县的两个营有兵丁995人，县城本身由189人守卫，他们接受守备（major）的特别指挥。还有一位守备统领遂溪县的陆军，其司令部在集市杨柑墟，这里是一位县丞的驻节地。遂溪县陆军有530名兵丁。海军驻扎于东山岛上，由阳江镇台管辖下的一位守备指挥，有290名兵丁。遂溪县的西海岸由一位把总（Lieutenant）指挥的一个海军小分队守卫，它属于海安所海军部队，由海南镇台指挥。把总驻扎于乐民港。

旅行

官道正好从半岛中心南北贯通。但官道常常偏离商道，特别是那些并不想经过县城的商人旅行者的道路。这样，本土的旅行者如果目的地不同，其行走路线也常不同。官方驿站几乎在各县城之间连成一条直线道路。从石城县南下到遂溪县，有4个驿站，50里路。从遂溪县到雷州府城有13个驿站，总距离为160里。从雷州府到徐闻县为72里，有18个驿站。从徐闻县城到位于海安所港的北关站（Pei-kuan Station）的道路要翻过一座小山，叫官守岭；在海安港有渡船往来于海峡之间，通往琼州府的港口“海口”。

除了上述信息，《广东图说》没有提供更多的相关内容。关于物产、气候、人口等信息，我们只能从其他中国著作中零星地汇集，比如《粤中见闻》《广东新语》（与前者类似，且有很多条目重复），以及《广东通志》中的相关章节。由于材料十分分散，我下面试图提供的气候、物产和人口方面的概述自然不完善且零碎；雷州各县的方志可能有比较丰富的相关资料，但我在广州找不到任何这类书籍。

气候

当地的最大特色就是异常频繁的雷暴，这据说也是雷州得名的原因，即“雷之地”。“雷州春夏日，无日不雷。”这句可能最初来自唐代《国史补》的话在几乎所有描述雷州气候的后世著作中都有引用。当秋天来临，天空再次变得清静了，民众相信此时雷电隐藏于大地，“其状如猪”；人们可以抓获并吃掉它。这些“猪”（彘）显然是迷信者认为与雷电有联系的某种块茎植物。很奇怪的是，一些相当类似的说法可以在某些西方国家找到。根据普林尼的记载，“块菌（truffles）秋日在雷雨后生长，特别是在打雷之后生长”①。尤维纳利斯（Juvenal）也谈到“块茎植物在春天雷声的欢迎下丰富了餐桌”②。同样的信念也许可以解释为什么古希腊人把一种块菌称为 Keraunion。该词来自 Keraunos，雷电。在《粤中见闻》中，撰写“雷”条目的作者似乎将上述错误的观念纠正过来了，但是他自己对这一现象的解释却并不见得多高明。他说：“雷州的天气很热；在陆地的边缘腐败的蒸发物和燃烧的热气从地面蒸腾而上，在空中飘浮并互相冲撞，发出鼓的隆隆声，被称为‘雷’；如巨石突然冲撞的声音此起彼伏。这一现象引起了雷州对‘雷神’的崇拜，而且，

---

① 普林尼：《自然史》，第十九卷，13章（Plin., Hist. Nat. XIX., 13），拉丁文原文如下：De tuberibus haec traduntur peculiariter: quum fuerint imbres auctumnales, ac tonitrua crebra, tunc nasci, et maxime e tonitribus.

② 尤维纳利斯：《讽刺诗集》，第五卷，116节（Juven. Sat. V. 116 seq.）

为了扭转灾害，在英榜山修建了一座雷神庙。庙里神像高高在上，头戴王冠，身着丝绸；在其左右，依次是天庭的将军，其中一位长髯飘洒，手持一个貌似白色石膏的东西。这些关于雷神的起源传说将它描述为从蛋中出生。在大殿后面有 12 幅雷神的画像，与黄道十二宫的星宿暗合。雷公、电母、风伯、雨神和雷神之父陈铁也同处一室。”①

从以上这一切可以看出，雷暴和其各种特性在雷州半岛的气候中扮演着关键的角色。因此，雷州夏天雨量巨大；我看到的所有文件中都没有提到降雪的任何记录，虽然降雪现象在广东的其他地方有很充分的记录，而且在这一纬度的高海拔地区降雪并不罕见。②

雷州气候的另一个特点是夏天多台风。雷州、琼州和廉州三地据说是中国最易于遭到台风袭击的地方。再往北台风就相对不太可怕了。

宋代（也许是宋代早期）关于雷州气候的记载将半岛称为一个因气候不佳因而不适于人们生活的地方。“海岸被蛮族占据、生活，他们住在海边简陋的棚屋，过着贫困的生活。海水蒸发会造成大雾，为逃避大雾他们必须踩着蛇、藤和毒虫摸索，直到不得不返回，否则会成为瘴气的牺牲品。”③

这些情况现在已经在文明的影响下消失了。雷州的气候并不比中国南部海岸的任何地方更不舒适。

物产

雷州的生产能力主要基于其土地的肥沃，虽然根据《广东通志》的说法，当地居民并未充分利用其天然优势，但这里还是因其得天独厚的环境而胜过中国许多其他地区。这里拥有大量平坦的田地，土壤肥沃，并且有地处海峡之滨的便利，扼守安南和东京湾沿岸各地通往中国各海港的交通要道，特别是福建和浙江的那些港口。④ 因此过去（也许是宋代末年）雷州人有富庶的名声；“市场上店铺林立，房屋栉比，雷州实为广州以西最发达的地区”。

这一在宋代如此繁荣的地区似乎之后就迅速地衰落了。《雷州府志》⑤ 如此描述本朝状况：“土地宽广，谷价低廉，但当地人是很差的农夫；只要无事可干，他们就聚集聊天。因此雷州的全部土地财产也不值万金，估算一下当地的资源，我们不得不承认它们只勉强可以保证居民免于饥饿和寒冷。”

我现在介绍一些物产，包括我参考的中国书籍对它们的描述。

---

① 一部两卷本的寺庙档案《雷祖志》描述了有关雷祖的传说与崇拜的故事。（以上正文为英文回译，《粤中见闻》原文如下：雷州乃炎方尽境，瘴烟所结，阴火所熏，其骇气奔激，多鼓动而为雷。崩轰砰磕，倏忽不常，故雷神生于雷州以镇雷土而辟除灾害。英榜山有雷神庙，名雷震。雷神端冕而绯，左右列侍天将。一辅髦者，捧圆物，色垩，为神之所始，盖鸟卵云。堂后，又有雷神十二躯以应十二方位，及雷公、电母、风伯、雨师像。其在唐複，则雷神之父陈氏铁也。清·范端昂撰：《粤中见闻》，汤志岳校注，广东高等教育出版社，1988 年版，12 页。——译者注）

② 一位外国旅行者告诉我，在东江上的老隆（Lao-lung，在广州东北 60 英里）附近翻越赤岭（Chi-ling）的道路冬天总是白雪覆盖。在北半球比海平面稍高一点的平原地区降雪的最南线据估计在海南的万州，大约北纬 18°49′，那里在 1506 年冬天下了一场大雪。见《粤中见闻》第 18 页：明正德丙寅冬万州大雪。

③ 《广东通志》，卷九十三，第 19 页。（原文如下：雷州风俗，地滨边海，人惟夷獠，多居栏以避时忧。蛮言莫辨，海气常昏，出有践蛇茹虫之扰，入有阳淫阴伏之病。——译者注）

④ 《广东通志》，卷九十三，第 19 页。（原文如下：图经州多平田沃壤，又有海道可通闽浙，故居民富实，市井居庐之盛甲于广右。——译者注）

⑤ 引自《广东通志》，卷九十三，第 19 页。（原文如下：土旷谷贱，人窳于耕作，不事蓄聚，故雷无万金之产，即称素封者，不过免饥寒而已。——译者注）

关于谷物，有一种30天内就可以成熟，另一种则要90天；有一种谷物3月种植，10月或11月才可以收获；如果4月播种，则要在来年的4月到5月收获。雷州人全年耕作，一年间每个月都有谷物收获。

当地还有一种一年可成熟4次的豆类作物。豆成熟较快速是因为当地气候潮湿。在雷州的一个叫思灵岛的岛上，有一种豆的大小和颜色都像大米，也可能做大米的替代品；它被称为米豆（Mi-tou）。

当地最著名的物产是高良姜（Galangal）。它得名于高州府的旧称“高凉”，只是把寓意为“冷”的“凉”字换成寓意为“好”的“良”，以此来表示这种姜的优良品质。高良姜的块根是类似于姜的药材；其种子被称为红豆蔻子（Red Cardamoms）。如果在未成熟时采摘，其种子据说有堕胎的功效；咸肉和咸鱼会用放入红豆蔻子的白酒以增加香味。在冬末（1月和2月），这些种子貌似琥珀，有一种芳香的苦味，可以调入剁碎的肉里。高良姜的根不用来吃，而是一般作为药物使用，因此它的籽常常不被人重视，但根却总是供不应求。因此，这种植物的名字“红豆蔻”并不包括它的根，它的根有自己的名字，叫“高良姜”。①这种植物生长在徐闻县南部，那里的龙床岭和冠头山是被典籍特别指出的高良姜产地。汉斯（H. F. Hance）博士在海安所附近找到了高良姜的标本，检验后发现它是一种以前未见的良姜属植物（Alpinia），他命名为 Alpinia officinarum。② 高良姜晒干后运往香港和广州，以每担3～4美元的价格卖给外国商人，然后销往汉堡和美国。似乎有大量的高良姜通过汉口运到了俄国，但我不能确定它是经什么路线从广东南部运到汉口的。高良姜被外国人用于多种用途；它主要是作为人和牲畜的药物，或用于烹调及酿造啤酒。在俄国，据说它的主要用途之一是作为一种叫“nastoika”的饮料调味；它作为一种常用药物和香料在利沃尼亚（Livonia）、爱沙尼亚和中部俄罗斯大受欢迎，而鞑靼人则用它泡茶喝。③

虽然因为出口到遥远的各国从而在国际贸易中有所影响，但这种小商品给雷州带来的收益却十分有限，它每年带来的出口收入仅数千美元。另外，还有一种植物性的产品，虽然外国人知之不多，但在整个中国都有很大的需求，这是在雷州生产同时也部分是在雷州生长的一种粗布（course native cloth）。“一种类似于粗亚麻布或草布的纺织品，来自一种爬藤三裂叶扁豆（Dolichos Trilobus）的茎”，这种商品叫葛布（Ko-pu），是广州的穷苦阶层常用的衣服布料。葛布在广东各地都有生产，比如潮州府，但雷州府的产品相当著名，以至于附近各州府，特别是高州府，都出卖原料到雷州，由当地的织工制成葛布，因为他们作为中国技艺最好的织工而声名远扬。锦囊所又是雷州最好、最平滑、最耐用的葛布的生产地。葛布纺织似乎是雷州最普及的工业，全家人都可以投身其中。“雷州妇女很善于纺织麻布；每家都收购葛，南蛮之地的女儿们的手艺胜过许多丝绸织物；丈夫织粗布，妻子织细布，这样，一根藤被他们加工成了黄色的丝。”④ 上等的雷州葛布一尺值100文钱。

---

① 《广东通志》，卷二十七，第25页。

② 见 Dr. H. F. Hance, “On the Source of the Radix Galangae minoris of Pharmacologists”, in the Linnean Society's Journal, Botany, Vol. XIII.

③ D. hanbury, “Historyical Notes on the Radix Galangae of Pharmacy”, in the Linn. Soc. J., Bot., Vol. XIII.

④ 《广东新语》，卷十五，第23页。（原文如下：雷州妇女多以织葛为生。诗正义云：葛者，妇人之所有事。雷州以之。予诗云：雷女工絺绤，家家买葛丝。又云：蛮娘细葛胜罗襦，采葛朝朝向海隅。又云：雷女采葛，缉作黄丝，东家为绤，西家为絺。——译者注）

棉布也是雷州的特产之一。

说到当地的工业，必须提一下，由雷州铁匠打造的各种大小铁器，比如制饼模具(pudding forms)、厨房用具等，在广东都比较有名。

雷州还产一种竹子叫斑竹（有斑点的竹子），是官府进献北京皇家的物品之一。

一种据称有剧毒的植物胡蔓草在雷州生长普遍。

半岛上未开发的地区据说有很多野鹿和被称为香狸的野生猫科动物，它们以植物为食，在腹中有一块芳香的物体，可以做麝香的替代物。它也被称为果狸，因其爱吃水果；其肉的芳香和柔软即缘于此。其毛发可以制作上等的毛笔。除了香狸，当地还有一种玉面狸，它口鼻处是白色，爪子红色，尾巴似牛。与香狸一样，玉面狸也吃果实和大米，如果发现这些食物不太干净，还会把它们放到水中冲洗。①

有一种毛很长、嘴巴也很长的狗也产自雷州。②

有一种牛，因其毛色之故被称为金牛，也是雷州特产。在雷雨之夜，金牛“将冲出牛棚四处奔跑，蹄印留于泥中”。

最神奇的动物，如果确实存在的话，当数雷州的“捷足牛”（swift footed cow)。卫匡国（Father Martini）这样提到它：“一种被称为中国快牛的动物；头顶前方武装着椭圆形的平滑的角；据说它奔跑非常迅速，一天之内可以轻松地征服300里（stadia为stadium的复数，古希腊的距离单位）路程。(animal quod velocem vaccam Sinae vocant; hoc in vertice capitis a fronte oblongo ac tereti armatur cornu; tantae velceitalis esse scribitur, ut trecenta stadia facile uno die superet)”能够奔跑穿越整个半岛的牛首次记载于中国最古老的文学作品《尔雅》，此书据说是从公元前12世纪流传下来的；《尔雅》的记载被《广东通志》③引用如下：“犦牛，或犎牛，脖颈上有一块肉凸出，高逾两尺，如驼峰。奔跑迅速，一日300里。”《尔雅》未提到牛角，但《粤中见闻》（卷二十八，125页）的一个注释说：“犦牛前额长有一块骨，大如覆斗。”将来的旅行者最好留意一下这一动物，以或者确定或者否定上述的说法。以我的浅见，这样的动物目前还不为自然史学家所知。

按《广东新语》的说法④，徐闻县西海岸富有珍奇鱼类（conchylaceous curiosities)，足以为一个水族馆提供展品。

海康县的附近盛产鱼、盐、谷物和稻米。

下列物产在“中国红皮书”或《大清搢绅》⑤中认为是雷州特有：

---

① 《粤中见闻》，卷二十八，第119页。(原文在今版《粤中见闻》卷三十二，如下：粤中有狸无狐。雷州产香狸，所触草木生香。脐可带麝，亦名果狸。食惟美果，故肉香脆而甘。其毛可为笔，写书不钝。香狸外有玉面狸。白面、红爪，牛尾。亦食果，饭则以水淘淡乃食。清・范端昂撰：《粤中见闻》，汤志岳校注，广东高等教育出版社，1988年版，350页。——译者注)

② 《粤中见闻》，卷二十八，第123页。[原文在今版《粤中见闻》卷三十二，如下：雷州有喙（狗），夜食，尾大而喙甚长。夜从树上取食，不以昼，皆山狗也。清・范端昂撰：《粤中见闻》，汤志岳校注，广东高等教育出版社，1988年版，353页。——译者注]

③ 《广东通志》，卷九十九，第13页。(原文如下：犦牛即犎也，领上肉膘胅起，高二尺许，状如櫜驼肉鞍，健行者，日三百里。——译者注)

④ 《广东新语》，卷十五，第19页。

⑤ “中国红皮书”提供了帝国每个州府的一个非常简短的特产清单，虽然没理由怀疑这份清单的正确性，但目前它们仍完全没有被编辑；因为它们既没有被以任何合理的方式分类，也没有最终真正完成。它们收录了一些根本不值得注意的物产，又略过了其他一些最重要的物产。

丝；葛布；龙眼；荔枝；孔雀；鲨鱼；槟榔。

《广东通志》记载，对于广东人来说，“雷州的乡下人有一些粗俗的习惯，但靠近城镇的地方人们穿着整齐，有文化而喜爱读书”，“雷州最早的居民不知礼节。长期以来主人的儿子就是主人，叔叔们必须向孩子鞠躬；这是家庭的长幼秩序”，“宋代兴建了一个极好的学院，逐渐开启了民智”，“此地的礼节规则教育是通过长者对幼者行事的方式，以及村里的头人对官府人员的尊敬和崇拜”。

上述引用表明中国的生活规则是如何被一个曾经自由的人群逐渐接受的；家族的成年人们不得不向继承了地主身份的小孩鞠躬敬礼，在中国人看来是真正野蛮的表现。

关于遂溪县人，有如下记载。

“所有重要的事件，无论好的还是坏的，都会成为杀猪、杀羊或杀牛的好理由。妇女们用米粉做各种水果形状的糕点，挑出最美观的那些作为礼物送给朋友或亲戚。这被称为送饤，即餐桌上的礼物。”“遂溪县的山川河流环绕着一个充满良田的地方，但居民并不愿费力耕种，因此当地有很多抛荒土地，野草肆虐。当地人热衷于野戏，脾性乐观。”

“每年元宵节，男女从各地赶来拉藤条（pull the rattan），意为见面并互相看看，此时城市和市场都人山人海。”①

语言

说到宋代时雷州的风俗，《广东通志》说：“雷州人族群杂处，有三种语言在使用：官语、客语和黎语。”

官语是与官吏交谈时的语言，虽然在南方蛮夷口中说得不完美，但是一些北方方言或各种北方方言的杂糅，现在构成了“普通话”（Mandarin Dialect）。这一语言，虽然很难说清它究竟是什么语，但是在广州大量作为仆人或以其他身份与官吏有所接触的人都在使用它。它与大量广东话词汇掺杂，包含或多或少的北京话或南方普通话（Southern Mandarin）成分，在人们交谈之中，这种新的语言就发展起来了。

“客语是日常交谈中使用的语言”，《广东通志》的注释这样说；这一语言可能是广州方言的一个变种。为什么它被叫作“陌生人的语言”（Stranger's Language），很难说清。②也许是因为中国居民认为自己相对于黎民土著而言是外来者，而黎民是当地的首批居住者，随后被驱赶南下直至海南，在那里他们仍在使用黎语，外人完全听不懂。

这一有关语言的资料在《大清一统志》中有重复，并以此将之应用于本朝。但是，黎语不太可能还在雷州半岛使用。

夏德（F. Hirth）
1873 年 11 月于广州

---

① 以上数段引文皆出自《广东通志》卷九十三舆地略十一。作者的英文表达与原文有不小的出入。原文如下：海康县地近山海，有鱼盐谷米之裕，工不供远，役惟府县造作，士风鄙陋，近稍尚衣冠，攻诵读矣。始雷俗未知礼，逊长子之子常为长，易数世之后至叔父常拜犹子。自谕以长幼之序、亲疏之义，悉革其旧。裔獠猥杂，习俗轻悍，自文明书院建于宋，民渐知学。吉凶大事则宰杀猪羊及牛，妇女以各色米面造诸样果品，极为精巧，馈送亲朋，谓之送饤。遂溪山拱水绕，地旷田腴，俗不勤耕，遂多弃土荒泽。每至元宵扯藤，远近士女来观，阗溢城市。——译者注

② 《广东通志》原文如下：本州实杂黎俗，故有官语、客语、黎语。官语，对州县官言也；客语则平日相与言也；黎语虽州人或不能尽辨。本文作者显然不知道客家人这一群体的背景，但其解释倒也不算远离客家人本意。——译者注

二、法国租借地广州湾初期史料

编者按：本部分前两则档案来自法国海外国家档案馆GGI 22226卷宗，卷宗名称为《1899年马斯在广州湾的使命》（“Mission Masse au territoire de Kwang-Tchéou-Wan, 1899”），内含马斯写给法属印度支那联邦总督的多封信件手稿，讲述了他在广州湾及其所处的雷州地区的勘测任务，附有草图、地图和中国地方官员处理行政事务的史料。后一则档案来自法国海外国家档案馆GGI 26580卷宗，卷宗名称为《关于雷州半岛海岸“彗星”的水文勘测》（Au sujet d’une mission hydrographique de la “Comète” sur les côtes de la presqu’île de Lei-Tchéou），内含广州湾总公使与雷州知府的通信。

（一）遂溪县知县熊全萼致书法国全权大臣德美

档案馆卷宗号：GGI 22226
时间：1899年2月28日
档案语言：汉语（繁体）

内函敬呈
大法国全权大臣
德大人　安启
中国广东遂溪县缄

大清国同知衔卸遂溪县知县熊全萼致书大法国全权大臣德美大人阁下。敬启者：顷见贵国大委员李密大人谈及贵大臣慈仁善政，尤切钦仰之心。敝县去年三月到遂溪县任，日与贵国广州湾各大员往来办事，因建造兵房发给华民地价事，我国督抚上宪驳斥不准，将敝县撤任，此刻已经交卸，遂溪县事实难回省。欲即在贵国广州湾谋办华民事务，并起盖房屋居住，缺少银圆，不能兴造，特修函上达，望乞贵大臣原情推爱，准借银应用，容迟奉还。肃请勋安，并祈赐覆。

名正具 中历二十五年二月二十八日

（二）马斯先生致函法属印度支那联邦总督保罗·杜美①

档案馆卷宗号：GGI 22226
时间：1899 年 4 月 5 日
档案语言：法语

海头，1899 年 4 月 5 日

总督先生：

军舰中尉勒布雷顿（Lebreton）受高级指挥官（Commandant Supérieur）② 委派给雷州府知府运送两名中国犯人。3 月 28 日早晨 6 点，我随勒布雷顿登上了油船吉雅（le Gia）号。

中午 12 点，我们到达河口。大约下午 5 点的时候到达商埠，彼时那里停着几艘两三百吨的大帆船，里面装着编织包和编织席。

我们抛锚的地方距城区约 2.5 里，此处河宽 108 米，深 8 米。

大约 7 点，齐默尔曼神父③来拜访我们，交给我信的附件（1 号文件），这是我几天前请神父带来的，因为勒布雷顿先生想要一份复印件。

次日清晨，我们坐上之前由我们送到雷州府的轿子，由轿夫抬着，在 15 名正规军的护送下进入雷州府。

这座城市过去是从属于中国的一个偏远小王国的首府，筑有防御工事并有两道围墙，我们在此发现了好几处相当引人瞩目的古迹，还有一座近百米高的塔。

郊区的房子是用太阳晒制的砖块建的，盖着茅草屋顶，城里的房屋更好些，城里的街道，尤其是商业街，又宽敞又整洁。

衙门附近就是一个传教士的驻地，这是一栋由两广总督（Vice-Roi）下令修建的大楼，建在 1869 年教案中被烧毁的老教堂的遗址上。

传教士对我们说他很穷，整个雷州半岛上有 1500 名基督徒（其中仅有 80 人住在城里），几乎都很悲苦；据他所说，一些秘密团体在此有众多信徒，此处民众轻视中国政府的官员，当后者冒险走出居所时，民众会嘲讽他们。

此处驻军甚弱，城墙边也只有两三架报废的大炮。

---

① 保罗·杜美（Paul Doumer，1857—1932），1897—1902 年担任法属印度支那联邦总督，几度出任法国政府财政部部长，1931 年当选法国总统，次年遭暗杀。——译者注

② 指的是广州湾高级指挥官（Commandant Supérieur du Territoire）Bonifay。这个职位是 1898 年 4 月法国占领广州湾之初设置的，当时远东舰队司令博蒙（Jean-Olivier de Beaumont）副海军上将任命海军上校 Fort 担任此职，此后先后由 Philibert、Marquis、Bonifay、Marot 担任此职，直到 1900 年 4 月 27 日军事当局把广州湾交给民事当局（Autorité Civile）治理。参见 Alfred Bonningue，*La France à Kouang-Tchéou-Wan*，Paris：Berger-Levrault，1931，pp. 11、65。——译者注

③ 齐默尔曼神父（P. Zimmermann），法国在广东的传教士。——译者注

现任知府文康差人对我们说他病了，不能接待我们。此人年五十，来自北京，从广州附近一个很重要的职位上调过来，人们都认为他智力超群。

民众对我们并不十分抵触，反而总是感到十分好奇。在城里，人们谈到欧洲各国在中国瓜分的领土中，南方五省将会属于法国。还说道，既然鞑靼人皇帝既不足够聪明也不足够强壮来领导和保卫他的子民，就只能屈服。

我们在每家每户的门上都张贴了人口清查的告示，我将其附在信中了（2 号文件），这倒像是动乱时期会采取的管制措施。

我们在此地征收了一点钱财，但是我们没有征兵，我很荣幸为您分析个中缘由。

根据神父的笔记，您将会看到，在雷州府有糖、花生油等产品的大宗贸易，尤其是由水草编织成的包和席子会运到香港，并从香港运到印度支那。

早在 1848 年，法国在华传教团成员纳塔利·龙多（Natalis Rondot）先生就在报告中提到过这一出口产品。他这样写道：

“在中国，人们沿江，尤其是在雷州府（广东）岸边种植灯芯草和一种在粤语中名叫烛草（Tcho Sio）的芦苇，这种植物高 1.5 到 2 米。它们的主要用途是为编织品制造商提供原料。”

雷州生产的中国鞋子由于其良好的销路和坚固品质驰名中国。

在雷州半岛种植的水稻不足以支撑本地日常消费。水稻是需要直接从印度支那进口的主要产品之一。

衣料、棉线、被子等以及煤油、五金制品来自香港。

为了更详细地了解当地的经济状况，并确认齐默尔曼神父想要交给我们的那些数据是否准确，我打算尽快走陆路回雷州府。

此附一份反对遂溪的前知县的小册子以及两份我之前要求写的报告（编号为 4 和 5），这两份报告由高级指挥官手下的翻译张通事①誊写。第一份报告与进出赤坎的关税有关，第二份报告由 Yong Suen Ngo 所写，给了一些对广州湾管理非常有用的指示。

雷州半岛北部、廉州府和高州府征集了 5000 名新兵，但是这些人甚至抵抗不了几个法国士兵。

我们认为已经被歼灭的广西叛军又在犯上作乱，给帝国军队造成惨重的损失。

最近，听说在黄坡，一个有着 1.5 万到 2 万居民的城市，在一个非常重要的市场，有两人因为被怀疑和法国人进行贸易被斩首了，一名官员甚至贴出告示，禁止当地百姓和我们有来往。

我认为此事非常严重，但是还需要进一步确认。最后，据说在东海岛，一些进入我们地盘的土匪对警卫队开火，我们的士兵猛烈回击。我已经就此事展开调查，但还没有结果。

尽管这些传闻在我看来夸大其词，但我始终相信，一旦划定界限，让我们所有新的被治理者知道我们与中国的租借条约，我们就不必再借助武力。只要逮捕那些破坏秩序的煽动者，杀鸡儆猴，以资鉴戒，这就足够了。

---

① 有可能是法军翻译张逸亭，参见陈立新著：《湛江海上丝绸之路史》，（香港）南方人民出版社 2009 年版，第 269 页。——译者注

此致最深切的敬意，总督先生，非常荣幸成为您最忠诚最驯服的仆人。

签名：马斯

（三）大清国盐运使衔赏戴花翎署理广东雷州府正堂黄照会法国广州属地总公使

档案馆卷宗号：GGI 26580
时间：1904 年 7 月 22 日
档案语言：汉语（繁体）

大清国盐运使衔赏戴花翎署理广东雷州府正堂黄　为照覆事：

案照中历

光绪三十年七月初六日准

贵总公使照会内开，兹奉本国　谕旨，遣派兵轮哥墨于西八月十六号，即中七月初六日前往东方近雷州各埠岛，绘画海洋深浅，以利便越南、广州湾之航海行船。兹哥墨管驾官禀称该船绘员弁，须当登岸合就照，请设法保护，以免意外之虞等申请，此正拟照覆。间适哥兵轮即于翌日来抵雷郡，敝府接见哥管驾，询问来雷缘由，当承哥管驾面称：敝国由越南往来广州湾，轮船向是由洋海外边行驶，现拟绘测雷属海面深浅，以利便行船，须在附近雷州各岛登岸揀竖旗木以为绘图号记，将来海道畅通，由广州湾直赴琼州，中外均便等语。敝府即答以：查中法订租广州湾条款，并无许贵国兵轮在中国内地行驶明文。此次　贵兵轮前来雷州内地，亦未预先照会敝国大宪发给护照及扎知敝府，且贵总公使来文只言绘画海洋深浅，并绘画员弁须当登岸，并未说及插竖旗木之事。而雷民蛮悍，若果登岸绘测，插竖旗木，万一愚民惊疑，滋生事端，恐至保护难周转，于两国睦谊有碍。况事关交涉，敝府不能擅专，须禀明　上宪，请示遵办。随哥管驾又谓：俟到各处时，再为察看，如果民情蛮悍，即登岸不插竖旗木亦可，并嘱电请　雷琼道宪就近请示办理。嗣初八日又接哥管带函称：敝轮由硇洲到白沙海傍一带绘试海路，兹拟在马路角排等处地方插竖旗木，以为绘图号记，兹亦拟遣员弁登顶凤山顶以便远观绘图，请预为设法保护，出示晓谕该处人民知悉，毋使大惊小怪，得以绘成此图，实为公便等情。敝府当即电禀　雷琼兵备道。向奉复事，非奉文准行，应禀请两院宪复示遵办等。因又经敝府将各前情电禀两广总督部堂岑　广东巡抚部院张，兹奉会电谕，开法船遽行，驶入雷州内港，殊于条约不符。雷属风俗僻陋，民情犷悍，登岸测绘、插竖旗木，更属易滋疑虑，万一别生事端，转于两国睦谊有碍，且哥管驾既称仅为绘测海道深浅，尽可在海面测量，毋庸登岸，即转知哥管驾，务将兵轮驶出雷港，并勿派人登岸测绘、揀竖旗木，以免愚民惊疑滋事，以副两国交谊等。因奉此合就照，覆为此照，请贵总公使烦为查照督　抚宪电谕与哥管驾妥商办理，以符条约，而两国交谊益见辑睦。

仍祈迅速照覆，是所期盼。顺颂

时祉。须至照会者。

右照会

大法国广州属地总公使安
光绪三十年七月二十二日照会

三、法国当局围绕雷州海盗问题的通信

编者按：本部分包含18份档案，为法国当局围绕雷州海盗问题的通信（信函与电报），来自法国海外国家档案馆GGI 40476、GGI 40477、GGI 40490、GGI 40501和GGI 19202卷宗。GGI 40476包含广州湾总公使与法属印度支那联邦总督萨罗（A. Sarraut）就骚动与海盗问题的通信以及广州湾安保局负责人莱昂纳尔杜（Leonardou）截获并让人翻译成法文的信件。GGI 40477内含萨罗就广州湾海盗问题写给殖民地部部长的报告。GGI 40490内含的档案涉及逮捕并向雷州"引渡"所谓的与粤军有关联的海盗的事宜。GGI 40501的内容涉及广州湾附近的海盗。GGI 19202包含广州湾安保局收集并由广州湾总公使转给法属印度支那联邦总督的情报。

（一）法属印度支那联邦总督致函广州湾总公使

文件编号：N°980 – A. P.
主题：为保证租借地治安和推动边界镇压海盗而采取的措施
档案馆卷宗号：GGI 40490
文件类型：复印件
时间：1915年5月17日
档案语言：法语

河内，1915年5月17日

参照我今日编号为N°1053的电报，我荣幸地向您确认之前授予您的许可，即向中国当局遣送您在本月3号的N°46的信件中提到的罪犯。

1899年11月16日条约的第一条条款规定将广州湾租让给法国作为租借地，但特意保留中国对这片土地的主权。根据这项条款，我们并没有权力阻止把危害中国人人身和财产安全的罪犯或肇事者交给中国当局，即便罪犯是在我们租借地被捕的，即便这些肇事者是属于我们管辖范围的广州湾本地人。国家间的不引渡条例在涉及广州湾的居民时是不适用的，因为他们没有失去原本的国籍，确切地说，没有变成法国国民。

再说，不让广州湾租借地变成那些在中国土地上作恶的罪犯的庇护之所，实际上对我们最有利，就此次镇压来看，让这些罪犯受到犯罪地司法机构的审判只会带来好处。

就此而言，确切地说，这并不是一次引渡，只是把涉案个人交给有权限处置他们所犯罪行的司法部门。

但是，这种行事方式并不适用于因政治方面的罪行而遭到追查的人。实际上，我们公法的原则绝对禁止我们法国政府的代表去充当外国政府政治警察的助手，即使是那些在外国行使职责的人，通常是驻外领事或外交官员，也决不允许。

谨记，除政治犯需事先向我报告外，今后凡遇同类案件，您只需按照上述指示确定一个行动准则，根据实际情况灵活处理即可。

签名：E. 鲁姆（E. ROUME）①

（二）特工致函监察官

档案馆卷宗号：GGI 19202
时间：1917 年 9 月 20 日
档案语言：法语

监察官先生：

我很荣幸地告知您，我于本月 12 日和 14 日给您寄出两封信。相信您已知悉。

先前的部队已于本月 20 日登上“广会”（Kouang-Hoi）号战舰返回广州。只有一个营的新兵来补充。在边境的许多地方，都尚未安置足够的军力。雷州市大约有一百零几名自卫队员。Tong-Wai-Kouing 舰长向隆世储（Long-Sai-Tch'i）② 发出急电请求支援。

根据搜集到的情报，隆世储的军队在高州与海盗作战。他们不能马上前往雷州。在过去的 10 天里，有人说他们将在 21 日到达。但从目前的情况来看，他们出发的日期无法确定。

本月 17 日，新来的正规军和海盗已在 Yéong-Ka 附近连续作战两天。正规军有 90 人，海盗有 100 多人。海盗的实力明显超过正规军；正规军被击败后四处逃散。在战斗中，正规军的一匹马被枪杀，还有一名军人被海盗逮住，被砍掉一只手臂。整支军队颜面扫地，灰溜溜地返回雷州，在增援军队到达之前都无法再迎战。

16 日，我们枪杀了 8 名罪犯。20 日，另有 5 名罪犯被枪决，其中包括一名年逾六十的老妇人。

海康知县 Vong-Tao-Ping 原本可以继续管理此事，但现在他打算辞职。商人们强烈希望他留任，他的去留可能会在九月份最终决定。

目前，在雷州地区，本地土生土长的罪犯众多，四处流窜，令人生畏，农民饱受其害。新来的军队遵守制度，不觊觎村民的财物，比先前军队好很多。这就是当前的状况，我要向您说的就这么多。

9 月 20 日傍晚

① E. 鲁姆（Ernest Nestor Roume，1858—1941），1902—1907 年担任法属西非殖民地总督，1914—1917 年担任法属印度支那联邦总督。——译者注

② 隆世储（1876—1918），湖南宁乡人，1917 年任高雷镇守使。——译者注

您谦卑的密使，
签名：12 号特工

1917 年 10 月 8 日翻译成法文
通事
签名：Lo-Pao

兹证明与原件相符
安保局监察官

（三）特工致函监察官

档案馆卷宗号：GGI 19202
时间：1917 年 10 月 10 日
档案语言：法语

监察官先生：

我很荣幸地告知您，目前局势没有一点起色。由于镇压海盗的兵力不足，我们会看到一个难以置信的场景：凶恶无比、数不胜数的海盗进入村庄，烧杀抢掠。

军队害怕海盗。邓本般（Tsang-Ping-Yim）承担绥靖处总办的职责（les fonctions de Chef Général des groups pacificateurs），若碰巧有正派的人被捉住，他仍会把他们当作海盗遣送至知县衙门。

有消息称，邓本般利用这次机会进行报复，事实上他从未拘留过真正的海盗。

22 日和 23 日，我们枪决了 25 个人。我所知道的已经全部告诉您了。满怀敬意向您呈上这封信，监察官先生，同时向您致以最诚挚的问候。

雷州，中国阴历八月二十五
签名：12 号特工

1917 年 10 月 15 日翻译成法文
通事
签名：Lo-Pao

来自安保局的情报

海盗头目陈振彪，也就是造甲（位于我们租借地的太平地区）的妃三，目前正和他的手下驻扎在距离太平边界30分钟行程的中国村庄Soui-Soua。

他想方设法从赤坎市场上弄到军需品，目的是攻击Sia-Boué的中国市场，那里已经不再有正规军。他的一位党徒在赤坎向一名军火走私贩购买100枚毛瑟自动手枪炸裂弹，在那时被3号特工抓捕。

雷州的地方官员已经预测到，有一场针对Sia-Boué的袭击正在酝酿中。

安保局监察官

（四）广州湾总公使致电法属印度支那联邦总督（河内秘书长）

文件编号：N°102 – S
档案馆卷宗号：GGI 40476
时间：1918年7月23日
档案语言：法语

白雅特城，1918年7月23日

防卫雷州的龙元帅①部队今日因缺乏弹药投降。交战双方签署协议，允许该部队撤到我们的租借地，待他们把军备交给拥护南部的将军们后，就即刻跟随他们的（有一组字迹难以辨认②）前往香港或者海南。

---

① 指的是龙济光。——译者注
② 电报原文如此。——译者注

（五）法属印度支那联邦总督致函巴黎殖民地部部长（印度支那事务司，二处）

文件编号：N°7 – S
主题：广州湾的海盗行径
档案馆卷宗号：GGI 40477
时间：1918 年 8 月 25 日
档案语言：法语

西贡，1918 年 8 月 25 日

最近几个月来，在我们的广州湾租借地内发生的各起事件，已经导致在这片中国土地上海盗从陆地和海洋卷土重来。现在距离广州湾总公使告发某种劫掠行径以及我们的警察部队与持有武器的匪帮之间发生冲突还不到一个星期。在此，我很荣幸地向您简要地汇报我所知道的一些最近发生的此类事件，它们呈现出了一定程度的严重态势。此外，广州湾总公使署的做法值得称道，尽管能采取的措施十分有限，时至今日，它还是成功地、得当地确保了辖区居民的财产和人身安全。不幸的是，我们要为一等警卫卢龙（LOURON）的去世感到惋惜，他突然辞世的情景将在下文中予以详细说明。在目前情况下，卢龙是英勇献身的楷模。

8 月 9 日 8 时左右，卢龙先生和随行的 5 名乡勇登上硇洲的渡轮，以便执行巡查工作。在看到一艘从 Langhan 港驶出的双桅帆船后，他把它误当成一艘商船，便呼唤该船，以进行例行检查。在距离该帆船 60 米左右时，渡轮上的乘客遭到枪杀，对此，乡勇们立刻予以还击。渡轮继续朝该帆船行驶，卢龙先生迎战海盗，用刺刀接二连三地刺向他们。就在此时，他被一颗子弹击中，一名乡勇也被击中，在他身边死去。乡勇们受到卢龙行为的鼓舞，反败为胜，除了一名受伤的海盗被押送至白雅特城外，其他所有海盗在战斗中被杀死。一等警卫卢龙因伤势过重于 11 日去世。当我通过电报获悉他的英勇事迹后，立刻签署决议，追加他为三等监察，作为特别的追思。

另一方面，8 月 11 日，广州湾总公使获悉，两艘满载货物的海盗帆船出现在白鹭渠河口处，海盗们扣押了一艘海南双桅帆船，在前一天屠杀了船上的 13 名船员，继而劫掠了船上的货物。这两艘海盗船意图逆流而上，将所获赃物贩卖出去。我方立刻派出各乡勇支队沿路拦截，在一番激战后成功夺回被海盗扣押的帆船。这帮海盗仓皇逃跑，丢下 15 支速射步枪，约 400 发子弹，还留下 16 个人，其中就有被海盗囚禁的其他船员。可喜的是，这次行动没有造成任何警力伤亡。目前针对所逮捕匪徒的司法预审已经开始进行。

签名：A. 萨罗 ?[①]

① 问号为原文所有。签名者确实为萨罗（Albert Sarraut，1872—1962），他在 20 世纪 20 年代两度出任法属印度支那联邦总督，后担任法国政府殖民地部部长，为两次世界大战之间法国殖民政策的主要制定者。——译者注

（六）广州湾总公使致电法属印度支那联邦总督

文件编号：N°14 – C
主题：就芒街第一军事区发表看法
档案馆卷宗号：GGI 40476
时间：1919 年 3 月 4 日
档案语言：法语

白雅特城，1919 年 3 月 4 日

根据各方传来的可靠情报，雷州半岛的沿海地带，即从安铺到雷州河口之间区域，遭到 50 艘海盗帆船的劫掠。

（七）广州湾总公使致电法属印度支那联邦总督

文件编号：N°15 – C
档案馆卷宗号：GGI 40476
时间：1919 年 3 月 6 日
档案语言：法语

白雅特城，1919 年 3 月 6 日

传教士普拉桑（Poulasan）让人向广州发来电报：

“海盗劫掠了雷州半岛，烧毁了 Kiatsoui，目前正靠近 Haolo，而缺乏弹药的正规军无法继续打击海盗。

乐民附近圣三一堂的处境变得危急起来。”

（八）广州湾总公使致电法属印度支那联邦总督

文件编号：N°30 – C
档案馆卷宗号：GGI 40476
时间：1919 年 6 月 12 日
档案语言：法语

白雅特城，1919 年 6 月 12 日

– 紧急 –

根据海口的消息（安保局对此消息持保留看法），有一股安南匪帮，在中国以造甲三（TAM KAM SAY）[①] 匪帮知名，他们来自钦州，即将前往海口与临高和澄迈两县反叛的正规军接洽。而后者已经与李炳南（LY NAM）[②] 海盗团伙合伙，企图说服他们一起进攻我们的租借地。出于这一目的，在麻斜前乡勇 CHONG WA TINHO 的陪同下，安南叛匪头目将前往香港购买 400 把毛瑟手枪，以促成这项行动。我们甚至可以断言他将得到几名海盗头目的帮助，例如，Uam-Po-Tsan 的 LAO HING TSO，我们租借地的 LANH TONG，高州（Kau Tchao）的 LY KOU AI TSI。

（九）广州湾总公使致电法属印度支那联邦总督

文件编号：N°34 C
档案馆卷宗号：GGI 40476
时间：1919 年 6 月 15 日
档案语言：法语

续 30 C 号电报

---

① 造甲三，本名陈振彪（Than-Hing-Piao），又称陈定邦（TSOUNG TINH PONG 或 TCHEN TING PANG），因出生于造甲村（Tio-Cap），又被称为造甲三（Tio-Cap-Xa 或 TAM-KHAM-SAI），很多时候又被称作妃三（By-Xa）、石合三或石角三（Sek-Kok-Sam）。——译者注

② 应是 LY-PINH-NAM 之误。——译者注

白雅特城，1919 年 6 月 15 日

回来的密使断定，造甲三带领的一支强大的匪帮有 2000 名持枪的匪徒，目前盘踞在距离徐闻县不远的集市。如果在未来的几天中，雷州正规军不能攻打该团伙的话，他们应该会转移到位于太平边界、距离 Teo Man 河不远的 Sin-Ti 附近。我们不可能确切地知道叛匪造甲三是什么样的人，只知道他身着欧式服装，看上去有 38 岁，法属印度支那联邦政府愿意悬赏 5000 皮阿斯特①捉拿此人。有传言称，他似乎是我们志满炮台乡勇副首领的亲属。我们有理由通知我们驻 Hoigai 的领事，造甲三将在海口的 Tchi Ong Hing 饭店与海盗头目们会面，意欲说服他们参与他策划的阴谋。这个饭店是所有常到海口的海盗头目们的聚会场所。请派出 3 支主力自卫队，并确保白雅特城的步兵团保有正常兵力。

（十）广州湾总公使致电法属印度支那联邦总督

文件编号：N°37 – C
档案馆卷宗号：GGI 40476
时间：1919 年 6 月 21 日
档案语言：法语

白雅特城，1919 年 6 月 21 日

正如我在 25 – C 号电报中所隐约预感到的，广州已处于戒严状态，林虎（Lam-Pou）也已到达肇庆，来统领已经变得不可靠的 LY-YOU-HONG② 的部队。广东省省长翟汪（HOCK）拒绝将军队领导权移交给陈炳焜，可以预见的是，广东省将参与针对广西和两广巡阅使陆荣廷（Lou-Yong-Ting）的斗争。我在 30 – C 号文件中提及的匪帮，目前正在围攻徐闻县。

① 皮阿斯特（＄）为法属印度支那联邦总督府发行的货币，清末民初广泛流通于中国南方，也被称作“坐洋”。——译者注
② 可能是黎元洪。——译者注

（十一）广州湾总公使致电法属印度支那联邦总督

文件编号：N°38 – C
档案馆卷宗号：GGI 40476
时间：1919 年 6 月 22 日
档案语言：法语

白雅特城，1919 年 6 月 22 日

– 紧急 –

李炳南（LY-PINH-NAM）① 匪帮和海南叛军已放弃徐闻大本营，前往英利市场，并烧毁沿途所有之前反抗过该匪帮的村庄。

我们的敌人造甲三继续劝说李炳南袭击我方租借地，并向他证实，我们的租借地仅有 400 名士兵护卫，且无法获得东京②的支援，因为后者也不再有闲置的兵力可派运过来。

造甲三的说服之辞很危险，雷州正规军面对这股强大的匪帮不战而退。

（十二）广州湾总公使致电法属印度支那联邦总督

文件编号：N°40 – C
档案馆卷宗号：GGI 40476
时间：1919 年 6 月 24 日
档案语言：法语

继 38 – C 号电报

---

① 李炳南（Ly PinNam 或 LY-PINH-NAM），有时也写作李福隆（Ly-Fouk-Long），是妃肥（Dy-Pouy）的本名。——译者注

② “东京”在越南语中写作 Đông Kinh，是越南城市河内的旧名。法国人控制越南北方以后，便用“东京”称呼整个越南北方地区。——译者注

白雅特城，1919 年 6 月 24 日

-非常紧急-

雷州（LU-TCHEOU）的民军和正规军已被击退至南兴市场。海盗们在龙马村落脚，并架设起 6 架机关枪。

复印件与原件相符
签名：办公室主任

（十三）广州湾总公使致电法属印度支那联邦总督

文件编号：N°43 – C
主题：通明事件
档案馆卷宗号：GGI 40476
时间：1919 年 7 月 2 日
档案语言：法语

白雅特城，1919 年 7 月 2 日

6 月 26 日，我向您发去编号为 41 – C 的电报，作为后续，我在此很荣幸地告知您，6 月 24 日凌晨 4 点左右通明发生的海盗行径的进一步消息。

通明是位于我们租借地西南端太平的一个大村庄，临海，且靠近同名河流，后者将其与中国领土隔开。一个公局长[①]住在通明，带着驻扎在炮台的 10 名持有武器的局兵维持当地治安。

6 月 23 日，通明有戏班子前来表演，许多人身着节日服装，从中国领土和附近的村庄前来看戏；按照惯例，演出将夜以继日，持续 4 到 5 天。

23 时左右，太平炮台长官来现场巡视，与公局长商谈后便离开现场。附近海陆地区的安保工作，由专门征募的几艘帆船来负责，以消除人们对任何一种袭击的恐惧心理。

凌晨 3 点左右，两艘帆船向村庄驶来，船上载有一些人，持有现代速射武器。这些海盗兵分三路：其中一伙人冲向碉堡，将公局的局兵孤立起来，另两批人冲进村庄，占领剧院和通明周围。当第一队海盗攻击公局的炮台时，在剧院的海盗成功地围困住一百来名妇女，而其他海盗则向还未来得及逃跑的观众开火。剧院附近街上沉睡的男人和孩子，无辜

---

① 公局（Kongkoc）主要指乡村地区士绅的权力机构，负责当地的治安和税额分摊。参见邱捷：《清末香山的乡约、公局——以〈香山旬报〉的资料为中心》，《中山大学学报（社会科学版）》2010 年第 3 期。在法文档案文献中，Kongkoc 有时也指公局长。——译者注

地被海盗们近距离射杀。

五十来名妇女被押到船上，但就在此时，公局长喊道："注意了，炮台长官来了，别向他的人开枪。"匪徒们仓皇而逃，未来得及带走赃物，但却不可能追捕他们，因为他们立刻躲进了中国领土。

这场袭击在民众中共造成24死、23伤，伤者被送往白雅特城，在流动医院接受治疗。

根据当场搜集到的信息，袭击者属于造甲（太平）的妃三海盗团伙，在此次行动中，他们由来自东海岛、名为亚占的指挥官领导。

对于此类野蛮行径，我们只能理解为：一方面意在引起当地民众恐慌，因为当地民众没能满足海盗们的所有要求；另一方面也是为其遭受的重创实施报复，因为太平炮台长官缴获了他们的枪支、弹药和旗帜，并俘获了妃三的几名手下。

太平炮台已经获得20支分队的支援，来安抚当地群众。不过，很难有效地保护当地民众免受租借地之外秘密策划的类似袭击，除非中国当局在此刻有能力以某种方式追捕这些危险分子。

通明袭击事件与造甲三的恐吓没有任何关联，造甲三的手下［妃肥（Dy-Pouy）匪帮和海南叛军］似乎正被中国军队困在雷州南部，甚至是被轻而易举地逼退至徐闻。

目前，我正考虑是否有可能在太平地区各村庄加派持有武器的民军，以使其在公局长和绅士的领导下，不屈服于外来的袭击。很不幸，此类袭击事件在该地太频繁了，尽管当地负责治安的自卫队忠诚职守，努力不懈。

情报中心和公共安全部门办公室主任兹证明复印件与原件相符

签名：克劳泰默①

（十四）广州湾总公使致电法属印度支那联邦总督

文件编号：N°45 – C

档案馆卷宗号：GGI 40476

时间：1919年7月4日

档案语言：法语

白雅特城，1919年7月4日

海南叛军和李福隆匪帮未能获得弹药补给，被雷州半岛的民军和正规军团团包围在雷州以南45公里处的一道长20多公里的防御线上，后者还获得了从广州派来的500名正规军的增援。十几艘警卫船和一艘载有100人的拖引船监视着沿海区域。

① 克劳泰默（Jean-Félix Krautheimer，1874—1943），1919—1923年担任广州湾总公使。——译者注

（十五）法属印度支那联邦总督致函法国驻广州领事

文件编号：N°947 AP1
主题：广州湾边界地区的海盗行径
档案馆卷宗号：GGI 40501
时间：1919 年 10 月 20 日
档案语言：法语

河内，1919 年 10 月 20 日

几个月以来，海盗在广州湾边界地区卷土重来，这尤其把中国边境周边地区的村庄置于险地。七月以来，匪盗侵犯频繁，给我们租借地安宁的居民生活造成了重大损失（就像通明和 Pénia 发生的情况，您在这封信的附件中会发现两者的关联）。这种处境是由当地中国政府无力镇压众多非正规军引发的，这些非正规军其实就是龙济光部曾在雷州半岛打过仗的残余势力。

很多时候，我们的警力在高度警惕下，成功保护了那些受威胁的村镇，并且对侵略者严惩不贷。但是这种保护起到的作用十分有限。避开我们的分遣队的海盗，在边界外能够不受任何制裁地重新集结团伙，然后又开始尝试进行侵犯。无论采取何种防御措施，总会或多或少使受害人数增多。

为了改善当前的处境，急迫需要完全彻底平定雷州半岛的局势。

对南方政府在这些地区的镇压运动的成果，我没有抱有过多的幻想，因为南方政府对这些根本就不感兴趣。但是，我认为有些做法也许是有用的，那就是向他们指出目前处境的严峻性，并且提醒他们正是由于他们的惰性，匪盗才得以在这些受害地区作恶多端，他们才是这一切的罪魁祸首。若您可以向广州政府说一下这些话，我将感激不尽，另外，您大可不必觉得这不合适。

为了让您更好地了解情况，随信附上广州湾总公使的报告摘要，其中详细介绍了强盗行径的主要事实，这些是我刚刚提到过的。

签名：蒙吉约（Montguillot）①

① 蒙吉约（Maurice Antoine François Montguillot，1874—1945），1919 年 5 月 1 日—12 月 10 日、1925 年 4—11 月先后担任法属印度支那联邦总督。——译者注

附件

文件编号：N°60 – C

情报汇总单

1. 9 月 28 日，两名商人遭妃三团伙绑架，由该匪帮的几个同伙在硇洲小岛的 Packong 看守。9 月 28 日，在土著警察的指挥下，蓝带兵的一个巡逻队解救了他们。三个持械海盗在这次事件中被杀。在其他人质中，有一位来自白雅特城的商人，为了赎回这个人，妃三要求必须从印度支那银行支取 10000 皮阿斯特，不是硬币也不是其他纸币！！！

2. 妃肥手下两个海盗也被逮捕了，他们在边界乡村藏了 4 个女人。妇女们被送回了家。海盗们被传唤出庭。

3. 在我们租借地边界外雷州岛的一个中国村庄里，加入圣三一堂的 R. P. 佩里奥（R. P. Pélicot）被妃肥团伙的一个派系逮住了。该团伙长期非法监禁了一个小孩，现在就由这个小孩陪着佩里奥。因此，我不用支付赎金，就能让佩里奥被释放。妃肥团伙查看了佩里奥的行李后，就放他继续上路了，并提请他注意他们没有拿走任何东西。

看似妃肥知道佩里奥的出行，下达命令不要打扰这位传教士。

4. 数以千计的子弹或许是留给妃肥团伙的，在赤坎被查封。运货人丢弃包裹逃跑，包里有两面白旗，写着“追击广西海盗”。

5. 用于任命造反军官的空白委任状也被截获。

白雅特城，1920 年 9 月 30 日

广州湾总公使

签名：克劳豪塞

（十六）广州湾总公使致电法属印度支那联邦总督

文件编号：N°27 – C

档案馆卷宗号：GGI 40501

时间：1920 年 5 月 12 日

档案语言：法语

白雅特城，1920 年 5 月 12 日

自 1920 年 4 月 2 日起，为了从湖光岩赶走妃三匪帮，我们做了很多尝试，但都没有什么成效。这支匪帮队伍渐渐壮大，并且还有充足的粮食和弹药。他们还在那里建了很多战壕，使得湖光岩成了不可攻克的堡垒。

妃三和他的同伙骆妃三（Lao-Fa-San）、李福隆确信能够抵御租借地警力的进攻，便

意图使城市陷入恐慌，他们派自己的手下去洗劫中国村民，尽可能地把搜刮到的赃物带回贼窝——家畜、大米、妇女、儿童、人质，总之所有能给他们提供给养、娱乐和赎金的财物。

一些属于我们租借地的村子并没有被大肆劫掠，因为大部分村子都同意私下里交赎金，并且保持沉默，还给海盗提供临时工，帮助其挖地、搬运。

该团伙每天都犯案，三五成群，手持武器，抢完即走，退回老巢。

由于没有足够的物资支持，人们没办法赶走这些强盗。5月5日Kéousat村（属于中国）遭到了土匪袭击。随后，雷州民事和军方当局向我提出要求，允许他们的正规军与我们的警方一起跟踪这些海盗，找到他们的贼窝。由此，局势变得很令人担忧。

当我确认这些正规军有我们正缺少的物资（大炮和机关枪）时，意识到只有他们才能保证这项追捕的成功。因此，我认为应把握好时机，尽早除掉妃三团伙。

5月9日，星期天，大概下午2点时，在大炮和机关枪的掩护下开始进攻土匪巢穴。他们的根据地在16点时被占领，在大约17点时，被付之一炬。

在这次行动中，正规军有1人伤亡，另有11人受伤。强盗共60人被击毙，我们的蓝带兵没有遭受损失。

这些人质大部分是女性和各个年龄段的孩子，他们都是生活在广州湾的中国人。他们被释放，被交给当地政府，等识别身份后被送回自己的村子。

尽管我们采取了这些措施，土匪头目妃三在行动开始时，就伙同二十来个配有毛瑟枪的手下逃跑了。搜索进行到现在也未能找到他们的踪迹，妃三很有可能藏在了偏僻的村子里，在那里他依靠忠实的支持者过活。

如果说我们一时摆脱了这个匪帮，如果说他们造成的损失证明，即便有坚固的战壕，他们也并非不可战胜，但是我们不要抱有这种幻想，就是说认为盗匪不会卷土重来，即像人们经常写道的那样，认为广州湾彻底根除了海盗行径。

还存在其他匪帮，例如妃肥和Lanh-Tong的团伙，他们和妃三的团伙一样，甚至更加可怕，尽管他们在抢劫勒索时没有妃三团伙残忍。

广东的局势相当不稳定，匪帮不断招募新人入伙，还做出投身某一派事业的样子。这种做法在租借地丝毫未能幸免：妃三声称自己是广州“Yao-Ket”卫队一个团的一名营长，并且还听从龙济光元帅的命令占领了湖光岩，而妃肥声称从云南唐继尧元帅那里获得了雷州军事长官（Gouverneur militaire）的称号。

我们地区中国农民的轻信和愚昧使匪帮很容易在他们当中招募人员。因此这个时候最需要强有力的装备，以便在任何情况下快速有效地镇压类似妃三匪帮的抢劫活动。

广州湾地势偏僻，危急时刻不能指望东京的救援。所以蓝带兵必须配备一到两枚带有弹药的炮弹和武器，这样才能战胜配有武器、筑有战壕的海盗。我坚持要求运送我在1920年5月6日23－C号电报里所要求的军备物资。

签名：克劳泰默

（十七）广州湾总公使致函法属印度支那联邦总督

文件编号：N°32 – C
主题：被审查处扣押的6封信件
档案馆卷宗号：GGI 40476
时间：1920年6月22日
档案语言：法语

白雅特城，1920年6月22日

我非常荣幸向您寄去一组被审查信件的翻译件，它们看上去非常有趣。

在每一份翻译件上，我们都加了注释。这些注释对涉及的重要人物进行了简要的说明，有助于我们更好地理解正在我们的租借地上策划的种种阴谋。

毋庸置疑的是，目前中国南方的政治形势比以往任何一个时期都要动荡。这些人在等待着一场敌对派系之间的武装冲突，正如所附信件中指明的那样，他们动用一切手段来加强武力，进行挑衅，甚至不惜与那些总是盘踞在我们管辖区的匪帮合作。

我命人监视这些信中提到的知名人士。同时，我保留针对他们采取某种法律措施的权利，尤其是针对那些与海盗有串通行为的人。

签名：克劳泰默

附被查信件一：Wong-Tak-Tcheuong 致函孙中山
档案馆卷宗号：GGI 40476
档案语言：法语

中山[①]先生：

去年，我陆续向您寄去了不同的信件，想必您已收悉。

我得知您已制订了一个计划，使西南方的局面重新得到改善。我也得知这个计划首先在于根除广西海盗，以消灭骚乱的源头。

在听到这个好消息后，我不知如何向您表达我个人的恭贺之情。

在我看来，这次发生在云南各军队间的武装冲突，将会是铲除这些海盗的良机。

我已经和 Tsao-Hoi-Pang[②]先生讨论过此事。他也回到了高州，以便其他方面一旦交火，我们就能立即开展军事行动。

前不久，我已秘密集结之前与龙济光[③]作战的所有军队。

我将他们编入“护法军”，由 Tsang-Tchi-Sine[④]统领。

早在对付龙的一系列战役之后，我和 Tsang-Tchi-Sine 先生就酝酿了一个计划，那便是与我们能够信赖的武装力量结成同盟。这些武装力量分为 10 个营，但我们也面临许多困难，因为想要筹得必需的资金实属不易。

目前，我仍在努力做准备工作，同时等待着与其他军队协同作战。一旦有利的时机出现，我们将立即开展军事行动。

我在 Tsang 先生身边工作多年。长期以来，我都想和他一同来拜访您，向您请教，无奈为一些足够紧急的军务所困，不得脱身，因此暂不能去拜访您。

然而，我很想向您寄去我这封信，恳请您审阅。

如果您很乐意给予我一些有益的指示，烦请您通过法国邮局，用以下的地址传达给我：

烦请 Tsang-Tchai-Hing⑤先生转交
Kouang-San-Thon 药房
南兴街路
（广州湾）赤坎

中山先生，请您接受我的敬意。

签名：Wong-Tak-Tcheuong⑥
5 月 28 日

信封上的文字

寄信人：Wong

孙中山先生
44，环龙（Wang-Long）路，44
法租借，上海

翻译日期：1920 年 6 月 16 日
通事
签名：Lo-Pao

注释：

① 中山：孙逸仙先生的专用名。
② Tsao-Hoi-Pang：现任海康（雷州）县县长的兄弟，此人来自石城近郊。
③ 龙济光：龙元帅（Maréchal）。
④ Tsang-Tchi-Sine：曾任林虎将军麾下雷州镇守使，此人来自石城近郊。
⑤ Tsang-Tchai-Hing：是遂溪的赌场承办人（les fermier des jeux）。
⑥ Wong-Tak-Tcheuong：现在尚不知此人身份。

抄件与原文相符
安保局监察官
签名：莱昂纳尔杜（LEONARDOU）

附被查信件二：Tsang-Tchi-Sine 致函孙中山
档案馆卷宗号：GGI 40476
档案语言：法语

中山先生：

桂（广西）海盗假借“护法”之名占据两广地区。广东人早就想将这些海盗驱赶出去。

在这次云南各军队间发生武装冲突的过程中，我得知您已经决定采取某些举措来铲除这些海盗，并改善西南的局势。您希望利用云南和广东的武装力量在广东省组建另一支名为“护法军”的部队，以便共同行军克敌。

我非常高兴听到这个消息。同时，我也在高州和雷州招募旧部，以便一同行军作战。

我已集合了 10 个营的士兵，并做了必要的准备工作，以便和不同的部队开始协同作战。

因此，我不认为歼灭这些海盗是什么难事。

我向您禀明这一基本情况，并恳请您容许我同您商讨这一计划。

中山先生，请您接受我崇高的敬意。

签名：Tsang-Tchi-Sine
5 月 15 日

信封上的文字
翻译日期：1920 年 6 月 16 日
通事
签名：LO PAO

抄件与原文相符
安保局监察官
签名：莱昂纳尔杜

附被查信件三：Tsang-Chu-Thing 致函参谋部长 SUT-HEUONG 先生
档案馆卷宗号：GGI 40476
档案语言：法语

尊敬的参谋部长 SUT-HEUONG 先生：

我履行职责时如履薄冰。我每天从早到晚都在担心，担心不能妥当地、令您完全满意地完成您交代的任务，以报答您的栽培之恩。

我从未抱怨过自己已经或将要在高州和雷州之行上所承受的辛劳。所有拥护绥靖的团体已经在我们的掌控范围内。海盗和其他豪杰也已在我们的统率之下。

我们已经和我们的合作者一同在赤坎建立起办事处，以便沟通。

然而，一直以来让我们困扰的是资金不足。虽然我也收到了一些小额款项，但并不足以负担所需。

我对您无与伦比的伟大才能深信不疑，远非那些平庸官吏所能比拟，他们就只会写文书；而我知道，一直以来，您都深得上级的信任和下属的效忠，抱着这种期望，我将随时听候您的安排，以聆听您在这些重大事宜上的宝贵建议。

由于诸事缠身，我不能当面聆听您的教诲。此外，劳驾您为我提供一切所需的便利，给我寄来一些维系目前状况不可缺少的资金，从而避免办事处在运行过程中陷入窘况。

先生，请允许我向您表达我的崇敬之情和耿耿衷心。

签名：Tsang-Chu-Thing①
农历四月廿六
（1920 年 6 月 12 日）

信封上的文字
寄信人：Tsang，赤坎
参谋部长
LAM-SUT-HEUONG 先生
翻译日期：1920 年 6 月 16 日
通事
签名：LO PAO

注释：

① Tsang-Chu-Ting：此人来自钦州（Am-Tchao），是在梅菉的国民党（Kut-Ming-Kong）前镇守使的代表，这位前镇守使不知出于什么原因辞退了他。

抄件与原文相符
安保局监察官
签名：莱昂纳尔杜

（十八）广州湾总公使致电法属印度支那联邦总督

文件编号：N°9/8/20 9236
档案馆卷宗号：GGI 40501
时间：1920年8月3日
档案语言：法语

白雅特城，1920年8月3日

为了供您参考，我很荣幸向您汇报1920年7月发生在广州湾及其周边的社会新闻概要。

这一概要要比所有其他评论更能向您呈现我们租借地内盗匪行径的真实状况。

签名：克劳泰默

附：1920年7月社会新闻概要
文件编号：N°95 – N°97
档案馆卷宗号：GGI 40501
档案语言：法语

1920年7月社会新闻概要

1920年7月2日，两只平底帆船在去往Soa-Tao（东海岛）期间遭遇抢劫。

1920年7月3日，邻近志满的中国村庄遭到一支30多人的海盗团伙掠夺。

一艘船在临近雷州半岛（Île de Téou-Sien）区域遭遇海盗掠夺。

1920年7月4日，在Vong-OK-Taine-Ngi（埠头）的村庄，我们的民军在Vong-Sang-Ming的家里抓住了海盗Hoi-Hong，但是同样在这个房间里，海盗Hoi-Ying-Tso杀死了Tsang-A-Phong，然后逃脱。

1920年7月5日，Cun-Pou的中国司令给赤坎的公局写信，并告知他已接受海盗骆妃三（Lao-Fa-San）的归顺。

第二天他又收回了这一说法。

海盗妃三杀死了一名叫Tai-Poun-Va的人，他认为此人是埠头警卫队的情报专员。

1920年7月6日，雷州（Téomane）公局的局兵保护了一艘被两艘海盗船队追击的商业船只。其中一名局兵被杀，另一名受伤。

雷州公局的局兵逮捕了A-Nong盗匪团伙的一名成员，他配有一支白朗宁自动手枪，他之前在中国偷过牛。

两艘带有三支桅杆的船只上共有 16 人，他们在硇洲岛东边被 10 名海盗劫持。

1920 年 7 月 7 日，一支团伙抢劫了 Houn-Tao（距离赤坎西南 3 公里）的一个村庄，并且挟持了油店老板和两名女性。

埠头区的 Vong-Nai-Ling 村遭到一支盗匪团伙抢劫，他们绑架了两个女孩，抢走了六头牛。

1920 年 7 月 9 日，淡水（硇洲）的一支巡逻队在 Packong 附近解救了雷州的一艘大船。这艘船上有 6 个人，他们被劫持了 40 天，船上的 10 名海盗已被抓获。

骆妃三的匪帮在靠近赤坎的麻坡村劫走了一个孩子，并且还偷了一些衣服。

1920 年 7 月 10 日，妃三匪帮将要与靠近海口（Hoihao）的四公（Sikong）匪帮会合。

骆妃三的匪帮途经 Ma-Pong 村，向南坡村出发。

Pa-Moun 的两个孩子被劫持并被带到了东海岛。

1920 年 7 月 11 日，位于湖光岩的云头坡（Oun-Tao-Po）村，一名来自白雅特城叫作 Ngeou-Tai-Siou 的商人和一个本地人被劫走。

1920 年 7 月 12 日，位于 Ky-Ham（中国）和赤坎之间的一艘渡轮被抢劫。所有乘客都被洗劫，一名乘客被杀，一名水手受伤。

埠头区 Ma-You 村遭遇匪帮抢劫，被偷走了 10 头牛。

1920 年 7 月 14 日，赤坎公局的局兵在 Tchoc-Tao 村（距离白雅特城 6 公里）处决了带有武器准备反抗的两名海盗，妃三匪帮的海盗之前把人质关押在这个村子。

1920 年 7 月 16 日，妃三匪帮驻扎地靠近 Packong（硇洲岛），并在海上作恶。

1920 年 7 月 19 日，埠头炮台加强警力后在 Kintong 及其周边采取行动。海盗头目 Lanh-Tong 和他的兄弟被处决，一名逃兵以及当地一名与海盗结伙的正在休假的警员被捕。

1920 年 7 月 23 日，妃三的匪帮在靠近海口处截获了一艘装载 800 头猪肉的船，这些肉是供给 Malo（中国）警局专员的。

1920 年 7 月 25 日，赤坎的公局在靠近调顺的麻斜指挥了一场针对骆妃三匪帮的行动，这群盗匪抢劫了 7 艘船。绑匪头目、他的妻子以及 4 个海盗被处决；另外 11 人被沿岸的中国村民逮捕；还有 7 人被释放。

1920 年 7 月 27 日，一名有武器装备的海盗在太平被捕关押。

3 个儿童在 Eou-La-Ké（太平）被抢，并被带回中国。

No-Kan（东海岛）的一个村落遭遇来自 Packong（硇洲岛）的妃三匪帮抢劫。一个叫作 Ngeou-Yen-Houi 的人被海盗杀死，另一名居民受了伤。他们还抢走了 3 个妇女和 4 个孩子，还偷了 4 把枪。

1920 年 7 月 29 日，7 月 6 日被截获的船只及全部人员从 Malo 回到淡水。

四、胡汉卿与法国当局围绕妃三归顺问题的通信

编者按：本部分收录了胡汉卿与法国当局围绕妃三归顺问题的通信，来自法国海外国家档案馆 GGI 40501 卷宗。该卷宗收录的档案专门讨论广州湾周边海盗问题。

（一）胡汉卿先生致函诸位先生

档案馆卷宗号：GGI 40501
时间：1920 年 9 月 22 日
档案语言：法语

学谈[①]、Sz-Tsing[②]、Tak-Fai[③]和 Tchok-Lap[④]先生：

当前，我把部队安札在黄略；造甲三的先遣部队已经到了调顺村（Tiou-Tchoun）[很有可能是调神村（Téou-Sine）——译者注]，这一事实促使我加紧行军的脚步，准备发动紧急袭击。

然而，由于麻章（Matchiong）商埠就在赤坎旁边，也就是说，它们之间只有几里的距离，人们担心一旦战争拉响，一方面，落在赤坎城的炮弹会给当地人民带来危险；另一方面，造甲三部队里众多士兵的行径会给当地带来损害。

你们总是受良心的制约，我也同样不会那样行事。

此外，通过造甲三的言语和神色可以看出来，他对赤坎有一种强烈的怨恨情绪。

就是因为这个原因，经过长时间的思考，我不敢下令发动总攻击，我想保护赤坎这个商业城市，特别是保护当地居民人身和财产的安全。

目前我已决定命令我的士兵向遂溪前进，在那里，我可以把造甲三和他的手下召集到我的旗下，然后就可以更有效地发动进攻，避开一切损害赤坎城的行动。

我等待着安普的 Ngaï 将军运来大炮，以便我的部队从不同的道路进军并发动袭击。

我只是希望国家太平，人民幸福安康。

但我并不考虑胜败得失，结果是什么对我都无所谓。

先生们，请接受我最诚挚的祝福。

签名：胡汉卿（Hou-Hong-Hing）
1920 年 9 月 22 日

信封上的文字
寄自黄略临时大本营"Yao-Ket"广州卫队56、57、58营参谋部
寄往赤坎陈学谈先生
翻译，1920年9月30日
通事
签名：Lo-Pao
翻译件与原件相符
签名：克劳泰默

注释：

① 赤坎公局长。

② 商会的人。

③ 市参议员。

④ 市参议员。

（二）胡汉卿致函公局长 NGEOU-WOU-TS'IEN

档案馆卷宗号：GGI 40501

时间：1920年9月27日

档案语言：法语

雷州，1920年9月27日

公局长 NGEOU-WOU-TS'IEN 先生：

我很荣幸知会您，海盗陈振彪，也就是雷州的造甲三，最近同意和他的同伙一起向我投降。

由于他的提议诚恳，并且也被各方接受，所以经商议后我做出决定，立即给降服的陈振彪发出命令，让他重新集合人马，并把他们带到雷州，以免他们四处分散。

一旦他的人马并入我的部队，我便会告知各个当局。

陈振彪写信告诉我，他执行了我的命令，租了几艘渔船，把他的同伙带到雷州，他们应该是在 Léou-Soua-Kan 港口下了岸，这些船仍旧湿漉漉的；鉴于 Léou-Soua 村的居民搜查了这些渔船，并把它们偷走了，为了避免出现纠纷，他告诉十来个兄弟把渔船带到 Sin-Tchoui-Kan 港口，在这里又受到太平警船的追踪和攻击，这些警察装备着步枪，拦截私人船只；被询问一番后，连船带人被太平公局扣下。

为了避免恐惧和事端，他们要求我给太平公局长写信，希望他可以释放所有被扣留在上述那些帆船上的人。

不过，陈振彪的整个团伙都真心实意地投降了；这个团伙的所有成员以前犯下的错误从此以后一笔勾销。

公局长先生，如果您能调查这些私人船只，我将不胜感激。他们在 Sin-Tchoui-Kan 港口的渔船上被您的警船拦截下来，您可以检查一下他们是否在那边干了某些抢劫的勾当。

如果您认为他们是无辜的，您可以将他们释放，如果认为他们是有罪的，可以把他们运到我这边，由我来询问和惩罚他们。

我请求您对此事做出决定。

期待您的决定，请接受我崇高的敬意。

我对 Ming-Khai 先生致以诚挚的问候

签名：胡汉卿

信封上的文字
寄自“Yao-Ket”广州卫队 56、57、58 营参谋部 寄给公局长先生 NGEOU-WOU-TS'IEN 证明译件与原件 1920 年 10 月 2 日翻译 通事 签名：Lo-Pao

（三）广州湾总公使致函法属印度支那联邦总督

文件编号：N°60 – C
性质：机密
档案馆卷宗号：GGI 40501
时间：1920 年 9 月 30 日
档案语言：法语

白雅特城，1920 年 9 月 30 日

在我给您寄出 9 月 17 日编号为 N°56 – C 信件时，李炳南团伙，也就是妃肥团伙现处雷州城门，他们勒令胡汉卿将军高挂陈炯明的旗帜，并且逼迫他许诺在完成这一妥协的举动之后立即撤退。

尽管胡将军为此感到尴尬，因为他自认为是陈炯明的朋友，曾经担任过陈的参谋官，但他并不认为应该遵守这个命令。于是他决定立即把那支由 300 个士兵组成的军队召回雷

州，他曾把他们派遣到遂溪去重新占领这个县。

同时，胡将军还让人给处在硇洲岛的妃三团伙提供建议，想利用两个匪首的不和寻求妃三团伙的坚定支持。

另一方面，胡将军让人给妃肥带话，说他与后者服务于同样的事业，但他还不能公开表态，他要求他们远离雷州。

9 月 16 日，部队离开遂溪到达沙湾（赤坎的港口），想找几艘帆船，让人把他们运到雷州。没有一辆中国拖引车愿意接下这个任务，我命令那些追击海盗的正规军使用租借地公共汽车，通过陆路把他们运出我们租借地，然后送到雷州。这样的话，能使我们快速摆脱正规军，同时，也能促使当局用警察干预制服恶人。

妃三为了回应对他的召唤，在 9 月 16 日蓝带兵到达之前带领他的团伙离开了硇洲，安顿在处于中国领土的城月河的右岸，他下达了严格的军令，避免一切骚扰百姓的行为。

离开沙湾时，遂溪部队的司令向我宣布，为了防止他们向雷州行进时妃三从背后袭击，他们决定先攻打妃三。

后来我发现他欺骗了我，因为实际上他已经和妃三团伙会合了。妃三团伙获得了 80 支速射步枪，同时与地方当局合作，招收了新成员。

1920 年 9 月 18 日，妃肥在 Paklo 村被胡将军的正规军袭击了，打头阵的是妃三的团伙，于是，他离开了雷州。

在这次战役中，妃肥的肩膀受伤，但是他的人打死了 30 名正规军，收缴了他们的步枪和肩章。然后妃肥带着这些战利品平静地撤回麻章，其中还包括一些牲口。

胡将军的正规军和妃三团伙的海盗共同前进追缴妃肥及其团伙；他们靠近了我们位于 Tai-Sinh-Hao 的领土，想攻击麻章。

此时，我们采取了一些措施，以便加强赤坎的防卫，守护租借地的边界，免受服务于妃肥或妃三的海盗和正规军的一切干涉。

然而，大雨或者说对失败的恐惧使胡将军的正规军和妃三的海盗团伙突然改变了主意。他们放弃了重新夺取雷州的想法，尽管我之前收到胡将军揭露妃肥恶行的一封信，向我宣告一旦抓到这个海盗头子，可以获得 3000 皮阿斯特的奖励。

9 月 26 日，妃肥团伙的一个小分队安置在我们租借地的草苏（Tchao-Sao）村，他们似乎想要给强盗团伙的首脑四公（Sy-Kong）① 设下埋伏。四公是妃三的叔叔，受妃三指使，要把他的团伙聚集在草苏。妃肥的小分队被告知白雅特城的蓝带兵来了，他们于 9 月 27 日 20 点左右越过了边界。

事实上，妃肥是遂溪这一地区的首领，他就像将军一样，指挥着遂溪的军队!!! 在难民们为了重回家乡而离开赤坎期间，他应该设置一个县长!!!

另一方面，有人通知我胡将军将要给策划妃肥行动的政治负责人写信，告诉后者他将在 10 月 1 日宣布雷州独立，打算与他们和睦相处。这个态度并没有像看上去那样令我吃惊。因为我感觉这件事情不是真的。还需要等待几天才能够确定这个态度是否真实。

这些地方事件，不管它们与广东其他地方发生的事件有什么关联，将在今后对租借地的安宁产生影响。

---

① 四公（Sy-Kong），又称陈四公、杨裕隆，是妃三的叔叔。——译者注

即使获得和平，将妃肥和妃三的团伙编到正规军中，不再让他们在我们中间出现，我们也不能确定这是否会产生好的影响。

但由于雷州当局曾求助于妃三及其同伙，这给他们带来了威名，一旦日后妃三变得更加强大，拥有更好的装备，他就会重获自由，再次开启犯罪和强盗生涯。就像 1918 年，他由于服务于北方政府，获得了重要的武器装备，然后就这么做了。

我们需要牢记的事情是，妃肥和妃三是无恶不作的强盗团伙头目，妃肥在我们租借地之外，妃三就在我们租借地内，因他们一声令下，二十来个人质被藏在密不透风、难觅其踪的巢穴里。对于上述二人，我们不能存有中国当局善待他们的想法。我们最感兴趣的是妃三，因为他是我们到处搜捕的人，无论妃三将来对我们有什么作用，一旦他被我们控制，我们还是应该把他看作罪犯。至于妃肥，那是他与中国当局的事情，后者可以宽恕他在我们租借地外犯下的罪行。

签名：克劳泰默

（四）Lao-Wang-Kam-Ly 致函胡汉卿将军

档案馆卷宗号：GGI 40501
时间：1920 年 10 月 2 日
档案语言：法语

子余（TSZ-YU）总司令[①]先生：

非常感谢您在雷州热情接待我，尤其是当我离开时，您还派人护送我。

一离开您，我就登上了汽船，一直到第二天早上 6 点才启程。

（10 月）1 日，我到达了 Ma-Lao-Tchao，这里晚上下了雨，那些小船不从这里经过。大概上午 10 点钟我到了澳门。

我来到 Ka-Pang 旅馆，花 3.2 元租了一个中等大小的房间。这个花费已经是很少的了。

我（在澳门）私下里获得的那些消息事关广东战事，似乎和在雷州的传闻有所不同。然而魏邦平[②]和李福林[③]却真真正正地宣布独立了。但是几天过去了，他们却仍然和广西的部队有摩擦，他们雷声大雨点小，仅仅就是为了向莫荣新[④]施压，逼他离开。

莫从来就不愿意离开广州，他还是占领这里，但是无论如何，他现在已经不能够留在这里了。

不同国家的领事们进行的和解谈判目前仍没有达成最终的解决方案。如果我们可以把战争引向和平，这对于广东人民来说是一个天大的好消息。

然而，我们也害怕双方突然引发纠纷，如果他们想要走向极端，那么广东的居民可能会饱受折磨。

马济[5]死亡的消息完全是假的。Lao[6]和Sham[7]死亡的消息也仍令人怀疑。

我无法向您提供其他的消息了，因为我的朋友们已经去了汕头。

我随信寄出了今天报纸的一部分，您可以在里面看到所有的信息（惠州是否已经被占领不再是一个问题）。

很可能您作为雷州的镇守使，得到了所有居民的尊重和爱戴。

所以就目前而言，最好只是保护这个城市，绝对不要表达出什么意见（是指您宣布独立）。

如果您愿意采纳我这个卑微的建议，我将十分荣幸。

我会向您继续提供我知道的其他消息。

将军先生，我祝您身体健康，同时我仰慕您的丰功伟绩。

我向Tch'iou-Young、Wai-Hou、H'am-Pat、Yang-Tch'o、Tchiou-Yong和Siet-Kouan先生表示诚挚的祝福。

1920年10月9日翻译成法文
通　事
签名：Lo-Pao
签名：Lao-Wang-Kam-Ly
10月2日4点

注释：

① 胡汉卿将军，字子余。
② 魏邦平：广东省会警察厅厅长，全省警务处处长。
③ 李福林：……军务专员。
④ 莫荣新：广东督军。
⑤ 马济：陆荣廷的亲信，广西第一军团（quangsinaise）和前线部队的总指挥。
⑥ Lao：可能是Lao-Tat-Hing，惠州军务专员和主任。
⑦ Sham：可能是Sham-Wing-Kong或Shin-Young-Koang，Shin-Wing-Kong将军的儿子，莫督军的女婿。

翻译件与原件相符
签名：克劳泰默

（五）“Yao-Ket”广州卫队56、57、58营胡汉卿将军致函广州湾总公使克劳泰默

档案馆卷宗号：GGI 40501
时间：1920年10月5日
档案语言：法语

雷州，1920年10月5日

总公使先生：

在给您回信之际，我很荣幸能够让您知道，李福隆的强盗团伙，事实上是国家万恶之源，因为他们实施了数不尽的屠杀、绑架和偷窃，这些有损民众利益。

您就像讨厌敌人一样厌恶这些作恶者，您禁止所有可疑之人，所有可能属于李福隆团伙的人进入赤坎。另一方面，您下达命令，所有被逮捕的人（为了这个动机）将要受到审判和惩罚，这些都表明您极力维护两块领土公共秩序稳定的诚意。

我真诚地感谢您最近在镇压海盗方面给予我们的宝贵而又热情的协助。当我告诉您海盗袭击雷州时，您允许我们的指挥官钟继业（Tchéou-Kouai-Sam）借道广州湾租借地，用汽车把他的士兵运过来，以便增援我们对抗海盗团伙。

总公使先生，我觉得最好向您阐述一下，陈振彪，也就是造甲三投降的原因。

尽管以前陈振彪犯下了很多海盗行径，但是他很早就已经后悔，而且也在考虑改正他原来犯下的蹩脚的错误。他多次向雷州商人、绅士和教育界人士表明他愿意弃暗投明，与下属一起真诚地投降。

考虑到他原来在当地犯下的种种恶行，我拒绝了他的提议。

这一次，李福隆团伙猛攻了雷州城，陈振彪提出帮我们镇压李福隆，他想积一些功德，从而弥补内心的痛苦（他因为自己做过的坏事而饱受煎熬）。他发过誓，说再也不会从事任何海盗行径了。

当地各界人士都想接受陈振彪的承诺，在镇压李福隆团伙时，陈振彪主动提供帮助。由于李福隆团伙犯下了许多罪行，杀人放火、强奸、绑架、抢劫，当地的居民们迫不及待地想消灭他们。

陈振彪的投降是绅士和当地商人等群体的舆论要求，得到了海康县县长Tchao以及当地社会各界的认可和证实。在此情况下，我批准陈振彪召集他的人马，并将其带到雷州。在那里，他们被安置到我的麾下，自然从此之后绝不允许他们从事任何会引起骚动的举动，他严格遵守我的指示。

如果这件事情让您不满意，这大概是由于他过去在您的租借地和中国领土上犯下的那些恶行以及由此引发的怨恨，让您对他一直有一个很坏的印象。

但是，我们应该原谅他不堪的过去；因为如果一个接一个地起诉惩罚他所有的罪行，这其实也是挺令人为难的。

然而，我可以向您保证，在他投降之后，他永远都不会威胁到或是攻击您的租借地。我将对这一点负全责。

如果您在这件事情上同意我的观点，那么摒弃过去所犯的一切罪过的陈振彪，将从此踏上荣誉之路。在这种情况下，现在要摧毁李福隆就毫不困难了。

我们接受这个团伙的投降，是为了镇压另外一个强盗团伙，这就是以毒攻毒。因此，我们可以迫使这两个团伙就范。这将是我们两块领土的福祉，其安宁再也不会受到威胁。

要是您并不同意这种方式，那么海盗不仅仅在我管辖的地方会犯下不计其数的罪行，而且也会极大损害您的租借地；因为李福隆会毫无顾忌地继续作恶，我们也无法迫使陈振彪就范。

总公使先生，我恳求您重视我的来信，并且答复我，以增进我们的友谊。

总司令
签名：胡汉卿

1920 年 10 月 12 日翻译成法文
通事
签名：Lo-Pao
翻译件与原件相符
签名：克劳泰默

（六）广州湾总公使致函法属印度支那联邦总督（政务与殖民地事务办公室）

文件编号：N°66 – C
文件性质：机密
主题：妃三归顺中国政府（与 N°60 – C 信件内容紧密相关）
档案馆卷宗号：GGI 40501
时间：1920 年 10 月 14 日
档案语言：法语

白雅特城，1920 年 10 月 14 日

我很荣幸向您寄出一封胡汉卿将军信件翻译件的复印件，胡将军是雷州地区的镇守使，就在这个地区他接受了海盗头子妃三及其同伙的归顺。

现阶段妃三受胡将军的管辖，但是还保留着对他手下的指挥权，他的手下由中国政府配备武器装备。由于妃三在我们租借地太平地区一些村庄里招募新人，这支队伍每天都在壮大，妃三就是太平人。

对我而言，妃三就是一个触犯了普通法的罪犯，因此问题不在于原谅他，向他寻求任意一种和解；但是，我们最好还是等待事态的发展，然后再看看是否要采取通常的干预措施，即要求把妃三交给法国当局处置。

目前，我仅限于要求胡将军不要赎金，释放所有在租借地仍被妃三同伙扣留的中国人质，并且让妃三远离我们的边界。

签名：克劳泰默

又及：简要信息，附上一封胡将军密使的信。密使已逃往澳门，他已向胡将军提供了一些信息，同时建议胡将军持谨慎的观望态度。胡将军从战争一开始就保有这样的警惕，周密处理两个派别的关系。

签名：克劳泰默

五、雷州官民就匪患问题向法国当局的申诉

编者按：本部分4份档案来自法国海外国家档案馆GGI 40505和GGI 40501卷宗，第二份档案是海康县居民上呈法属印度支那联邦总督诉状的中文原件，第一份和第三份是其法文翻译件。第四份档案是雷州半岛三县官员呈给法属印度支那联邦总督的诉状。

（一）海康县和雷州府居民致法属印度支那联邦总督诉状

档案馆卷宗号：GGI 40505
时间：1921年2月
档案语言：法语

中华民国十年农历十二月二十五日，即公历1921年2月

海康县和雷州府的居民很荣幸向您递交这份诉状，并恳请您出台政策监控在此地偷盗和抢劫的罪犯及其同伙，其行为严重损害了商人和平民的利益。

雷州地区的海盗头儿，名为李福隆，人称李炳南，和一帮几百人的强盗团伙躲在赤坎村，该村属于广州湾。提供给他这一避难所的是中国办事员陈学谈（Tran-Hoc-Dam）和余澈明（Du-Tri-Minh）以及法国官员梁那道（Luong-Na-Dao）①，海盗们应该是向官员们送了礼物，以换得对他们抢夺活动的支持。

李福隆继续抢劫雷州和高州两县的居民。每当他们抓住男人、女人、男孩或女孩的时候，就让人把他们带到赤坎埠的老窝看守，索取赎金。富人付钱得救，穷人会被处死。

3月份的时候，李福隆抢劫了Ngô-Xuyên县的Thach-Môn村，并且收获了价值十万元的赃物。

抢劫中抓到的女孩和男孩被用帆船运送到了赤坎，由余澈明监视，等待赎金。

9月份的时候，李福隆抢劫了Toai-khê-Thanh村，这次行动给他带来了七八万元的赃物，另外抢劫了Ma-Chuong-Thông-Khu村，收获十万多元赃物。抢劫所得，包括女人和女孩都被送到了赤坎的余澈明手中。被抓的女人是用来卖钱或者勒索赎金的。余澈明是一位名为梁那道的法国人的间谍。李福隆也追捕赤坎的富商，索要高额赎金。由此可见，赤坎是一个名副其实的海盗窝藏点。

12月9日，李福隆又抢劫了雷州大本营，抢劫的赃物价值二十多万元。在这次抢劫中，他烧毁了一百多间房屋，路上见人就杀，见村庄就抢劫。由此可见，这里成千上万的居民已经没有生存之道了，要饿死了。

然而，李福隆团伙受到法国政府保护，他们建在赤坎的窝藏点是可靠的避难所。中国当局已经向法国领事说明了这一情况，然而法国领事并不愿意展开调查，因为法国人梁那道先生与此事有牵连。

---

① 梁那道（Luong-Na-Dao）是郎涛华（Tsang-Hoc-Tam）的又一称呼。——译者注

如果这个官员为了谋取利益继续支持海盗的恶行，人民将永远不得安宁。

我们恳请总督先生往赤坎再派一位法国官员，由他与中国官员齐心协力调查并惩罚犯罪分子，以此为这片不幸的土地带来安宁，将那些商人从不幸中拯救出来。

（二）海康通县全体难民函呈越南全权大臣

档案馆卷宗号：GGI 40501
时间：1921年2月
档案语言：汉语（繁体）

函呈安南东京
越南全权大臣大人安

具呈人雷州海康县全体难民等为庇匪分肥、串匪得赃乞恩设法严办，以安商场而保治安事。窃雷州匪首李福隆即李炳南，聚集匪徒数百人，专住广州湾之赤坎埠为巢穴，贿串公局陈学谈、暗查余智明、法官梁那道等，任其在坎出入，分头高、雷两府地方抢劫。所有捉获男女俱带回赤坎，摆明勒赎，有银则生，无银则死。至惨者，旧历三月，团劫吴川县之石门全埠，得脏十万有奇，所捉男女船只，明在赤坎放赎，均经余智明手交割。再九月，又破遂溪城，抢劫赃物，值银七八万圆，明将赃物担回赤坎。连月又围劫蘇樟通墟，并破公益饷，当得赃十余万之多，所有衣物，均担回赤坎余智明家发卖，所捉妇女亦交智明住家收藏。余智明即法官梁那道之帮办暗查也。并有富户走来赤坎逃避者，亦被该匪在赤坎夜晚捉获勒赎。赤坎商埠做成匪埠矣。至十二月初九，再围劫雷州城全境，得赃数十万，焚烧铺户百余间，遇人掳杀，所有经过村乡，尽行洗劫一空。累人失业、无家可归者数万口。日来死于饥寒者不知凡几，哀鸿遍野，惨不忍闻。该匪皆以赤坎租界为巢穴，均以法官、公局为保护，任其自由出入。所有中国官兵向总公使交涉，总公使见那道担任，置之不理。有此官厅庇匪分肥，地方永无安枕。迫得历由被叩　大人案下伏乞，恩准迅派公道法官来坎与中国官兵协力。不特高雷人民感恩戴德，即赤坎商场亦不致失业矣。此呈

大法国越南全权大臣大人恩准施行。

西历一千九百二十一年正月即
中华民国十年旧历十二月二十五日
海康通县全体难民同叩

（三）海康通县全体难民致函法属印度支那联邦总督

档案馆卷宗号：GGI 40501
时间：1921 年 2 月 2 日
档案语言：法语翻译件

雷州，1921 年 2 月 2 日
（中国农历十二月二十五日）

尊敬的总督先生：

我们很荣幸向您提交这份诉状，旨在严厉起诉海盗保护者，确保商业稳定和地区安全。

海盗首领李福隆，外号李炳南，雷州人，集结了几百号恶人成立帮派，老窝在赤坎城。

他们贿赂公局长郎涛华（Tsang-Hoc-Tam）、密探余澈明和法国官员莱昂纳尔杜，以便自由出入赤坎。他们从赤坎出去，分头在高州和雷州抢劫作恶。

所有被海盗绑架的人（男人和女人）都会被带到赤坎，在那里绑匪公开索要赎金。交付赎金的就能保命，而没交的就被杀掉。

在农历三月的时候，受害者越来越多。海盗抢劫了隶属于吴川县的 Moun-Tao 港埠。抢劫的赃物总额超过十万元。

余澈明的中介人交纳赎金后，所有被绑架者（男人和女人）得以公开释放，被劫持的帆船被交回。

农历九月，海盗团伙攻打遂溪，将其抢劫一空。本次抢劫的财物总额高达七八万元。而且，这些赃款被公然运往赤坎。

同月，海盗团伙抢劫了麻章商埠，在那里，他们偷盗了当铺“Kong-Yek”，偷盗所获的服装悉数运往余澈明家出售。在余澈明家非法监禁遭绑架的妇女。

余澈明身为法国官员莱昂纳尔杜的副手，是一名密探。

此外，藏身于赤坎的富人在一个夜晚也被这群海盗团伙绑架，然后，团伙得到了赎金。

在这种情况下，赤坎这座商业城市成了海盗的地盘。

农历九月至十二月，海盗团伙包围了雷州这座城市，抢劫了价值几十万元的赃物。在抢劫中，超过一百座房屋被烧毁。所遇之人，海盗团伙均杀死或绑架。所经之村庄，均抢劫一空。

几万居民被剥夺生活资源，流离失所。这些日子，他们中多人在饥寒交迫中死去，村子里发出凄惨的哭声。

海盗团伙把赤坎市（租借地）当作他们的藏身老窝，而且依赖法国官员和公局长的保护，出入自由。

中国政府要求总公使干预此事，但总公使并不负责，因为莱昂纳尔杜先生负责此事。

由于总有类似官员保护这些海盗，并且与他们分赃，总督先生，我们必须给您叩首下跪并且恳请您，紧急派遣一位廉洁的法国官员前往赤坎，并与政府、中国军队联合起来行动。如果您这样做，不仅高、雷两州的人民会永远感激您，而且赤坎商业也能免遭破坏。

希望您尽快批准我们的请求。

海康通县全体难民

1921 年 3 月 31 日翻译成法文
通事
签名：Lo-Pao

翻译件与原件相符
签名：克劳泰默

（四）海康、遂溪、徐闻地方官员快邮代电法属印度支那联邦总督

档案馆卷宗号：GGI 40501
时间：1921 年 3 月 30 日
档案语言：法语翻译件

法属印度支那联邦总督先生：

雷州半岛由三个县组成，分别是海康、遂溪和徐闻。

法国的租借地在遂溪境内。

从中华民国六年至今，李福隆、杨正仲（Yeuong-Tching-Tchong）等海盗在这里结伙行动。由于他们团伙众多，拥有良好的武器装备，将上述三县蹂躏殆遍。他们焚烧洗劫了几百个村庄和商埠；屠杀和劫持了一万人，这还不算那些富人。总而言之，他们犯下的残忍、可怕的暴行罄竹难书。

去年秋天，他们前后两次打劫和袭击了遂溪城。

1 月 18 日，他们在雷州郊区抢劫放火。他们一把火烧掉了那里所有人流涌动的商业街区和漂亮尊贵的商行。

整个雷州是一个相当贫穷的不毛之地，所有一切美好的东西都集中在遂溪。而这个城市目前就是一片废墟，想要重建昔日的美好景象需要花费很长的时间。

由于惨遭洗劫，所有生活来源都被堵死了。

通常，这些强盗把广州湾作为藏身的老窝。每当他们在中国领土抢劫完毕，或者快被正规军追捕到的时候，他们总是逃到赤坎和牛牯湾（Bou-Kéon-Wan）等地，这些地方都隶属于广州湾。

受到一些条约的限制，中国正规军无法进入租借地镇压或者逮捕他们。

然而，广州湾的法国行政官员由于受到了一些衙蠹局绅（比如公局长和绅士）的欺骗，以为这些盗匪是政治犯，遂允许他们居住在这里，自由行动。

另一方面，租借地的奸商受利益驱使，经常会从海防和香港运过来一些武器弹药供给这些海盗，同时还帮助他们去祸害相邻领土。这些行动激起了全世界的愤怒。

近些年来，这些豺狼野兽般的海盗还去租借地寻求战利品。

显然，所有他们造下的恶行都是真实存在的。

但是，广州湾的官员们就不知道这些事情吗?

目前，这些强盗变得越来越可怕。在接下来很长一段时间里，我们仍然会饱受折磨。

我们相信您一直都很重视维持两国良好的关系，您有能力将这些让人们饱受折磨的毒瘤连根拔起。总督先生，我们请求您，严厉追击这些罪犯，把应该执行的命令用电报发送给广州湾的官员们，目的是让所有逃到租借地的海盗能够被拘留和引渡，也是为了让法国当局和中国当局能够携起手来，共同对抗这些作恶者。

如果您能够采取必要的措施，严厉制止一切给这些海盗提供武器和炸弹的行为，同时为了解救邻国的居民，严惩衙蠹局绅奸商，我们将会十分感谢您。

总督先生，我们请求您阅读我们真诚而殷切的请愿。

签名：何学林，海康（雷州）县保卫局局长
梁禹畴，海康县商会会长
梁连岐，海康县劝学所所长
杨文光，遂溪县保卫局局长
周烈亚，遂溪县劝学所所长
邓祖禹，徐闻县保卫局局长
李乔嵩，徐闻县商会会长
苏步濂，徐闻县劝学所所长
及三县全体人民
加盖三公章
第一公章，海康县保卫局
第二公章，海康县劝学所
第三公章，海康县商会

1921 年 3 月 30 日翻译
通事

签名：Lo-Pao

译件与原件相符
签名：克劳泰默

（五）中华广东省海康县商会致函法属印度支那联邦总督

档案馆卷宗号：GGI 40487
时间：未注明
档案语言：法语译文

我们雷州府包括三个县：海康县、遂溪县和徐闻县。如今在您治下的广州湾过去就属于遂溪县。

从民国六年开始，土匪头子李福隆和杨正仲集结了各自的人马，一直在我们这三个县四处劫掠作恶，却无人来管，我们深受其害。他们在我们这几百个村子里烧杀劫掠，杀害了数千人，抢走的财物不计其数。

去年这些土匪两次洗劫了遂溪县。去年 1 月 18 日，土匪洗劫了雷州城。商人们的财物都被洗劫一空，再也无法恢复经营。

这些海盗把广州湾租借地当作避难所。当我们的军队追捕他们的时候，他们就逃到赤坎埠和牛牯湾的村庄，根据中法两国签订的条约，中国军队不能跨过边界进入这两个地方搜捕海盗。造成对盗匪追捕困难的另一个因素是，广州湾的法国当局出于利益考虑，纵容和包庇众匪，还佯装他们是政治难民。

此外，我们希望您知道，在雷州地区，有许多人在海防和香港之间做走私生意，而运送走私物品的正是这帮全副武装的海盗，他们的这种走私活动严重妨害了邻近地区的税收。广州湾的法国当局不应该再忽视这个问题。

这帮海盗的人数正日益增长，并且极有可能构成对这片地域行政管理的真正威胁，为了维护中法的友好关系，也为了救善良的老百姓于苦难之中，我们请求您，总督先生，请您让广州湾的法国当局逮捕躲避在本地的盗匪，或者与中国当局合作，惩治这些犯罪行径，恢复地方的安宁。

海康县保卫局局长何学林
海康县商会会长梁禹畴
海康县劝学所所长梁连岐
遂溪县保卫局局长杨文光

遂溪县劝学所所长周烈亚
徐闻县保卫局局长邓祖禹
徐闻县商会会长李乔嵩
徐闻县劝学所所长苏步濂

（六）中华广东省海康县商会快递代电安南法国总督

档案馆卷宗号：GGI 40501
时间：未注明
档案语言：汉语（繁体）

安南法国总督钧鉴：

雷州有三县，海康、遂溪、徐闻也。贵国租界广州湾地即由遂溪县划出。民国六年以来，土匪李福隆、杨正仲等啸聚，党众械精，三县被其蹂躏殆遍。统计焚劫村市数百，杀掳人口逾万，财产无算，穷凶极恶，惨难言宣。客秋两陷遂溪城，一月十八复焚劫雷州城外商场，所有繁盛之街，殷实之店，俱被燬尽。雷本贫瘠之区，精华尽在于是，骤成焦土，恢复无期，浩劫空前，生机殆绝。查该匪等，向以广州湾为兔窟，每次在内地饱掠，或被官兵击急，则窜入广州湾所属赤坎埠、牛牯湾等处藏匿。敝国军队因格于条约，无能剿捕，而贵国驻广州湾官员，被衙蠹局绅蒙蔽，任该匪居留出没，居然以国事犯相待。且界内奸商贪利，常由海防、香港等处运济该匪。枪支子弹，助害邻封，令人发指。虎兕出柙，连年咥噬，事实昭然，然驻广州湾官员，岂谓漫无闻？见目下匪焰愈炽，来日方长，素谂贵总督笃念邦交，乐除民害，万乞从严查办，电饬驻广州湾官员，务将界内藏留各匪拿获引渡，或两相携手协力剿办，并设法严断枪弹之接济，其衙蠹局绅奸商痛加惩治，俾绝乱源而苏邻困迫。切陈词伏乞鉴察。

海康县保卫局局长何学林、商会会长梁禹畴、劝学所所长梁连岐、遂溪县保卫局局长杨文光、劝学所所长周烈亚、徐闻县保卫局局长邓祖禹、商会会长李乔嵩、劝学所所长苏步濂合三邑人民公叩。鱼。印

六、 广东报纸对匪患的报道

编者按：本部分由3篇报纸摘要组成，分别收录在法国海外国家档案馆GGI 40485卷宗和GGI 40484卷宗。前者的标题是《广州报纸指责广州湾是罪犯的避难所》[La presse-cantonaise fait le reproche au Territoire (de Kouang-Tchéou-Wan) d'être le refuge ordinaire des malfaiteurs]，内含中文或法译文报纸摘要。后者包含几份当地的法文报纸摘要，例如《印支法国报》(*Journal France-Indochine*)。

（一）《广州晨报》

档案馆卷宗号：GGI 40485
时间：1920年12月24日
档案语言：汉语（繁体）

报请特设高、雷两属交涉专员

请报专员高雷两属，与法界广州湾毗连。吴川、遂溪两县辖境，尤与广州湾硇洲、赤坎犬牙相错。黄坡墟之龙头岭，与坡头车轨相接。石门海与广州湾舟楫相通，均至密迩海陆界线，彼此混淆，盗贼借此逋逃，规避诉讼，因此时生轇轕。两县人民，每致受外籍奸人欺压，无可告诉，土豪地痞尝借外力以藐官纪。地方官因恐酿成交涉，遂致放弃职权。于是运烟售械，种种违法之事，日有发现。高雷两属绅民，以道尹一职，既已裁撤，将来对于外交负责无人，尤恐非县官所能应付裕如。故特举陈舜英、李子侯等，联呈省长，报请特设高雷两属交涉专员，妥选熟谙地方情形，通达法国文语，及万国公法人员充当，以期克尽职责，维国权睦友谊。并以匪人素以洋界为逋薮，现桂军败去，逃匿租界不少，闻已暗组织机关，运动在高雷谋乱，交涉专员一职，因此亟应酬设云。

广州晨报十二月二十四日①

（二）《印支法国报》节选

档案馆卷宗号：GGI 40484
时间：1921年1月12日
档案语言：法语

---

① 此份报道为中文原文，在该卷宗中，另收藏有法译文，末尾署有《广东日报》《广州晨报》。——译者注

广州湾来信
一支中国分遣队进入租借地被解除武装

本刊特约记者

1920年12月末，广州湾租借地发生了一件不寻常的事。本来我可以在前一篇报道中披露此事，但我愿意等到获得准确信息后才予以报道。事实上，这件事吸引了所有人的兴趣，按照风俗，人们难免捕风捉影，夸大歪曲。如果我根据最初掌握的一点信息就向你们报道的话，我将冒着以最不严肃的方式给你们和《印支法国报》提供信息的危险，社会各界也将立刻充斥着各种流言蜚语。因此，我愿意多花些时间证实我获得的信息，以向你们提供完全准确的报道。

广东省日益遭受纷扰，近几日发生的战斗进一步白热化。卷入冲突的各方你追我赶，逼近广州湾租借地邻近区域。12月20日，人们清晰地听到唐生智（Tsang Tseck-Sin）将军的军队和胡将军的军队交火。

12月21日，双方进一步展开激战，唐生智将军的部队被对手重创，照目前战事发展趋势，唐生智将军的部队要么无条件投降，要么越过边界进入法租借地。此外，还有可能出现第三种办法——部队撤退，这样唐生智将军再也不用为如何迎战胡将军及其下属煞费苦心，也不用担心因败受辱。

租借地已得知消息，自12月20日夜和21日凌晨起已采取特别监视措施。巡逻队在中国人可能进入租借地的地点加强巡逻，公局也派了一群保卫人员监视。20日晚11点，唐生智将军的部队顺着离赤坎市场不远的边界走，朝中国领土麻斜（Matché）和Ong Tsune西南方向行进。

到处有传言称第二天清早唐生智将军的部队和胡将军的部队开战，越来越确定的是：前者在先前的战斗中受到重创，已经抵挡不了多久，最后将不得不越过边界进入租借地。

21日刚过中午，我们可以确定战事又起，因为可以清楚地辨认出枪声来自麻斜和Ong Tsune方向，在前一天晚上，已经有迹象表明军队朝这个方向行进。广州湾总公使命令按形势所需，采取一切应对措施，加强炮台防御，又派遣新的巡逻队进行侦察，尤其是在赤坎和麻章方向加强了预防监控。这个监视点很重要，因为地面毫无遮拦，能监控足够广的范围。这天下午，人们看到几队带有武器的力量单薄的士兵跨过充当边界的小河，进入中国人的小村庄An Tcheou。广州湾总公使希望不忽略任何预防性措施，他相当明智地下达命令，在边界最高处竖起一面法国国旗，以便交战双方都能清楚地看到，提醒他们可能会被强迫后退。乡勇和公局的保卫人员将被安置在细谷附近。

战事在唐生智将军的部队和胡将军的部队之间重启，唐生智将军的部队兵分两路，在边界和中国村庄Ong Tsune间行进。胡将军的队伍一分为三：第一队位于村庄的西北方向，第二队位于Soul Kaie道路沿线，第三队位于边界的东北方向。

如前所述，唐生智将军的部队已受到重创，难以有效地抵抗对手，他们本来是应该把敌手击退才能待在中国领土的。经过大约一个小时的交战，唐生智将军的队伍颓势明显，他们在边界陷入绝境，先是被迫三三两两越过边界，然后是成群结队地跨过。

根据广州湾总公使先生和赤坎市市长的指令，这些士兵被逮捕，缴下武器，组成队列，然后被带到蓝带兵的炮台。16时左右，第二支巡逻队又带来一列士兵。晚上6点移送工作才结束。缴下的武器有二百支各种样式的手枪，性能普遍不佳，还有一些弹药。

很可能唐生智将军部队的一些人躲过了巡逻队，因为有人认为他们会脱下军装，丢掉武器弹药进入法国租借地。相信他们不久将被发现，并和同伙一样被拘捕。

这一切发生在赤坎中国居民的眼皮底下，如果说他们对这一切不是无动于衷的话，至少也是表现得相当镇定。恩威并济的克劳泰默先生下达命令保证租借地没有发生事端，尽管官方每次发布了准确消息后仍然有民众发表自己的意见，但实际情况是很难辨别他们的真实想法。

人们一直以来都在讨论这些事件，当地人想知道有什么政治结论。我可以向你们保证不会产生任何麻烦。事情会得到妥善解决。法国驻广州总领事会掌握事情进展情况，并与中国官方商讨解决办法。如果出现什么意外，我将做后续报道。

签名：J. C

（三）《印支法国报》节选

档案馆卷宗号：GGI 40484
时间：1921 年 2 月 18 日
档案语言：法语

广州湾来信

本刊特约记者

几个星期前我曾经报道过 1920 年 12 月末广州湾发生的事件，中国正规军被击退到我们租借地，被广州湾当局缴械关押。

在广东的持不同政见的军阀们轮番争斗的态势有可能导致同类事件再次发生，因为没有一天在我们边界的炮台附近不发生遭遇战的。海盗、正规军每天都在打斗，然后又相互配合，在向老百姓勒索赎金时总能达成一致。

幸运的是，近来租借地未遭受侵犯。但我要提醒的是，如果法国当局放松监管的话，这类事件会立刻出现，甚至可能已经出现了。

一月份的最后一周发生了一系列事件，就发生在离炮台不远的地方，人们担心即刻受到攻击，向来善于决断的广州湾总公使立刻在危险性最大的地方增加了蓝带兵的人数。

妃三团伙刚在中国领土上劫掠了赤坎对面的几个村庄，想再次在广州湾租借地寻找一个庇护点，很明确地想再次在湖光岩落脚，这是他们青睐的巢穴，几个月前我们费了很大的劲才把他们从这个地方赶走。

另一伙盗匪妃肥团伙也日益强大，组织精良，也在四处劫掠。就在妃三团伙劫掠两天后，他们也袭击了中国遂溪县一个重要村庄。

这两股海匪我已给大家介绍了很多，他们所到之处散播恐怖情绪。由于中国行政部门组织瘫痪，赋予了他们一种绝对的自由，他们更加感到可以肆意横行。我请你们相信他们在趁机作乱。

幸运的是，两大匪首之间一直存有宿怨和敌意，他们不惜一切时机相互对抗。可能是因为这个，他们给我们留下了一段享受自由的空档，我们还有什么好抱怨的。

1 月 31 日，他们之间又爆发了冲突，由于双方介入兵力之重，达到了真正的战争的规模。妃三团伙得到胡将军二百名正规军和四百名云南人的支持，在所有这些冒险中，都可以找到云南人的身影。由此，妃三团伙向妃肥股匪发起一场精心策划的攻击。妃肥团伙无疑知道敌人的意图，遂在一个中国村庄筑壕固守。在这个地势把守，妃肥团伙可以不向进攻者低头，还能给他们沉重一击，因为进攻者接受的命令会很混乱。正是由于这个错误，云南雇佣军没有及时加入妃三和正规军一方，被打败退回到我们的租借地赤坎，众多村民由于受到战乱危害也藏匿在那里。

多亏克劳泰默先生行事果决，未雨绸缪，直到现在没有出现任何混乱。克劳泰默先生向警卫人员颁布严格指令，后者也认真执行，确保了我们租借地的和平安宁。但我们不能确保几天后这种局势不被打破，我们似乎预料到这些团伙会又一次入侵。无须赘言，倘若真有此类事件发生，我们一定采取一切措施，确保即刻把这些极其不受欢迎的“客人”驱逐出去。

签名：J. C

七、 中法盗匪追捕权之争

编者按：本部分共有35篇文献，选自法国海外国家档案馆7个卷宗：GGI 40478、GGI 40483、GGI 40485、GGI 40487、GGI 40491、GGI40501、GGI 40539。这些文献大都围绕中国的警力是否能进入广州湾追捕盗匪的问题展开，有广东省省长陈炯明与法国驻广州总领事伯威的通信、赵德裕将军与广州湾总公使克劳泰默的通信、法国驻广州总领事与法属印度支那联邦总督的通信、广州湾总公使与法属印度支那联邦总督的通信，也有雷州地方官员致法属印度支那联邦总督的请愿信、海康县商会致法属印度支那联邦总督的请愿信、公局长与绅士致广州湾总公使的诉状，还有地方报纸的报道。也有几篇文献与剿匪问题没有直接关系，但揭示了这一时期雷州的军政局势，有助于增强对中法盗匪追捕权之争背景的理解。

（一）广东省省长陈炯明照会法国驻广州总领事伯威[①]

档案馆卷宗号：GGI 40501
时间：1921年2月18日
档案语言：汉语（繁体）

抄录省长陈炯明照会

大中华民国广东省省长陈

照会事照得高雷等处，著名匪首李福隆等党羽数千，麕聚广州湾租界，潜出高雷边境，劫杀焚掳，危害地方。经前省长照会

贵署转请

贵国驻广州湾公使协助剿捕，并通融准许华官带兵过界剿办在案。兹据遂溪县代表李局国等公民，林宗洛等电称李福隆、杨妃吊、石五仔、妃陈仔、妃吴存、呵藩等匪，纠众千余人，窝藏法租界，内恃广州湾陆路官梁道华、暗查头余志明等为护符，及多数奸商接济枪码，为祸数载。此两月间，焚劫县属，纪家、乐民、杨柑、城月、仲伙、麻章、洋菁各区，逢人便杀、逢屋便焚。计两年来，县属被劫之村，十居八九，被其毙命不下万人，财物更难指数。所劫男妇、耕牛、财物运往租界吊赎。发洁（?）民等，屋舍被焚，人被掳杀，情殊愤激，切恳迅速派大兵来剿，并照会法官，准华兵入界剿捕，以清匪祸等情。前来本省长查匪首李李福隆（原文如此）等潜入华界，劫杀焚掳，扰害地方，殊甚痛恨。除访派军队相机进剿外，合亟照会

贵总领事官，烦再转知

贵国驻广州湾公使，设法协助饬属，务将该股匪等剿灭，以维中法边界治安，并拘拏匪首李福隆等，解交惩办，起出赃物给主具领。如高雷军官带兵入租界会剿该股匪时，并

[①] Joseph Beauvais，法国外交官，1908—1909年、1910—1923年期间担任法国驻广州总领事。——译者注

予允许，以除匪患，深感睦谊统析。

查照办理，见复为荷。顺颂

时祺。须至照会者。

右照会

大法国驻广州湾总领事官伯

中华民国十年二月十八日

（二）《新快报》

档案馆卷宗号：GGI 40485

时间：1921 年 3 月 1 日

档案语言：法语

高雷海匪

陈炯明省长接遂溪县居民 Lin-Tsong-Tsi、Li-Kouo 等先生请愿书，控诉广州湾法国租借地警察郎涛华、余激明等支持李福隆、杨妃吊（Yang-Fi-Tiao）等股盗匪骚扰高雷地区，同时指诉租借地刁蛮的商人为盗匪提供武器，助其抢劫高雷民众，滥杀无辜，成千上万的百姓被盗匪残忍杀戮。在各个不同的村庄抢劫的货物全部被运往广州湾租借地，出售后利润由盗匪与郎涛华、余激明等瓜分。这些请愿者请求陈炯明省长要求广州湾法国当局根据在法中边界镇压作恶者的规章，允许中国军队进入租借地追捕盗匪。在致陈炯明省长的最后一份请愿书中，请愿者不满足于与法国当局协商镇压海盗，遂溪县所有居民想中断与法国所有的联系。阅读请愿书后，陈炯明先生立即致函法国驻广州总领事，请求他要求广州湾法国当局允许中国军队进入租借地剿灭盗匪。同时陈省长严令高雷正规军严加值守，剿灭盗匪。

《新快报》

（三）赵德裕将军致函广州湾总公使克劳泰默

档案馆卷宗号：GGI 40501

时间：1921 年 3 月 25 日

档案语言：法语

雷州，1921 年 3 月 25 日

尊敬的总公使先生：

非常荣幸地告诉您，我事先给您写过一封信，在那封信里告知您一件很有必要的事情，那就是：让我的队伍进入您的租借地，与您的乡勇一起联手镇压藏身于法国租借地广州湾的海盗团伙李福隆。自上一次针对他们采取镇压行动以来，他们就藏身此地逃避法律的诉讼。

如果我们不采取派正规军进入租借地的方式，则不可能肃清海盗，为百姓造福。因为受派遣执行行动的正规军一到事发地点，海盗们就会马上藏身他处；相反，正规军一离开，海盗们就会立马重回老窝。

我收到您的回复，您告知我：当我采取治安行动时，您就让人看好边界，而我得及时通知您以防作恶者进入租借地。

我刚刚在通函里看到了您给我的指挥官们的回复，并且您要他们遵守您回复的内容。

然而，很遗憾的是，根据我所了解到的信息，李福隆海盗团伙在杨家市商埠的攻击中战败后，可能向遂溪方向撤退，他们有意隐藏在租借地以便逃过追捕。

在关于镇压海盗的法中边界条约中，第三条规定：扰乱公共秩序，威胁国家安全的海盗若藏身于法国领土，法方政府应采取镇压措施，没收其武器，并将其驱逐出境，使之永远不得在印度支那活动，并采取相关必要措施使之永远不得进入中国境内。

当我曾为“海军边防护卫队”特警队的指挥官时，应民众的要求，我从您这里获得了派兵进入租借地执行治安行动的许可权。

海盗李福隆无所畏惧，他与团伙无恶不作，逢人必杀，逢屋必焚。

在过去几个月中，雷州地区 3 个县的城市都沦为一片废墟。

除了被烧毁的房屋，被绑架的老百姓和富人，这群海盗杀了大约一万名居民。他们犯下如此野蛮恐怖的罪行，令人发指。

我决定采取严厉的行动打击上述海盗。并且，我保证将其全部歼灭，还人民安宁的生活。

但是，当我们让正规军在这一处攻击时，他们习惯于逃到另一处自保。

海盗们总是利用我们军队行动的时间差逃到租借地。我计划依照条约中的条款，遵循相关规章，调动我的军队随时进入租借地展开打击行动。

只有这样，我们才能一劳永逸，获得永久的安宁。

我委派我的代表，副官长黄强，让他与您讨论我们关心的相关事宜。

我将即时向您书信汇报我们军队出征的日期。

因此，尊敬的总公使先生，非常感谢您阅读我的信函，感谢您愿意与我的代表联系，这将加深我们的友谊。

驻广东云南军部总指挥

签名：赵德裕

1921年3月19日翻译成法文
通事
签名：Lo-Pao

翻译件与原件相符
签名：克劳泰默

（四）赵德裕致函蒋仰克

档案馆卷宗号：GGI 40501
时间：1921年3月30日
档案语言：法语

广州，1921年3月30日

尊敬的仰克先生：

来信收悉。关于我们军队军饷一事，应即刻结清，因为，唐继尧元帅今天从香港回广州了。

让人惋惜和气愤的是，为对抗在此地猖獗的海盗，我们军队持续遭受损失。

您与军队指挥官钟（Tchéou）做出的镇压作恶者的决定是一个很不错的办法。但是，我们只收到27000枚炮弹，尽管我不断提出请求。

上级机关已经指派现居住在高州的陈觉民作为雷州地区重组办主任，他将与其下属继续效力。

另一方面，部队已经接收到命令并传达到廉江（石城）和安铺。然而，还有各种各样关于我们军队的问题，尤其是军饷问题没有得到解决。如果我们不能细致周到地考虑这件事（也就是说，考虑这件事对我们是有利还是不利），就绝对不可能执行撤营命令。

另外，我希望能与湖南军队接触。因此，我通过公函提出请求，让我们的军队继续在遂溪和海康驻扎，并且我恳请唐继尧大人介入，敦促上级政府实现各种有益的目标。

如果我们没有收到正式指令，我们绝不会轻举妄动。

请您将唐的军队从徐闻转移到海康，在海康，他得找一个合适的位置进行监视。然后，你们和所有军队指挥官商量以达成一致，让所有的士兵听从命令，统一扎营。

最后，愿您能取得进展，避免所有可能出现的误会，而且希望您和陈觉民的军队达成一致。

以后再向您汇报更多的情况。

向您致以最崇高的敬意。

签名：赵德裕

（盖章：赵德裕）

信封上的文字
寄自驻广东云南军部总指挥参谋处
蒋仰克先生
驻雷州云南军部总参谋长
通过香港、广州湾
1921 年 4 月 4 日翻译成法文 通事 签名：Lo-Pao 翻译件与原件相符 签名：克劳泰默

（五）法属印度支那联邦总督致函法国驻广州总领事伯威

档案馆卷宗号：GGI 40478

性质：机密

文件编号：N°704－19

主题：海盗登陆广州湾租借地（这份文件含有 23 页附件）

时间：1921 年 4 月 19 日

档案语言：法语

1921 年 4 月 19 日

继 3 月 15 日 467 S. G. 号信件后，我很荣幸地向您邮寄广州湾租借地总公使先生签署的 33－C 号和 35－C 号两份公文，旨在最终解决海盗登陆广州湾租借地事宜。

租借地总公署倾尽全力打击海盗，取得了一些成功，而我们只能认为中国当局在打压蹂躏高雷地区的匪患方面相当无力。

这种无力导致他们与不同匪首暧昧妥协。鉴于与妃肥（By-Pouy）的商谈看起来难以奏效，中国地方当局挑起与租借地总公署的无理争端，其目的就是让我们在将来陷入困境，使租借地居民处于极大的安全隐患中。

有必要停止这场争端，因为它把租借地当成穷凶极恶之徒的庇护所，其本质就是使我们租借地信誉扫地。租借地公署面对高雷地方当局总是持正确的立场。

因此，出于此目的，我很荣幸地请您亲自提醒广东省省长，高雷当局给他提供的是错误信息，请他严厉地提醒下属在给他的报告中措辞要准确，同时结束针对广州湾总公署的媒体之战，在广州报纸上正式辟谣，因为它们趁此发了一些有倾向性的报道。

如果您能告诉我，陈炯明先生是否即刻给出了满意的回复，我将非常感谢！这封信附带的文件如果您不再需要，请及时返还。

法属印度支那联邦总督府秘书长代笔
签名：勒内·罗班①

（六）中华民国广东省省长陈炯明致函法国驻广州总领事伯威

档案馆卷宗号：GGI 40478
文件编号：N°115
时间：1921 年 6 月 8 日
档案语言：法语

总领事先生：

我这里刚收到广东陆海军大元帅先生的一个通知，告知我他收到粤军第五路司令钟景棠先生的报告，其内容如下：

“近年来，高州、雷州两地深受海盗抢劫、纵火和杀戮之苦，尽管地方当局多次派兵追剿，灾祸仍然难以平息。究其原因，自广州湾成为法国租借地以来，中、法两国警察各有辖区，均阻止对方越界，中方正规军每每发起追剿，经历千辛万苦，刚要根除海盗时，海盗则趁机逃到对方辖区，中方军队因而不能进去围剿。由于受到类似保护，海盗出没自如，祸害无穷。如不采取相应措施减少匪患，不但中方正规军受到威胁，租借地也会引火烧身。本人对盗匪祸害恨之入骨，强烈呼吁立即采取有效措施，荡平匪患，解救当地百姓。不过，本人也担心租借地当局不能斩钉截铁地处置匪患，这样就不能达到平定匪患的目的。为此，我冒昧请求总领事先生委派一名代表调查这一问题，以查证我方军队追剿时盗匪是否躲避在租借地，以及我方军队是否允许进入租借地擒拿歼灭盗匪。如匪首确系隐匿于租借地内，一旦我提供姓名，并发公函要求引渡，希望法国当局协助立即拘捕嫌犯，移交我方予以惩处。如此，匪首将失去借以隐藏的巢穴，我们将有可能彻底将其剿灭。由

① 勒内·罗班（René Robin，1872—1954），曾担任法属印度支那联邦总督府秘书长，1934—1936 年担任法属印度支那联邦总督。——译者注

此我方百姓得以休养生息，租借地商贸界今后也可免受侵扰。”

在广东陆海军大元帅给我的通知中，除了以上所述内容，还明确要求我调查处理这一问题，并将结果向他报告。

总领事先生，关于近年来高州、雷州两地多股海匪抢劫、杀人放火一案，我已经向您发出公函，请总领事先生转给广州湾总公使先生，请求协助缉捕海盗，减少匪患，同时，秉着互助互让的精神，允许中国军队进入法租借地采取缉捕海盗的行动。

收到陆海军大元帅的通知后，我立即回复他，请他要求钟将军选择恰当有利时机采取追剿行动。总领事先生，我给您寄送这封公函，希望您再次让广州湾总公使知晓其中内容。如高、雷正规军指挥官给他写信请求引渡匪徒，我希望他命令下属提供给正规军指挥官一切帮助，缉捕盗匪，移送给他们，以便对其审判。我同样希望他们允许中国军队进入租借地，帮助平定匪患。对租借地的友谊与合作，我在此表示诚挚的谢意。

真诚希望您妥收这封公函，并给予恰当回复。

此致！

广东省省长印章

中华民国十年（1921 年）六月八日

翻译件与原件相符

法国驻广州总领事

签名：J. 伯威

（七）广州新闻

档案馆卷宗号：GGI 40483

时间：1921 年 6 月 8 日

档案语言：法语

广西支持者抵达香港

近日，一个人数众多的拥护广西的代表团抵达香港，此行目的是颠覆广东政府。这些人中有杨永泰（Tang-Yong-Tai）先生、莫宸崇（Mo-Tchen-Tchong）先生、林琛森（Lin-Tchen-Siuen）先生、刘策楼（Lieou-Tseu-Lou）先生等①。代表团受到港英殖民当局的友好接待，并允许其在港自由行动。

《广州晨报》《新岭南报》

① 上述人名均系根据发音直译。——译者注

（八）法国驻北海和东兴领事雷诺致函法属印度支那联邦总督

档案馆卷宗号：GGI 40483
主题：针对广东的骚乱
时间：1921 年 6 月 8 日
档案语言：法语

北海，1921 年 6 月 8 日

继我 5 月 26 日给您发出编号 N°42 的绝密信件后，我很荣幸地向您汇报，广东地方政府刚查获一艘船只，属于申葆藩将军，他被怀疑发动反对广东的叛乱。

经登船检查，该船注册为“永顺隆”号，船上除船员自卫备用枪支外，还发现 4 挺机枪和两门远程大炮。

该船船长卢中海从前统领过一个小炮舰，现被拘捕，随后经审讯排除他是同谋，遂被释放。

我们的情报人员补充说，申葆藩将军感到受到监视和怀疑，已离开钦州去了广西。

（九）广州新闻

档案馆卷宗号：GGI 40483
时间：1921 年 6 月 17 日
档案语言：法语

广西支持者在香港

在北京政府任命广东的南福彻（Ngan-Fou-Che）先生为安抚使（Commissaire pacificateur）后，杨永泰（Tang-Yong-Tai）先生携巨资抵达香港，目的是颠覆当今广东省政府。每天杨先生都忙于和 Kong-Tchen、Wei-Tse-Hao、林琛森（Lin-Tchen-Siuen）、Tam-Li-Ti、Wang-Meou、莫宸崇（Mo-Tchen-Tcheng）等先生磋商怎么给广东制造麻烦。最近他们在广州湾法国租借地建立了分部，煽动高、雷军队反叛上司。他们给服从的士兵每人

30 银圆（Dollar）① 津贴。港英当局每天在杨的住所加派 6 名便衣警察以确保其安全。广东省政府对此类行径非常不满，所以向港英当局呼吁，如果他们阻止杨永泰等人在香港进行的反动广东省的颠覆行为，就为促进两国友好关系尽了力。

Hou Tsao 报、《新民国报》

（十）法国驻广州总领事致函广东省省长陈炯明

档案馆卷宗号：GGI 40478
文件编号：N°59
时间：1921 年 6 月 20 日
档案语言：法语

广州，1921 年 6 月 20 日

阁下：

我很荣幸地收到您在本月 8 日发来的公函，向我转达钟景棠（Tohong King-T'ang）将军的一份报告，该报告由广东陆海军大元帅转交给您。

为了决战长期以来骚扰高州、雷州地区的匪徒，钟将军先生请求批准中国军队在广州湾租借地追捕这帮匪徒，同时，他还请求该租借地的法国当局，尽力将所有躲在租借地的海盗头目移交给中国当局，中国当局会正式提出对这些头目的引渡申请。

对于中国军队在租借地追捕匪徒一事，自从收到您今年 2 月 18 日发来的请求授予追捕权的公函后，我丝毫没有忘记将它转给法属印度支那联邦总督大人。通过 2 月 21 日的公函，我已告知您，您的文书已转交妥当。

随后，法属印度支那联邦总督大人告知我，在同一时间，雷州的中国当局也亲自向广州湾总公使先生提出了同样的请求。广州湾总公使已经向雷州中国当局下达正式指令，拒绝中国军队进入我们的租借地，因为他们的出现很有可能会引发事端。

广州湾总公使先生丝毫没有忘记让中国当局获悉，法属印度支那联邦总督阁下已经拒绝了他们的请求，中国当局想必也立即将这一结果告知了您。

此后，法属印度支那联邦总督府对这一问题的看法不曾发生任何改变；此外，法国驻北京公使阁下也完全持同样看法，这一决策也符合外交部与殖民部部长们的意愿。

在此，我很遗憾地向阁下宣布，我们将不会允许中国军队取道广州湾租借地追捕躲藏在租借地的海盗团伙，也不允许他们与法国军队联手清剿海盗团伙。

至于扣押在广州湾现身的海盗头目并将其移交给中国当局一事，海盗头目一旦出现在

① 虽然 Dollar 字面含义是美元，但是本书根据当时流行的货币情况翻译成了银圆。——译者注

广州湾，中国当局应向法国当局汇报，我们向您保证，在符合司法精神的前提下，我们将充分考虑您在公函中表达的愿望。

既然我已对您所提出的请求给予回复，那我在此须向您指出，您2月16日公函的一些段落中，指责广州湾租借地经常为高雷的海盗们提供庇护，甚至指责蓝带兵营的莱昂纳尔杜先生和余澈明（Yu Tche-ming）警察与海盗同谋，法属印度支那联邦总督深感震惊。

法属印度支那联邦总督府和广州湾总公署都强烈希望剿灭海盗，他们危害了高雷地区，甚至也威胁到我们的租借地。

广州湾总公署绝不容忍这些海盗盘踞租借地，一旦发现他们，则采取一切办法予以捕捉和剿灭。

倒是雷州的中国军方经常被海盗彻底击败，以至于他们认识到需要在阁下面前为其无能和过失寻找借口，他们找到的最好借口莫过于指责法国当局帮助他们危险的敌人，这种谎言卑鄙无耻。

遗憾的是，您本月8日转来的钟景棠将军的报告，仍然包含对所谓的租借地支持海盗的指责，对此我不能接受。

在此，我提请您警告您的部属，他们有责任在提交给您的报告中不再犯下对我国恶意中伤的过失，这种指责很明显是错误的，旨在掩盖他们的罪行。

此外，鉴于广州报纸兜售此类不实指控，损害贵我双方友好关系，我不得不请求您在同一家报纸上揭穿他们的卑劣行径。

广州湾法国当局一直以来对雷州地方当局保持着非常端正的态度，关于这一点，有必要请您知晓。

相信您会就以上问题给我满意的答复。阁下，在此请接受我崇高的敬意。

法国总领事

（十一）中华民国广东省省长陈炯明致函法国驻广州总领事伯威

档案馆卷宗号：GGI 40478
时间：1921年7月5日
档案语言：法语

总领事先生：

我很荣幸地收到您6月20日的公函，获悉贵方绝对不可能允许高、雷军方带领军队进入广州湾租借地，并在法国军方协助下追缴海盗。

此外，您要求我责成属下军政官员，在今后的报告中绝对不能援引错误的谣言。

我非常重视您的来函。关于危害高、雷地区的海盗，他们在这边遭到追剿，则跑到另一边避难，因此长期以来未能清剿。所以我方衙门多次给您写信，请求阁下将我们的意愿转至广州湾总公使，希望准许我方进入租借地缉捕盗匪。我方请求纯属为了平定海匪，高、雷毗邻广州湾，唇齿相依。海盗不除，不但高、雷治安不宁，对租借地也非福音。

需要指出的是，中华民国九年（1920 年）5 月 9 日，广州湾总公使先生就曾允许云南军队童昌朗（T'oan Tchang Léang）部经赤坎进入租借地采取追剿行动，对海匪包围缴械，解救被掳百姓。这就说明，租借地当局过去批准过我方进入租借地追剿。因此，对今后类似的追剿行动，一味拒绝似不合情理。

在您寄给我的公函里，您承诺让人逮捕罪犯，并将其移交中国当局审判惩处，本人对此深表谢意。但是，如前所述，如果能同时授权中方军队进入租借地搜查和打击盗匪，法中边界地带将受益更多。

总领事先生，我希望为了这方水土的安宁，您会尽力将我的请求转达过去。

关于广州湾租借地军官郎涛华庇护海盗一事，这是遂溪县居民报告的，消息是否可靠，我作为省长不想做出裁决。您在公函中告诉我，法属印度支那联邦政府从未允许海盗在广州湾租借地停留，一旦发现海盗入侵租借地，租借地当局立即逮捕歼灭。我作为省长，一直希望印度支那联邦政府如此行事。

而钟景棠将军在报告中说“海盗不断出没”，他考虑的只是租借地的安全，绝非恶意中伤。我已向陆海军大元帅报告事情原委。

至于广州报纸的恶意宣传，我们将调查哪些报纸是主谋，给予妥善处理。

总领事先生，我希望您能将本公函内容转达给法属印度支那联邦总督，希望本着贵我两方的融洽和友谊同意我方请求。

希望得到您的回复。

此致！

广东省省长印章

中华民国十年（1921 年）7 月 5 日

翻译件与原件相符

法国驻广州总领事

签名：伯威

（十二）广东安抚使、安抚军司令杨永泰致函广州湾总公使

档案馆卷宗号：GGI 40491
时间：1921 年 7 月 6 日
档案语言：法语

遂溪，1921 年 7 月 6 日

总公使先生：

由于担心孙中山、陈炯明鼓动广东所宣扬的布尔什维克主义扩散至全中国，危害安宁与秩序，中华民国总统特旨任命我为广东安抚使以期镇压布尔什维克主义，安抚民心，消除广东省的战争隐患，达成中华之统一。

我已派了特派员李武诚、林友松到赤坎，协同代表王建夫、梁炯尘、李少岩探查在高、雷是否有布尔什维克主义者，上个月 30 日，在高、雷的云南和广东军官蔡炳環、王连壁、颜作彪、黄舜生、黄韬等明白了保护中央政府的大义之后宣称，为了中国的统一，他们要反对布尔什维克主义，并表示愿意听从我的号令。

于是我将这些军官的亲兵重整成为安抚军，上个月 30 日设立了司令部。

司令部委派王建夫、梁炯尘、李少岩去拜见您。

因此，总公使先生，看在我们两国友好情谊的份上，如果您能接见一下这几位并向他们提供保护的话，我将对您万分感激，这也将巩固我们的友谊。

签名：杨永泰①

1921 年 7 月 13 日翻译成法文
通事
签名：Lo-Pao

翻译件与原件相符
签名：克劳泰默

① 从字迹相似度来看，这是杨永泰的代表签的字并盖的章。

（十三）黄强将军致函法国驻广州总领事伯威

档案馆卷宗号：GGI 40491
时间：1921年7月10日
文件类型：复印件
档案语言：法语

水东，1921年7月10日

领事先生：

我们太相信您以及您的政府的忠诚，以至于我们丝毫不会怀疑您在本省的共和军与邻省可怜的受奴役者的斗争中会严格地保持中立。我们本来想用协商的方式使邻省摆脱暴政，但后者罔顾我们的和平寄语，胆敢用武力挑衅我们。我们的使命是使人民的自由事业获得胜利，为此不能忽视任何合法的方式。

听说广西那群黩武主义者希望获得同伙的兵力、钱财和军需，对此我们并不感到吃惊。令我们担忧的是，有人向我们保证说他们打算使法国打消警惕心理，取得广州湾的使用权，尤其是雷州大商埠的使用权。

领事先生，我向您揭露他们的计划，希望您善意地提醒广州湾总公使先生，好使他们的计划不能实施。

领事先生，请相信我字里行间没有丝毫蔑视法国代表们好意的意思，有的仅是为了实现这项伟大的任务，也就是让正义和自由的原则获胜，我必须采取的谨慎的措施。

领事先生，请您接受我的诚挚友情，以及对您祖国的崇高敬意。

签名：黄强

（十四）广州湾总公使致函法属印度支那联邦总督（政务与殖民地事务办公室）

档案馆卷宗号：GGI 40491
文件性质：机密
时间：1921年7月17日

档案语言：法语

白雅特城，1921年7月17日

日前桂系的安抚使杨永泰给我写了一封信，我很荣幸把该信译文的复印件（文件一）转交给您。

这封信在交到我手里之前，粤系的人截取了它，并已阅读。

我曾好几次与桂系的代表，尤其是雷州的几位云南军官交谈，他们为广东的事业效力时与我结识。

在此期间，我接见了法国驻广州领事引荐给我的雷州重组办第十区长官陈觉民将军，还有陈炯明将军手下的几名军官，尤其是黄凯上校，他曾就读于圣西尔军校①，并娶了一位法国女子为妻。

我热情地接待了这些人，同时我极为谨慎，严正提醒他们，既然他们在法租借地受到友好接待，那么广州湾的宁静不应被他们的阴谋打破。

在广州湾附近发生了武装冲突后，我没有偏袒任何一方。首先，一方面我缴了归附桂系的云南军团的武器装备；另一方面我缴获了后退到我们广州湾境内的两支广东正规军的武器装备。然后我拒绝交还收缴的武器，虽然两方反复请求。

值（法国）国庆节之时，广东安抚使杨永泰给我送来附件中的这封信（文件二），而此时黄凯上校与陈觉民将军也先后来拜访我，向我致以愿法国繁荣昌盛的祝福。

然而，我并没有被他们的恭维话所欺骗，而是在其中发现了这两派的意图，那就是不希望在法国租借地的边界受我们的阻碍。

我采取的态度就是忽略掉发生在广州湾外的那些变化无常的事件，这是在当前局势下唯一合适的态度。况且，在我看来，这种态度也符合您的指示，但是，如果出于我没有体察到的原因而应采取其他措施的话，我会严格按照您的指令行事。

我从我们驻广州领事处收到发给黄凯上校的礼节性的电报（文件三）之后，越发迫切地想得到您的具体指示。这位情报官员曾好几次把电报（文件四）发给我们的领事以便能交到他的长官们手里。根据这种行事方式和您发给领事的132－H号电报，我推断我们对广东的支持是真诚的，虽然一度是隐秘的，现在有些过于暴露。我对这样或那样的政策恰当与否没有异议，但是希望您确定一种政策，我好依照行事。

假设我们驻广州的领事严格按照具体的指令行事，我在不知道其内容的情况下将有争议的电报（文件三）交给了收件人，那么我扮演的角色就与我对两派做出的中立保证产生了矛盾。在当前中国这样一个不可预见未来的时代，突变永远都有可能产生，我扮演的角色会使广州湾陷入麻烦，因为，在广州湾没有什么能成为秘密，广西和北京的代表早就知道这封电报（文件三），正如广东的代表早在我之前就知道了安抚使的那封信（文件一）。

签名：克劳泰默

① 圣西尔军校（École militaire de Saint-Cyr），法国著名军校，由拿破仑于1802年创建，校址位于巴黎郊外凡尔赛附近的圣西尔。——译者注

（十五）粤军总司令陈炯明照会法国驻广州总领事伯威

档案馆卷宗号：GGI 40491
时间：1921 年 7 月 19 日
档案语言：汉语（繁体）

抄录粤军总司令陈炯明照会粤军总司令陈　　　　为照会事。照得桂军此次入寇高雷，业经本总司令派队前往剿办，现经一律肃清。惟查高雷两属地方，系与广州湾毗连，所有该处因军事发生交涉的事项，亟应委派专员办理，以期迅速。现经本部委任黄凯为军事交涉委员，除分行外相应照会贵总领事官查照，并希转知广州湾公使知照为荷。为此照会。顺颂日祉。须至照会者。

右照会

大法国驻广州湾总领事官伯[1]
中华民国十年七月十九日

（十六）法国驻广州总领事伯威致函法属印度支那联邦总督莫里斯·朗

档案馆卷宗号：GGI 40491
文件编号：N°140
时间：1921 年 7 月 21 日
档案语言：法语

广州，1921 年 7 月 21 日

自从广东和广西开始敌对以来，陈炯明先生请求我们告知您，前省长张锦芳先生在广州湾，并提醒我们小心此人的诡计。

因此，我即刻在 6 月 23 日向您呈上第 10 号电报，内容如下：

---

① 此处的“大法国驻广州湾总领事官伯”应是指“法国驻广州总领事伯威（Joseph Beauvais）。——译者注

“省长请我通知您，桂系的广东省前省长张锦芳先生现身赤坎，在我们的租借地施展各种手段，意在促使广西军队顺利进军，他请您不要插手，对此他将不胜感激。

此外，从目前来看，两省处于对峙状态。两省发生冲突的地方位于北海北部的灵州、遭到广州飞机轰炸过的西部河流沿岸地区的梧州以及广东北部的连州。”

在桂系掌权的时候，大批新鼓动者前往广州湾，尤其是广东省前省长杨永泰先生。他们的行径导致驻扎在雷州的广州军队以及赵德裕将军指挥的云南军队的暴动。

赵德裕应该已逃往澳门：我在这封信中附上了一份赵德裕的官方记录，讲述了使他不得不躲藏至这片葡萄牙辖地前所发生的暴动事件。

这些反叛导致北海于本月 2 日落入广西手中，事件的严重性迫使广东的最高统帅于 7 月 7 日派出他最信任的人前往现场，此人就是黄强先生，粤海关总督，法国的忠实朋友。

我在这封信中附上了黄强先生 7 月 10 日寄给我的信函的复印件，这封信写于他执行这份棘手而危险的任务的途中。

我收到这封信的当天，广东省政府提醒我注意赵德裕将军的官方记录，此文件的复印件也附在信中。广东省政府再次向我提出他们之前的请求：请您下令制止桂系滥用广州湾租借地的亲切款待而在军队和广东省挑唆反叛和骚动。

我很难不同意这样的请求。

签名：约瑟夫·伯威

（十七）法国驻广州总领事伯威致函广东省省长陈炯明

档案馆卷宗号：GGI 40478
文件编号：N°66
时间：1921 年 7 月 29 日
档案语言：法语

阁下：

我很荣幸收到您本月 5 日的公函，内容涉及允许高、雷地区中国军队进入广州湾租借地追捕海盗。

遵照您的意愿，我立即将此公函转呈给了法属印度支那联邦总督先生。

一旦总督有回复，我即刻告知您。

请接受我崇高的敬意！

（十八）法国驻广州总领事伯威致函法属印度支那联邦总督莫里斯·朗

档案馆卷宗号：GGI 40478
文件编号：N°147
主题：在广州湾的盗匪追逐权（droit de suite）①
时间：1921 年 7 月 29 日
档案语言：法语

广州，1921 年 7 月 29 日

6 月 8 日，我收到广东省省长发来的一封公函，我已将该公函的翻译件附在这封信后。该公函夹杂着一些对广州湾总公署不怀好意的影射，请求批准高、雷地区的中国军队进入我租借地追捕海盗团伙。

依据您在 3 月 15 日的 467 SG 号函件和 4 月 19 日的 704 SG 号函件做出的指示，我已于 6 月 20 日给予陈炯明先生答复，在此，为您附上我所回复内容的法文文本。

7 月 5 日，广东省省长向我发来另一封公函，告知信已收妥。与 6 月 8 日发来的公函相比，这封新公函的措辞显得更为得体。我也同样为您寄去这封公函的法文翻译件。我对这份公函做了简明扼要的答复，也附上我答复的法文文本，请您审阅。

借此机会，我也将您于 1921 年 4 月 19 日 704 SG 号信函中提供给我的文件归还给您，此前，您已请我在不需要的时候将这份文件发回给您。

签名：约瑟夫·伯威

（十九）广州湾总公使致电法属印度支那联邦总督

档案馆卷宗号：GGI 40501
文件编号：N°61/C（与 N°50/C 号信件内容紧密相关）
日期：1921 年 8 月 3 日

① droit de suite 的本意是指在他人的土地上追逐动物的权利，这里指在他国的土地上追逐盗匪的权利。——译者注

档案语言：法语

白雅特城，1921 年 8 月 3 日

尽管我已经进行了干预，被绑架的那些商人还是被妃三枪决了。尽管我提供了情报，也进行了警告，尽管遭遇背叛，妃三不得不出海逃命，雷州行政区主管 TONG COQ HAN 还是让妃三以陈定邦（TSOUNG TINH PONG）之名担任第六营指挥官，并将其和四公团伙一起征召到雷州。海盗们继续犯罪，并且不断报复我们治理下的居民，而他们的行为受到当地政府的掩护。这样忍无可忍的情形损害了我们的利益。我们坚持向广州委派代表，我们迫切要求广东政府交出妃三，使其为在我们领土犯下的罄竹难书的罪行付出沉重的代价，或者由广东政府审判他。总之，请不要给他荣誉头衔和权力，他会滥用这些头衔和权力攻击我们。

（二十）法国驻中国代办莫格拉致函法国驻广州总领事伯威

档案馆卷宗号：GGI 40491
文件编号：N°29
时间：1921 年 8 月 10 日
档案语言：法语

北京，1921 年 8 月 10 日

兹收到您日期为 7 月 20 日、编号为 N°88 的信件，以及陈炯明所写信件的复印件。陈炯明在信中任命黄凯为军事交涉委员，负责与广州湾当局解决军事冲突引发的问题。

黄凯为了解决当地的事件而与我国政府保持友好的关系，我认为不应该持反对意见。

签名：莫格拉

（二十一）广州湾总公使致函法属印度支那联邦总督（政务与殖民地事务办公室）

档案馆卷宗号：GGI 40491
文件性质：机密文件

编号：N°64 – C
时间：1921 年 8 月 25 日
档案语言：法语

白雅特城，1921 年 8 月 25 日

我很荣幸收到您 1921 年 8 月 10 日、编号为 N°1435 – S. G. 的信件。

关于桂系的不当行为，伯威先生指出的广东省政府的新抗议，实际上只是重复了我在 1921 年 7 月 4 日、编号 N°53 – C 的电报中回复的内容。电报内容如下：

"在法租借地内，为了这一派或另一派采取的任何手腕或示威都应受到指责，这两派的密使逗留在租借地内兴风作浪，收买正规军或盗匪。对于此事我们继续采取观望态度，绝不姑息任何一派的一丁点儿不轨行为。"

在 7 月 10 日之后，广东省政府又一次请求我们的领事"下达命令，阻止桂系滥用广州湾的善意制造叛乱，扰乱军队和广东省的安定"。广东省政府毫无缘由地怀疑我在 1921 年 6、7 月发生的事件中所持的正确态度。

至此，广东省政府已经通过其指定的军事交涉员完全了解了我对双方的态度，黄凯通常用电报的方式同时告知广东省政府和我们的领事，领事也会通过黄凯（或者是我）把上级的密令转发给广东省政府，但我不能得知其详细内容。

在这种情况下，广东这一派从我们身上得到了远超过善意的中立，但他们认为这还不够。

雷州的云南军队变节是早就预料到的事。自 3 月起，我就向您指出这支军队没有收到军饷，三三两两或成群结队地带着武器逃跑投靠了匪帮（详见 29 – C 号电报、30 – C 号信件、37 – C 号电报、38 – C 号信件以及我转交给您的赵德裕将军的信件翻译件）。

在这种情形下，不论是谁，只要拿着几块银圆就能将雷州的正规军纳入麾下，因为广东政府没有给他们发足够的军饷，赵德裕将军的信解释了面对叛变的士兵他为何逃离，这也正说明了这一点。

此外，雷州的广东军大多是由妃三的匪帮组成，此人是颜将军[①]麾下部队长官陈振彪。颜将军原本在安铺带兵，因为受到怀疑被调到徐闻，后在雷州被捕，因妃三利用他报复广州湾商户时他擅用权力。

当雷州的主管陈觉民（TSAN-KOK-MAN）将军带着法国领事的一封推荐信来到白雅特城时，我提醒过他要小心妃三及其手下众匪叛变，之后这场叛变确实发生了，逼得陈觉民乘着小艇逃离。

即使发生了这样的事件，妃三仍旧待在雷州。雷州由官复原职、胆小怕事的陈觉民治理，妃三的权势比任何时候都强大。

简而言之，如果广东的队伍中出现变节，尤其应该归因于队伍的平庸或可疑，应该归因于负责的当局所处环境的恶劣。

虽然人们从来没有看到杨永泰和张锦芳出现在广州湾，但是他们的代言人的介入引发了一场骚动，这是我们不能够禁止的，因此，如果质疑我们没有采纳正确态度的话，这是

① 颜将军可能是颜作彪。——译者注

很不公正的。

签名：克劳泰默

（二十二）广州湾总公使致电法属印度支那联邦总督

档案馆卷宗号：GGI 40501
文件编号：N°66/C
时间：1921 年 8 月 26 日
档案语言：法语

白雅特城，1921 年 8 月 26 日

第一，雷州地区传教士齐默尔曼神父口头描述了全岛的现状，在岛上，持有武器的海盗抢夺杀戮，当局无法干预控制。之前中国当局试图从我这里获得枪支，但我直截了当地拒绝了。齐默尔曼神父为了个人利益也向我提出这个要求，他援引与妃三团伙尽人皆知的关系，指出圣三一堂多亏卢梅（LOUMER）总督提供的 50 支步枪，可以变成据点抵抗攻击。而没有得到保护的 Poké 基督教教堂已经被抢劫。他希望获得我们从海盗手里缴获的但对我们无用的那些步枪。我便同意了。

第二，在搜查之后，我们获得了云南军队的军事器械，这些器械是逃兵们打算在赤坎卖掉的。

（二十三）广东省省长陈炯明复函法国驻广州代总领事杜[①]

档案馆卷宗号：GGI 40491
时间：1921 年 9 月 27 日
档案语言：汉语（繁体）

抄录广东省省长复函敬复者现接贵总领事官来函，以此次高雷发生战争，经广州湾法公使呈报越南总督准予华人入租界居住及禁止不正当行为之人等，由本省长阅悉，甚为感

① 杜指的是法国驻广州代总领事蒂拉纳（M. R. Tulasne）。——译者注

谢。广州湾法公使之美意，相应函复查照，并祈转达为荷。顺颂

时祉 此致

大法国驻广州湾代总领事官杜

陈炯明

九月廿七日

（二十四）法国驻广州领事馆代总领事官蒂拉纳致法属印度支那联邦总督莫里斯·朗密札

档案馆卷宗：GGI 40491

文件性质：机密文件

编号：N°207

时间：1921 年 9 月 29 日

档案语言：法语

广州，1921 年 9 月 29 日

正如您 9 月 7 日在 1653/SG 号密信中所要求的，我已经将您 8 月 25 日写给广州湾总公使的 64/C 号信件复印件交给了广东省政府。

在给您的这封信中，我附上了广东省省长给我的回信的复印件，在信中，他请求我向克劳泰默先生转达他的深深谢意。

（二十五）法属印度支那联邦总督致函法国驻广州总领事

档案馆卷宗号：GGI 40478

文件编号：N°1888－18

时间：1921 年 10 月 8 日

档案语言：法语

河内，1921 年 10 月 8 日

您在 1921 年 7 月 29 日 147 号信件中告知我，广东省省长请求授权中国高雷地方军队

进入我们租借地追剿盗匪。

请转告广东省省长先生，很遗憾我不能满足他的心愿。事实上，我在3月18日467 S. G. 号信件中已明确拒绝中国当局的请求。经再次考虑此问题，我仍然不能改变这一立场。

法属印度支那联邦总督府秘书长代笔
签名：勒内·罗班

（二十六）法属印度支那联邦总督致电广州湾总公使

档案馆卷宗号：GGI 40491
时间：1921年10月10日
档案语言：法语

河内，1921年10月10日

您在1921年7月17日和8月25日的信件（编号分别为58与64）中，提到了桂系和粤系在高、雷地区的挑衅活动。并且，您也告诉我您为了让这些人尊重广州湾的中立所采取的措施。继我们驻广州领事给黄凯上校的通报后，您也要求我就处理两派问题采取何种态度给您下达新指示。

为了给您提供具体信息，我随信给您寄去了法国驻广州领事1921年8月30日所写信件（编号为175）的复印件和4个涉及这些问题的附件。

法属印度支那联邦总督府秘书长代笔
签名：勒内·罗班

（二十七）广东省省长陈炯明致函法国驻广州代总领事杜

档案馆卷宗号：GGI 40501
时间：1921年11月3日
档案语言：汉语（繁体）

抄录省长陈炯明照会大中华民国广东省省长陈　　为照会事。现据粤军第七路司令黄强呈称，窃奉总司令部令，委司令办理雷州全属清乡事宜。所有苏统领世安、林统领捷三部队，均暂归指挥调遣，遵经前往任事。惟查雷属毗连广州湾法租借地方，盗匪每遇官军严捕，多逃往藏匿。拟请咨会法领事，嗣后遇有本军侦缉人员在广州湾地方，请求协捕盗匪，准予照办，并请转将捕获之匪，一经呈由省长照会引渡，照章交解。倘遇营队追捕匪犯遁入租界，如经本军通知，请即派队截捕，以清匪患等情。前来本省长查该司令所称，系与越南缉匪章程相符，相应照会贵总领事官。烦即转致越南总督查照饬属办理，并希见复为荷。顺颂时祺。须至照会者。

右照会

大法国驻广州湾代总领事官杜

中华民国十年十一月三日

（二十八）广东省省长陈炯明致函法国驻广州代总领事杜

档案馆卷宗号：GGI 40501

时间：1921 年 11 月 29 日

档案语言：汉语（繁体）

抄录广东省省长来函迳启者，前接函请查办陈定邦部下焚劫一案，兹据粤军第三路司令官陈觉民复称，陈定邦原驻雷城，自与林倢三部队冲突，奉命退驻沈塘，复又遭林部聚击，复移扎距城一十五里之秀山村，择险扼守，日日戒备，犹惧救死之不赡，绝无统率大队越界妄为之举。且该统领所部数仅两营，一旦抽调大队，何能掩在地绅民之耳目？顷询据秀山村绅民复称，该部是时确无调队他出之举。是法领云云，系出误会，或党绅罗织，或匪徒伪装，均在意中等情。前来查据，称陈定邦并无扰乱广州湾情事，所请惩办自毋庸议。除令行第三路司令陈觉民随时饬陈定邦毋得越界外，相应函达，希转越南总督查照为荷。顺颂

时祺。此致。

大法国总领事官杜

陈炯明

十一月廿九日

（二十九）法国驻广州代总领事蒂拉纳致函法属印度支那联邦总督

档案馆卷宗：GGI 40501
文件编号：N°258
时间：1921 年 11 月 30 日
档案语言：法语

广州，1921 年 11 月 30 日

我很荣幸为您递送内附的这封信，这是广东省省长写给我的一封信件的复印件，主题是针对陈定邦（Tchen Ting Pang）先生，也就是妃三的调查结果。

当然，这位海盗头目在洗刷对他所有的指控后，又重新出山。然而，广东省省长向我承诺，他已经指示陈觉民指挥官继续监视他，保证必要时阻挡他进入广州湾。这表明上层对陈觉民非常信任，尽管后者为妃三的罪行开脱。

陈炯明先生另外补充道，陈定邦目前能支配的只有两支部队。

签名：蒂拉纳

（三十）齐默尔曼神父致函广州湾总公使

档案馆卷宗号：GGI 40501
时间：未注明
档案语言：法语

广州湾总公使先生：

请允许我告诉您几则消息。

我离开您已经有 15 天了，这些日子可怜的雷州遭遇了一系列事件。

海盗行径无所不在，十分嚣张，怎么说呢，在城市方圆四五公里之外的地方，他们正在变本加厉地侵扰。小撮海盗正向雷州逼近，已经到了两三公里外的地区。我该怎么说呢，海盗甚至入侵到防御城墙周围的近郊区，抢劫男女老少，见什么抢什么。那几百个自称守护城市的士兵，他们只是叫喊着：立正！就更别提追赶海盗了。

庄稼在田地里腐烂；我在离 Poké 12 里（lys）的地方有几块稻田，我的几个佃户过来对我说：先生，我们不能把收获的粮食交给您，因为我们不敢去收割稻谷；实际上，他们早就知道，离家几公里外的地方，海盗们无意中在一个地方碰到两个收割稻谷的日工，在另一个地方看到 4 个日工，遂使用这些日工的镰刀将他们斩首，并带走他们的头颅。

这情形让人战栗，尊敬的总公使，您难道不觉得吗？

在半岛西岸，离河头 3 小时路程远，离普尔哈赞（Poulhazan）神父圣三一堂居所也是 3 小时路程远的地方，著名的海盗首领妃陈仔（Bi-Tchan-Kia）① 包围大村庄 Peou-Tao，而且围攻五六天后把村庄攻了下来。抢劫后杀了一千多人，然后把村庄付之一炬；海盗头目造成的恐惧难以言表。这是最令人恐怖的海盗头目，他使其身边的人都毛骨悚然。

相比之下，属于另一派的造甲的妃三就黯然失色多了。我得知黄强将军［可以称其法文名字加斯东先生（M. Gaston）］即将来访，他声称去追捕妃陈仔因而离开了省会。但情况发生了对他不利的反转，妃陈仔设了埋伏，杀掉他四五十人，抢了他很多弹药。

最后，这位勇敢的将军加斯东先生，一个多月以来人们都说他是雷州的救星，他来到我们这儿，与当地绅士第一次会面时，他只说了三句简短的话：

“Bo Tentchin ; Bosi Vomtchi tchai ; Bo Kia-Sie. ”

“这就是说，如果我接受了平定雷州的任务，我将尽可能最严格地执行这项任务，或者说施以最严厉的镇压，对犯罪分子施以毫无怜悯［Bo Tentchin（无同情）］的打击；我这样做绝不是我想要发财致富（Bo tchi tchai）；最后，我会坚持到底，不畏危险，不惧死亡［Bo Kia Sie（无惊死）］。”

这番话给所有绅士和百姓留下了深刻的印象。

加斯东先生过来看我们，问了我和普尔哈赞神父很多问题。

他还跟我们说，在最初，他有意去白雅特城拜访您，请求您，总公使先生，一方面给他机会跟您见个面，另一方面专门为此次打击海盗的活动向您汇报一下。

他对法国怀有深厚的感情；您知道，毫无疑问，他在法国学习了三年；所以，这是一位热情可靠的亲法人士。

他也知道，这是有关妃三海盗首领的归顺问题，正是这个问题经常造成雷州当局和法国政府之间的误会；所以，他坚决根据总公使的意见解决这一难题，但需要慢慢来，不能贸然行动。

总公使先生，请接受我最崇高的敬意。

签名：齐默尔曼
来自使徒传教士

复印件与原件相符
签名：克劳泰默

① 海康县东山村人，化名为杨陈仔，匪名妃陈仔，又名陈仔、陈学昌，又称杨子青、杨士青、杨士清或杨正仲（Yeuong-Tching-Tchong）。——译者注

（三十一）公局长与绅士致广州湾总公使诉状

档案馆卷宗号：GGI 40539
主题：赤坎公局长和东海、太平、海头的绅士对妃三海盗行径的诉状
时间：1921 年 12 月 6 日
档案语言：法语

赤坎，1921 年 12 月 6 日

我们，赤坎公局长陈学谈，海头绅士吴经燊、吴毓瑞和梁文海，东海绅士王钜相、吴丙章和沈耀光，太平绅士周则中、卢成季和陈如炳，谨请干预下述事宜：

粤军第三司令第一统领陈定邦（Tsang Ting-Pong），即石角三（Sek-Kok-Sam），又称妃三，是太平地区匪首。

去年十二月，他归顺第三司令，被任命为营长。

由于广东和广西之间的敌对态势，这位司令的所有军队都叛变了。于是陈觉民（Tsang-Kok-Man）把匪首陈定邦提拔为第一统领。

陈定邦贼心难改，在归顺之后，他仍然暗中派同伙搅乱广州湾租借地的秩序。

赤坎公局长多次获得来自海头、东海、太平等地绅士呈诉妃三党羽抢劫、谋杀、绑架等罪行的诉状。

这几个月来，妃三的罪状已超过一百件，比如：太平南生源（Nam-San-Yun）店东陈名溪（Tsang-Ming-Kay）被绑架并被监禁在该统领部，绑匪索要赎金；司令陈觉民下达指令放人，但没有效果，因为陈名溪已被杀。

随后，妃三派遣他在东海那河（La-Ho）的手下向西园围（Saï-Houi）村一带的十几个村庄发恐吓信，索要七八千皮阿斯特。

1920 年 11 月 25 日，东海奄里（Am-Ly）村余乃蕃（Yi-Nai-Hoang）称自己被妃三绑架于雷州城楼下巷（Lao-Hé-H'o）陈家祠（Tsang-Ka-Ts'i）内，被索要 3000 元赎金。幸运的是，他乘间逃脱。据他说，该祠内仍有二十几名未被赎回的人质。并且，妃三每晚会悄悄地派持有毛瑟枪的人到处抢劫。

事实上，根据中华民国成立以来直到现在的调查结果显示，海盗头目陈定邦，又称妃三或石角三，横行霸道，穷凶极恶，抢劫、放火、谋杀、绑架，尤其损害了百姓的利益。

从这些罪行我们可以判定妃三罪孽深重，不可饶恕。他接连几次归顺中国官员龙济光、胡汉卿、陈觉民等，此乃他的惯用伎俩。

但其狼子野心，怙终不悛，阳借招抚之名，阴行抢掠之实。

总而言之，妃三的海盗行径于情不忍，于法难容。

总公使大人，您治下的各属居民困苦颠连，您应该对他们怀有一点恻隐之心。

因此，我们为您附上妃三危害地方百姓的罪行清单，并请求您，总公使大人，发送公函要求黄将军，也就是雷州善后总司令官（Directeur de la pacification）干预此事。要求第三司令官陈觉民，将第一统领陈定邦褫职查办，以靖地方而维治安。我们将不胜感激。

赤坎公局长
签名：陈学谈

绅士
签名：吴经燊、吴毓瑞、梁文海（海头）
王钜相、吴丙章、沈耀光（东海）
周则中、卢成季、陈如炳（太平）

翻译于 1921 年 12 月 14 日
通事
签名：Lo-Pao

兹证明复印件与原件相符
签名：克劳泰默

（三十二）赤坎公局长及海头、东海、太平绅士致函广州湾总公使

档案馆卷宗号：GGI 40539
时间：1921 年 12 月 6 日
档案语言：汉语（繁体），为（三十三）的中文原文

总公使大人公鉴
计附劫案乙纸
赤坎局长陈学谈

海头绅士吴经燊　吴毓瑞　梁文海
东海绅士王钜相　吴丙章　沈耀光
太平绅士周则中　卢成季　陈如炳
□□（原文字不清）　　十二月六号日呈

呈为粤军统领陈定邦，借抚行劫越界殃民，恳准照会该司令褫职查办，以靖地方而维治安事。窃粤军第三司令第一统领陈定邦，原名石角三，系本界太平属匪首，去岁十二月就抚第三司令，充当该部营长。嗣粤桂军事发生，该司令全部溃变，后陈觉民遂权定邦为第一统领。定邦贼心未改，固态依然，自招抚以来，暗遣党羽窜扰广州湾一带。局长等叠据东海、海头、太平各属乡耆呈报石角三悍党劫村杀人、打单勒赎之案。数月以来，不下一百余件，如太平市南生源店东陈名溪，被护在该统领部吊赎，经该司令陈觉民训令释放无效，竟行枪毙；东海属那河市以下西园村一带，数十余村被定邦遣悍党吓勒打单计七八千元；旧历十月二十六日奄里村余乃蕃禀称被石角三护困雷城楼下巷陈家祠内，勒赎三千余元，被他乘间逃脱，并云，该祠内未赎者尚有贰拾余人，每夜石角三必潜遣驳壳队四出劫掠等语。似此越界骚扰肆行无忌。查该定邦即石角三，自民国来纠党殃民，焚杀护掠劫案山积，自知罪孽难逭，始就抚于华官龙济光、胡汉卿、陈觉民等，覆雨翻云，已成惯技，且狼子野心，怙终不悛，阳借招抚之名，阴行抢掠之实。匪特情不可忍，抑亦法所难容。现各属困苦颠连，此公使所当恻然动念者也。所有借抚行劫纵匪殃民各情形，理令编列劫案，备文呈请钧察，准予照会雷州善后总司令官黄，转咨第三司令官陈觉民，将第一统领陈定邦褫职查办，以清地方而维治安。实为公使谨呈。

兹将海头市赤坎二属劫案列呈：

西营广吉祥号股东吴大秀被掳，勒赎西纸九千一百元。

岑擎村冯兰乔被掳，勒赎西纸五千大元。

深田村刘天家被掳，赎西纸一千大元。

新村书馆掳去学生七人，赎银一千七百元。

西营广丰祥号店东吴文华被掳，勒银二千大元。

下山村油榨店东黄匡德被掳，赎银三千五百大元。

龙潮村掳去女妇三人，困在雷城西门街，乘间逃归。

北月村被劫掳去陈庆廉，赎银三百大元。

调顺村船户黄桂三载货往雷城被掳，索银三千余元，倾家难偿，今尚未能赎归。调顺村黄那光往雷城被掳，索银二千元，在本月初四逃归。

西营广义祥号附设庄口东家吴凤苞被掳，索银八千元，倾家难偿，竟遭枪毙在新市属边，经太平营官往验在案。

太平属劫案列太平市店东陈名溪被掳，困在统领署内，百般滥刑，惨无人道，经第三军陈司令训令释放，及海邑绅学商界求情仍无效力，竟遭枪毙。名溪若此，他可知矣。其弟士贤在旧十月十八日亦被掳枪毙。

新市公局长周必全被他遣悍党截路枪毙。

东岸卢屋村被劫，枪死男子三命，烧茅屋十余间。

东岸黄屋村被劫，掳去黄大成之孙二人，赎银一千元。

岭头村陈书远被掳，赎银一千二百大元。

乌犁坑村被掳去徐世谟之孙并家田之子共二人，赎银二千余元。

通明港被劫，枪死男女三十余人之命。

东海属劫案

东海那河市以下一带，西园村、邓屋村、后边村、后巷村、北边村、龙舍村、山内村、淹乐村、醖枯村、北域村、调低村、腻河村、像村、海坡村、林海村、深坑村，海坡吕屋村、林海村、北围村、下海村、龙田村共二十余乡被其勒索打单，每田米一升，收银二毫二仙；每丁一名，收银四毫；每牛一头，收银六毫；每猪一头，收银二毫，约算打单银八千余元。稍不承认者，即遭其害，如枪毙。邓屋村林日后巷村李世忠是也。盖他之匪党，常住华界沈塘之秀山街一带，与东海仅隔一海，不及十里，顷刻间船舶可以往来，故那河市一带二十余村受害独深也。奄里村余乃蕃十月初二被掳，困在雷城楼下巷陈家祠内，勒索三千余元，至十月二十六逃出。

那河市油榨三间，每间索打单银二百大元。

田交村被劫掳去男丁二人，烧茅屋十余间。

牛牯湾村被劫，枪毙男女三十余人，掳去男女共四十余人，烧茅屋四百余间，该村一望焦土，悽人心目。

大熟村被劫三次，枪毙男女二十余命，掳去儿女十余人，又掳去书馆童生八人，计数次赎银三千余元，并烧茅屋十余家，约五十间。

迈旺村书馆先生被掳，赎银一千元，该先生唐焕文系雷州中学毕业生。

龙腾村掳去书馆先生一人、学生七人，枪毙学生二命，计赎银二千余元。

那简市被劫，货物搜空外，枪毙六命，掳去男女七人，共赎银二千余元。

文亚村被劫，枪毙十余命，掳去男女七人，烧茅屋三十余间。

水流沟市被劫，枪毙三人，掳八人，赎银一千余元。北山村王灼明被掳，赎银一千四百元。

何屋井村陈守真被掳，赎银一千元。

水流沟市壶春堂店东林巨志被掳，赎银一千元。

东海下社旧年十二月间，腻河渡头一带，如北边村、邓屋村、海坡村、龙田村、淹乐村、西园村、大熟村共二十余村，每村打单一千元或数百元不等，计在一万元之谱。骚扰之祸，惨不忍言。

又在十二月间，每油房打单二百元，合计十余间，共勒银二千余元。

以上劫案，不过略举梗概而已，其余劫抢各村，杀人烧屋，掳人吊赎者，不下数百乡。其吓勒打单者，亦百十余乡，其护赎在千元以下者，不计其数。劫案山积，实亦书不胜书，举不胜举。地方糜烂之状，敢怒不敢言，唯有痛哭流涕已也。

海头绅士吴毓瑞
东海绅士沈耀光
太平绅士陈如炳

（三十三）广州湾总公使致函法属印度支那联邦总督（政务与殖民地事务部）

档案馆卷宗号：GGI 40539
文件性质：机密
文件编号：N°95 – C
主题：妃三的密探
时间：1921 年 12 月 15 日
档案语言：法语

白雅特城，1921 年 12 月 15 日

继 1921 年 11 月 22 日我呈交给您的 82 – C 号信件后，我很荣幸在此向您呈交这封控诉信的复印件，内容关涉广州湾绅士对妃三及其团伙所犯罪行的控诉。我还附上了这封控诉信及罪状清单的翻译件。

我把这封控诉信转交给了黄强将军，希望他可以使海盗头目妃三转变这种三心二意的态度。妃三表面服从中国当局，实则为报复租借地富裕居民提供方便。

签名：克劳泰默

八、中法当局在剿匪上的合作

编者按：本部分由8份文献组成，取自法国海外国家档案馆3个卷宗：GGI 40490、GGI 40502、GGI 40541。这些文献包含《共和报》刊载的文章《黄强函述雷州之匪患》，也有黄强与广州湾总公使沟通中法联合剿匪事宜的公函，还有法国当局向中国当局转交匪首妃陈仔及其三名同伙的函件，揭示了中法当局在剿匪问题上从对抗走向合作的过程。

（一）黄强函述雷州之匪患

档案馆卷宗号：GGI 40541
时间：1921年12月13日至15日
档案语言：汉语（繁体）

第七路司令黄强君，自奉令遄赴雷州办理清乡，经即首途，顷有长函寄与省署某君，为述雷州匪患甚详，节录如下：别后于十一月一号搭夜轮往港，二号附海门船往琼，三号三时抵海口，潮退，换船三次，至七时，始抵海口市。（略）于十六号早出发，正午便抵海安矣。抵埗未几，见无数男女，手提包袱，陆续上岸，询悉因弟本日来徐，而雷属人民，避祸海口者，皆买舟随归，同人莫不悽然。旋到海安税关，及会琼安店休息，托保甲觅定牛车，二时启程，三时四十分抵徐闻（距海安十八里），以崇礼祠为行营。知事蔡荣春、团长邓祖禹，均因五月间匪徒破城，掳其家属后，费巨金始行赎回。俟闻匪首为廖开四、陈永富等，以县属东北卅里森林为巢穴，该山长八十里，宽卅余里，林木菁密，对面不见，兵往围捕，辄如老鼠之拖龟，无从入手，故邑中父老，佥议集款砍之，务使绿林成牛山，豪客藏身无所。（略）林中强徒数百，五月间，因民选知事，在徐竞争选举，辇金入城买票，为匪侦悉，乘夜逾墙而入，一班有知事热者，运佳则破财挡灾，倒霉则财失人掳。其后各乡团合力围攻，匪乃弃之满载而去。闻现金一款已达数万金云。

当匪徒入城时，选举监督某君，避匿于某室林下，不意匪徒亦入据该室，设鸦片烟灯于其上，某君蜷伏不敢动者数日夜，所遇亦苦矣。何期民选知事历史中，竟有此佳话也。该山贼巢甚险，要由贼巢至山边，约二十里，羊肠鸟道，两旁林木茸蔓。巢筑于山顶，山麓有一水涧，阔约丈余，深可没顶。巢之周围，均掘有交通濠，濠之前只有两路通出山麓，路旁掘有无数陷阱，陷阱之前，则属斜坡。林木概被砍尽，故军队每往攻击，辄被扫射退回。上约驻徐军队及民团，攻夺溪流，绝其饮水，匪乃于山巅掘两井以取水，深约六丈，因不见水，匪乃乘夜遁去，临行时将所掳男女，不能行动者，一概杀死，并将山寨自行焚毁。匪徒已飏，乡人召集壮丁千数百人，将巢之后方林木砍伐十余里。阅数日，匪徒愤人捣其巢穴，杀保护伐木民团十余人，夺枪十余挺，土人遂如鸟兽散。弟于廿三日前往巡视，见其种种布置，颇含有军事智诚，询悉内有滇军多名，居中策划，不意当年名震华夏之滇军，今竟有在粤为贼寇者。吁！可悲也！巢北有方地一大坵，匪名之曰北较场，即匪徒之陈尸处。内旁有一樟树，匪又名之曰吊人树，所掳之人，男则用绳绑手，女则缠髻吊于树上，用小刀割裂皮肤，以盐擦之。允赎者则锢于巢内，分男女监狱两所，如无款来赎，或允赎失信者，则吊于树上，或剖腹，或寸磔。弟来时，见累累白骨，髻发成堆。有谢某者，前在东莞充管狱员，其妾在徐城被掳，正拟往赎，适其父在海康，又被匪掳，赶往赎父，而妾未几赎，即因产后病死，欲往收尸，匪徒不许。比谢因弟往该山，渠亦随往，遂于髻发堆中，认出妾髻，因其妾梳省装故也。谢君所遇，亦可怜矣。吊人树因吊人太多，树木摩擦过甚，光泽可鉴。樟树本经冬不凋，此则叶色红黄，作枯槁状。

（略）

每闻土人告我，匪如捉获儿童，必扎于竹尾，手放则竹必弹起，匪乃趁竹高起，举枪射击，以练目力，其方法俨如猎会之飞鸟射击，故李福隆一股，杀人盈万，即杨陈仔一匪，亦杀人逾三千。若遇女人无力赎回者，则当众拍卖，价高者得，或据为己有，或在山开设公妓，任匪奸宿，或则卖往赤坎。其怀孕者，则以竹签插其私处，至口透出以为戏。雷州贼性特别，已如上述，而绅性亦与别不同。别处绅士，不过保匪庇匪而已，而保匪原因，全由己系弱房小姓，匪属强房大姓，偶被捉将官里去，绅为匪亲胁迫，不得不冒险向官求保，此保匪之原因也。或畏匪报复，明明族中有匪，辩以无匪，此庇匪之原因也。然从未有与匪蛇鼠一窝，赍粮送衣，或靠匪势力，以争意气求富贵者有之。惟雷州之绅士，实斯文败类，曷胜浩叹！雷州匪多，半由于此，故悍匪应诛，劣绅尤应诛也。读州府志，雷民性情纯朴，极安本分。民国五年，杨学绅初用匪徒以抗龙济光。及七年，龙济光自琼犯雷州，大招特招，四出骚扰，龙氏失败，匪徒得其枪械，流散四乡，运人政客，每多利用。况福隆藏匿广州湾，购运子弹，输入内地，接济匪徒。李福隆，又与陈石合三，各树一帜互相竞斗。李则言保护洋界，专抢唐界；陈则言专抢洋界，保护唐界。广州湾不过法国租借地而已，雷乃我国之国土，彼辈则曰唐界洋界，其无知识，令人可笑，亦可恼也。广州湾一地，如石田一块，并无出息，故法国政府不能给养多数军队，但恐陈石合三党之骚扰，乃借李福隆以保护。今夏李在香港被刺，杨兆陈仔乃继其业。在赤坎商家又极力蒙蔽政府，并极愿赤坎永为匪巢，一则匪徒挥金如土，二则藏匿掳人，来此议价求赎者，纷至沓来，则百货销流，生意发达。闻赤坎只商店二百余所，而妓女有数百之多。麻雀日夜不绝，鸦片烟毒播全市，其肮脏龌龊，百倍澳门，不意号称文明之法人，竟放弃如此，亦可怪也。陈李式党匪徒，一则专抢租界，一则专抢内地，其实两地彼此均抢，不过有轻重之分耳。且彼辈所抢掠者，俱中国人，唐界洋界，究有何别？最奇者，一般匪徒，在广州湾可以十数成群，背驳壳手枪，横行市上，而中国正式军官，反遇事须依条约，不许携带武器入境。考其原因，皆由租界内警兵及各机关人员，与匪通同一气，并且靠匪接济，借图厚利，是雷属匪祸，皆彼辈间接所赐也。故雷州人士，对于龙济光之贻祸，广州湾之窝匪，莫不痛入骨髓，切齿詈骂。昨在徐闻，捕获四匪，审讯明确，立予枪决，人心为之大快。

民国十年十二月十三日起至十五日

《共和报》

公历1921年12月13日至15日

（二）法国驻广州总领事伯威致函法属印度支那联邦总督莫里斯·朗

档案馆卷宗号：GGI 40541
文件编号：N°274
主题：广州湾海盗问题
时间：1921 年 12 月 20 日
档案语言：法语

广州，1921 年 12 月 20 日

总司令陈炯明的前总参议黄强先生，他既是陈炯明的亲戚，也是他的亲信，最近被省长派遣，以第七路司令的身份去重建雷州半岛的秩序。

黄强先生的任务仍没有结束，他在驻地写了一份工作报告，这份有趣的文献被交阅当地报界，于本月 15 日刊登。他的报告中有关广州湾地区的概况以及有关海盗与租借地居民关系的评价，对我们而言有更多的参考价值。黄强先生可能是两广地区的中国官员里最同情我们的一位，多年来，为我们提供了大量的证据。

上文所说的黄强报告中的某些话会引起我们的不快，但并不是起于敌意，如果是这样的话，这些话可以忽略不计。实则相反，这些评价经过严肃的思考，值得我们用心研究。

我从一份报纸上剪下了黄强先生的报告，附在这封信里。我对涉及广州湾租借地的内容做了简单的翻译，也附在这封信里，便于您对这份报告有个大致了解，您可以让您的科室人员翻译这篇有价值的文件。

签名：伯威

（三）黄强致函广州湾总公使

档案馆卷宗号：GGI 40502
文件编号：N°1/9/22 9012
时间：1922 年 2 月 22 日
档案语言：法语

雷州，1922年2月22日

总公使先生：

很荣幸能给您写信，这次写信的目的是就一件希望能真诚合作的重要事情向您询问意见，这件事就是：镇压雷州半岛的海盗。

您已经知道，我从我的直属上级那儿接过这项艰难的任务：平定雷州这块不安宁的土地。这片土地五年来遭受着最野蛮的海盗行径的破坏：最可怕的抢夺和最丧心病狂的杀戮。在人们的记忆中，这是前所未有的灾难。

为了完成这项棘手的任务，我打算与您合作，因为您掌控着广州湾地区。我很高兴能与您就这个话题通过书信交流意见。

还有，由于我们从一开始就共同努力，在赤坎的首次行动大获全胜，这一消息在各地扩散开来，在所有正直人士的心中留下了深刻的印象。

我听说，造甲村（妃三海盗团伙的家乡）现在已经挤满了海盗，大概至少有两百人，他们持有几十支步枪。

我还听说海盗头儿 Pang-Tchang-Roui 住在造甲村和甘园仔村之间的造甲仔村。我甚至还听说，太平地区几乎每个村庄和整个租借地都藏匿着海盗。

所以，总公使先生，我今天写信就是想请您继续支持我们。

东海一事已经完全失败。为什么呢？那是因为我没能登陆，没有将我的力量以及我的士兵们的力量与马尔贝蒂（Malberti）先生、布舍龙（Boucheron）先生的力量以及他们勇敢的乡勇的力量团结起来。当我在雷州湾（Baie de Mandarin）的时候，我在给监察官的报告中做了提醒，但他们并没有注意这一点。也就是说，军队一来到东海，海盗们就穿上破破烂烂、脏兮兮的衣服，乔装打扮成耕地者、泥水匠或者渔民；证据就是监察官先生给我的来信（我抓捕了12个人，但是我在他们中间没有发现一个有犯罪嫌疑的证据）。

应该把他们都聚集起来，通过细致的判断将他们分为老实人和坏人。

所以，我们得在东海再次行动，因为我听说岛上现在全是避难的海盗。

所以，我写信给您，总公使先生，怎么说呢，就是为了恳请您继续采取预防措施，同意您勇敢的乡勇和我的士兵精诚合作，共同歼灭法国领土上的海盗。同时，我允许您的士兵和军队首领追逐打击在我国领土上的海盗。

完全平定这个地区，靠的就是两个地区的首领以及士兵们之间的紧密合作和友好相处。

请原谅我如此直白地向您表达想法。

请允许我，总公使先生，向您致以最崇高的敬意。

又及：请允许我问您一个问题，您是否知道您的继任者布朗夏尔（Blanchard）先生将在哪一天到达？

签名：黄强

复印件与原件相符

签名：克劳泰默

（四）广州湾总公使致函法属印度支那联邦总督（政务与殖民地事务办公室）

档案馆卷宗号：GGI 40490
文件性质：机密文件
文件编号：15C（与1922年2月23日11号信函有关联）
时间：未注明
档案语言：法语

我最近听说，余定中（又叫余志明或澈明[①]）在杨士清[②]（外号妃陈仔）及一干同伙的陪同下已经离开雷州借道东京去了广州湾。

这些人意图于3月4日乘坐"Hanoi"号轮船离开，但是很有可能他们会先到芒街然后转陆路。

澈明先生有可能带有通行证和其他广州湾内的身份证件。

要不计代价地阻止这些人回广州湾，这或许是把他们逮捕并移交给广东政府的时机。广东政府已经确凿地公布了他们在雷州犯下或参与共谋的众多抢劫大案。

如果这些人重回广州湾，极有可能会在杨士清手下建立一个新的匪帮，杨士清将会在法国租借地犯下疯狂的罪行，正如他在雷州所做的那样。

如果您需要逮捕令的话，我可以用电报给您发过去。

签名：克劳泰默

（五）东京安保局致函法属印度支那联邦总督

档案馆卷宗号：GGI 40490
性质：机密
文件编号：N°1091 密函［来自情报中心和公共安全部门（SCR 和 SG）］

① 余志明或余澈明为同一个人的不同叫法。——译者注
② 杨士清与前文的杨子青乃同一个人。——译者注

时间：1922 年 2 月 28 日
档案语言：法语

河内，1922 年 2 月 28 日

遵照您 SG381 号密令，在特派员先生的精心指挥下，余定中（外号瀲明）、杨子青［外号妃陈仔（BY-TAN-KIA）］、莫华山、戴锦川和 TCH'EN-SI-SAN 这五名中国人已于昨夜在海防市被捕，并被关押在该市的看守所。

但是看守人对维略特先生（M. Quilliot）表示，如果没有共和国检察官先生的书面指令，他不能接收这五名中国人。检察官先生得知此事后宣称，若没有齐全的证件，他不能发放任何一张囚犯入狱证。

于是维略特先生就将这五人关押在特派员公署。

但是，这样的状况不能维持下去，特派员公署的设立不是为了关押五名犯人，如果您能请总检察官先生给海防市检察机关打个电话下达所有指令的话，我将不胜感激。

我已将逮捕五人一事告知高级驻扎官和总检察官。

安保局局长

（六）东京安保局致法属印度支那联邦政府情报中心和公共安全部门长官密札

档案馆卷宗号：GGI 40490
文件性质：机密
文件编号：N°1120（消息来自海防县安保局）
时间：1922 年 3 月 4 日
档案语言：法语

河内，1922 年 3 月 4 日

海防县安保局的特派员于昨天指出，您在 S. G. 381 号密札中提到的那五名中国人已由检察院下令关押到警察总队（Gendarmerie）。

这五人在安保局的拘留所托人给城里不同的人寄去三张名片，您可以在这封信的附件中看到这三张名片的复印件和译文。

安保局局长

（七）黄强致函广州湾总公使

档案馆卷宗号：GGI 40502
时间：1922 年 3 月 14 日
档案语言：法语

雷州，1922 年 3 月 14 日

总公使先生：

请允许我向您表示由衷的感谢，感谢您在我们第一次见面时对我的真切欢迎和友好接待。

感谢您的亲切和热情。当我在白雅特城短暂停留的时候，您的好客让我记忆深刻。

这一切友谊的印记，对我来说，都将保障我们日后关系的友好发展。然而，我要跟您强调的是，亲爱的总公使先生，我们必须继续镇压雷州地区海盗。该地区已经被内战扰乱，三年来抢劫事件不断发生，有史以来首次遭遇规模达到几千人的海盗野蛮劫掠。我要向您重申的是，为了严厉镇压海盗，我们绝对需要两个辖区之间以及两地首脑之间的友好合作。

这两三天内，我收到了两个相继接管广州湾的杰出首领的友好信号，对于我来说，将会是未来良好关系的保障，有助于维护两个辖区的总体利益，也是我们真正地结成神圣的同盟的前奏。

总公使先生，请允许我向您致以最崇高的敬意。

签名：黄强

（八）广州湾总公使致函法属印度支那联邦总督

档案馆卷宗号：GGI 40490
文件性质：机密
文件编号：N°56/C
时间：1922 年 4 月 3 日
档案语言：法语

白雅特城，1922年4月3日

继我3月24日写给您的序号为44/C的信件之后，我很荣幸地告知您，由法国驻广州领事牵线，与中国南方政府达成协议后，我已经将妃陈仔和他的三名同伙押送到雷州边界。从白雅特城到雷州途中所经过的地方仍然有众多妃陈仔和妃肥的追随者，因此我们采取了必要的防范措施防止匪首在途中被劫。犯人和随行的18名蓝带兵在警卫队队长巴莱（Ballée）的指挥下，被广州湾租借地的四辆车送到边界。太平和铺仔炮台的分遣队看守着遂溪和通明河边的渡船。护卫队严守纪律。任何意外都不会发生。妃陈仔在押运途中曾经求一位蓝带兵把他就地杀了，后来又鼓起勇气说希望中国政府能宽恕他，作为回报，他许诺上缴他的追随者持有的一千杆步枪。

犯人在Yosoui被交给了一位由雷州特意派来的一个中国连队的指挥。这位官员接收了犯人，连同从他们身上搜出的物品。

黄强将军在雷州的代表给我发来电报表达谢意，在附件中有这封电报的复印件以及我的编号为54的回信的复印件，黄强将军还告知我妃陈仔和他的同伙戴锦川（一个同样危险的匪首），已于3月31日被枪决。

黄将军还从广州给我发来电报表达谢意。

杨士青和戴锦川的交付和处决在广州湾和雷州半岛引起了轰动。几千名民众来到雷州观看这些蹂躏了这片富饶之地的恶棍是怎么伏法的。

有谣言说妃陈仔团伙在香港银行存了几十万皮阿斯特。

签名：布朗夏尔·德拉布罗斯①

附件：黄强将军致广州湾总公使电报译文
主题：妃陈仔及其同伙的接收事宜
档案馆卷宗号：GGI 40490

总公使德拉布罗斯先生：

我很荣幸收到您3月28日发来的电报。您同意于3月29日让人把妃陈仔及其同伙以及他们身上携带的纸币和金饰交给我的军队，由法国军官指挥的护送队将他们送到Yéo-Tchoui号渡轮。

他们一抵达，我们就仔细审问了这些匪首，并给他们拍了照。

妃陈仔和戴锦川即刻被处以枪决。

所有人都对总公使先生的协助拍手称道，多亏了您，这些强盗才能被铲除。百姓对您非常感激。

我必须告诉您，您为了遣送这些人预支了费用，我愿意偿付给您，这笔费用应该由我承担。

---

① 布朗夏尔·德拉布罗斯（Paul Blanchard de la Brosse），1922年、1925—1926年两度担任广州湾总公使。——译者注

雷州，1922 年 3 月 31 日
黄强将军印章

1922 年 4 月 1 日翻译成法文
通事
签名：Lo Pao

翻译件与原件相符
广州湾总公使和总公使助理

九、法国当局对雷州半岛匪情的监视

编者按： 本部分共有27份文献，来自法国海外国家档案馆卷宗GGI 40493、GGI 40496、GGI 40498、GGI 40506、GGI 40508、GGI 40509、GGI 40512、GGI 40513，大都是广州湾总公使（少部分是广州湾商务主管）给法属印度支那联邦总督的电报，汇报的内容是广州湾周围也就是雷州半岛的政治局势和匪患情况，也含有一份广州湾租借地1923年第一季度政治汇报。

（一）广州湾总公使致电法属印度支那联邦总督

档案馆卷宗号：GGI 40496
文件编号：N°117
时间：1922年6月19日
档案语言：法语

白雅特城，1922年6月19日

黄强将军昨天从广州到达雷州，并带来了一个营的兵力增援。在他看来，陈炯明的部队会掌控广州局势，但受到孙中山的威胁。为了保护广东不受斗争危害，任何暴力解决办法都被排除了。但是陈炯明与孙中山之间仍有纷争，前者的追随者转向支持吴佩孚，后者仍然坚持北伐。局势并未改变，然而民众重拾了信心。

（二）广州湾总公使致电法属印度支那联邦总督

档案馆卷宗号：GGI 40496
文件编号：N°I32/C
时间：1922年6月20日
档案语言：法语

白雅特城，1922年6月20日

紧接我发送的I31/C号电报内容黄强将军电报

盗匪在高州杀害了80人后被高州正规军驱逐，后逃到雷州Tsiman村，又被士兵包围。黄坡的正规军在埠头的边界Sampac遭遇失败。总体局势有所改善。打算22日乘坐“剑鱼”号战舰前往东京。

（三）广州湾商务主管致电法属印度支那联邦总督

档案馆卷宗号：GGI 40496
文件编号：N°133/C（内容衔接 1922 年 6 月 23 日编号 1237/SG 的信件）
时间：1922 年 6 月 26 日
档案语言：法语

白雅特城，1922 年 6 月 26 日

匪帮回到北部，进行了几场战斗后败下阵来，后在半岛西部登陆，能够成功登陆可能是因为水位变得很浅。Sampac 那里的匪帮好像被驱散了或者是消失了。据昨天来到这里的黄强的军官告知，雷州的所有军队都将被召回广州。

1275/SG 号复印件与原件相符，已呈高级将领
（Général Commandant supérieur）先生过目

河内，1922 年 6 月 19 日

（四）广州湾商务主管致电法属印度支那联邦总督

档案馆卷宗号：GGI 40496
文件编号：N°125
时间：1922 年 6 月 27 日
档案语言：法语

白雅特城，1922 年 6 月 27 日

许多从雷州来的官员太太来到白雅特城，声称她们的丈夫昨天跟随黄司令离开雷州去广州，现在没有任何消息。据她们所说，指挥官 NG（?）率领的正规军，可能已经被一支从安铺向雷州行进的匪帮在 Hatao 击败。根据今天赤坎公局的情报，证实了这是一支由 LONG SING POU 率领的盗匪团伙，共有六百人，并配有四百杆毛瑟枪和百杆步枪。

（五）广州湾商务主管致电法属印度支那联邦总督

档案馆卷宗号：GGI 40496
文件编号：N°I38/C
时间：1922 年 6 月 28 日
档案语言：法语

白雅特城，1922 年 6 月 28 日

在 SHUN SHING 看来，陈炯明将会成为粤军的领导。关于孙中山消失的传言有些自相矛盾，说他的部队也归顺了陈。躲在广州湾的雷州官吏的家属感到不安，他们准备跟随行军队伍出发去广州或者回到雷州。这支准备出发的正规军已经放弃追捕匪盗，留下了三支队伍在此防守。昨天提到的盗匪集结到一起，将出现在雷州半岛西部，广州湾居民没有任何焦虑。收到黄强的电报，他可能去了雷州，等待广州局势明朗之后才考虑与部队登陆。

（六）广州湾总公使致电法属印度支那联邦总督

档案馆卷宗号：GGI 40498
文件编号：N°96°139 – C
时间：1922 年 7 月 24 日
档案语言：法语

白雅特城，1922 年 7 月 24 日

据最可靠消息，海盗团伙在雷州半岛重新集结，并烧毁了圣三一堂周围的三个村落，那里的传教士要求立即提供救援。他们坚持要求雷州当局提供援助。

（七）广州湾总公使致电法属印度支那联邦总督

档案馆卷宗号：GGI 40498
文件编号：N°96°142 – C（内容紧接 139 号信函）
时间：1922 年 7 月 26 日
档案语言：法语

白雅特城，1922 年 7 月 26 日

雷州指挥官（Général Commandant）告诉我他将派遣分遣队救援圣三一堂，从军事地图上看，这个地区位于雷州半岛西部，邻近调顺（Tieouchen），在 Ouaitchac 岛的对面。

（八）广州湾总公使致电法属印度支那联邦总督

档案馆卷宗号：GGI 40493
文件编号：N°166 – C
时间：1922 年 10 月 6 日
档案语言：法语

白雅特城　1922 年 10 月 6 日

在编号为 I267/SG 的文件清单中，您向我转发了 9 封反对我前任的抗议书。

这些陈情书针对的是中方军队在租借地内进行的干涉活动，这种情况确实发生了，而且广州湾总公署被利用了，因为我任广州湾总公使后，克劳泰默先生要求批准黄强将军的一支分遣队登陆东海岛的请求被送达总公署办公室。在 1922 年 3 月 22 日编号为 43C 的信件中，我向您汇报了我对这个提议的态度，也向您说了我为了确保租借地恢复秩序采取的措施。

签名：布朗夏尔・德拉布罗斯

（九）广州湾总公使致电法属印度支那联邦总督

档案馆卷宗号：GGI 40509
文件编号：N°17 – C
时间：1923 年 2 月 5 日
档案语言：法语

白雅特城，1923 年 2 月 5 日

经过法国传教士调停人与正规军协商，黄宗海（Wong-Tchong-Hoi）的部队于 2 月 1 日深入雷州，部队的一些军人打算进攻徐闻和遂溪。

（十）广州湾总公使致电法属印度支那联邦总督

档案馆卷宗号：GGI 40509
文件编号：N°34（该电报紧接 28 – C 文件内容）
主题：总公使的匪情报告
时间：1923 年 3 月 17 日
档案语言：法语

广州湾，1923 年 3 月 17 日

第一，3 月 14 日，邓本殷将军的 500 名士兵到达雷州。Hong Ton Hai 的海盗和 Hoang Ming Duong 的 300 名士兵从四面攻占了整座城池，大肆抢劫，逼近我们的边界。对雷州（Loi-Chau）展开新一轮包围。这个城市出现了瘟疫。

第二，Hoang-Duc 的海盗占领了 Thach Thanh，并抢劫勒索这里每天受到恐吓的百姓。Hoang Ming Duong 向 Hoang-Duc 增派援军。

第三，Ho Han Khanh 的正规军 3 月 12 日撤出 Hoang Phi，随后返回 Hoa Chau。

Du Tri Minh 部队迅速攻占城市。

第四，林树巍被任命为调停者。CAC Lôi 占领高州。

可以预料，几位现任首领有冲突。尽管所有边界地区，尤其是在太平和坡头匪盗活动频繁，但租借地没有发生严重的事件。

（十一）广州湾总公使致函法属印度支那联邦总督

档案馆卷宗号：GGI 40509
文件编号：N°45 – C（内容紧接 34 和 41 号文件）
时间：1923 年 4 月 6 日
档案语言：法语

白雅特城，1923 年 4 月 6 日

租借地腹地情况：

第一，Hoang-Tsong-Hai 和黄明堂的部队不断威胁雷州岛。

第二，黄明堂的部队自 4 月 1 日起占领遂溪。

第三，在林树巍的部队压制下，Hoang-Te 撤离石城。

第四，Du-Tri-Minh 的部队离开 Hoang-Phi，随后乘船去往广州，广州原被 Am-That-Lao 的人占领，而 Ho-Han-KHANH 的正规军刚刚将其驱赶至我们坡头边界上的 Tam-Bach，那里的炮台增强了警力以便监控。租借地情况仍然稳定。

（十二）广州湾租借地 1923 年第一季度政治汇报

档案馆卷宗号：GGI 40508
时间：1923 年 4 月 11 日
文件编号：N°14
档案语言：法语

在我们的租借地之外，政治局势可以总结如下：

驻扎在北海和安铺的黄明堂将军事实上率领黄宗海和 Wong-Tack 的部队，目的是完全控制整个高、雷西部。如果有可能的话，东部也要夺取；但是他在石城撞上了林树巍将军，林树巍将军跟他一样也是效力于孙中山。在高、雷东面，林树巍统治着高州、化州和石城；吕春荣和刚晋升为刑警队队长的钟继业一起占领了吴川县，与黄明堂商量之后他很快就要去夺取雷州、遂溪和徐闻，尽管他不愿意去但还是必须去。

这些首领都宣称自己是被唯一合法任命的，他们之间的对抗却有利于叶培兰（Yam-

Tchat-Lo）团伙的进攻，这个团伙是被孙的人招来的，不是被这派怂恿，就是被那派打压。在这期间，黄明堂的密使带来消息说，他们将持之以恒地支持叶培兰的计划。

有关孙中山情况的消息要想传到广州湾，要么是通过中国和英国的新闻媒体，要么是通过私人情报，而这两者传递的内容是有出入的。商人大都消息灵通，他们认为陈炯明有可能不久会回来。对于长期被剥削的人们来讲，这个愿望有可能实现，因为新兴的共产主义不只是打算让他们过上安宁的生活，而是已经实实在在地付诸努力，践行共享劳动果实的设想了。

签名：克劳泰默

广州湾，1923 年 4 月 11 日

雷州岛还在奋力抵抗这群由黄宗海收编的匪盗，这帮匪盗身后有黄明堂援军的支持。

黄宗海，业士，海康（雷州）人，在广西担任知县，兼任广州国会议员。1 月初，他受孙中山先生派遣，离沪赴高、雷。起初，他住在租借地的通明，在那里宣传和募兵。但是之后他受邀将办事处转移到租借地外的中国领土。他成功地将分散在半岛地区并在妃肥或妃三的旧识同僚手下的匪盗们集结起来，这样他就能够组织一支近千人的军队来攻打雷州中心，而驻扎在此的军队也做好了抵抗的准备。

尽管黄宗海 2 月 1 日在香港发电报宣告占领雷州，但事实上 1 月 17 日发起的第一次攻城被击退，1 月 28 日发起的第二次进攻也不容乐观。

但是城门都关着，企图饿死这些守卫士兵和百姓的围城就顺理成章地开始了。我们外交使团的同胞 R. P. 齐默尔曼多次受委托在两方之间协商谈判。尽管极尽所能，但不能成功，只能同其他三万多名被围困者一样继续忍受。雷州岛处境越来越危急，水、米、盐和肉均开始短缺，紧急之时，遂溪县县长排除一切政治顾虑，决定采取人道主义措施，正如他事先电报告知所有周边包括黄明堂在内的当权者那样。2 月 9 日，他派遣军队援救城中百姓。尽管与遂溪交好，但为了在这场邻近地区的争端中恪守中立态度，租借地内的道路还是禁止士兵乘车通行。在最初的战斗中，遂溪的正规军在雷州城墙的掩蔽下，只是受到了轻微的打击。但被围困的军队仍没能逃出。2 月 15 日，也就是除夕夜，黄宗海的军队逃往雷州半岛西部，因此遂溪的正规军进入了堡垒，并被视为救命恩人，受到了人们热情的迎接。

海盗卷土重来，距离雷州只有 4 公里，2 月 19 日被 Tchéou-Tchin-Piao 突袭。当时 Tchéou-Tchin-Piao 担任遂溪的正规军指挥，捕获 80 名匪盗分子，其中有 30 名为带有装备的女骑兵，并释放 20 名人质，再次迫使敌人逃往西海岸。但是敌人并没有善罢甘休，就在他们的头目刚刚请求北海的黄明堂司令大规模增援的同时，他们开始在那里筑垒固守。

遂溪的正规军将驻军和 30 名从北海赶来增援的士兵汇集在一起，黄宗海在远处又开始谋划对雷州岛的新一轮包围。自 3 月 14 日起，城中的军队得到了来自海口的邓本殷司令手下 500 名士兵的增援。

目前，整个城市仍旧受到这些匪盗的威胁，他们勒索村民，绑架富人，滥征滥用粮

食、牲畜，只要受害者做出反抗的举动，他们就大肆烧杀抢劫。

在这期间，人们注意到雷州及其周边爆发了瘟疫，似乎不能预见这种悲惨的状况何时才到尽头。

广州湾，1923年4月11日

遂溪县政府所在地挨着我们的边界线，从赤坎一直延伸到通明河。而该地区在4月1日之前完全不受孙中山支持者的控制。

因为自1922年10月起在任的临时县长已经离职，所以黄明堂司令派Wang-Tack及其手下的这群匪盗占领了遂溪。而这群匪盗刚刚被林树巍司令的部队驱逐出石城。这群家伙在石城的残暴行为人人皆知。一位值得信赖的人说，这群家伙杀了他们一个人，把他肢解吃掉了。每天，他们都会粗暴地处决一位甚至几位商人，以警告其他商人按期交纳必要的款项以供养他们。与这群土匪为邻已非常难受了，更糟的是，Wang-Tack的参谋长被指认是安南的革命者，他的中文名字为Tang-Shu-Mak，拉丁化越南文名字是Dang-Thu-Mac。

广州湾，1923年4月11日

吴川县政府所在地北部与我们的坡头区相邻，在第一季度，该地一直就是海盗和正规军搏斗的战场，他们都声称为孙先生效力。

自年初开始，县长去广州请求增援以追捕叶培兰团伙，他们由孙中山的密使招募、支援并供应军需。但只有高州正规军承诺给予增援。回到吴川后，该团伙不得不逃到白雅特城，将士兵的武器留在三合窝（San-Ka-Wo）和坡头。

1月18日起，叶培兰海盗团伙进攻黄坡的重要中心地带，并于1月20日攻下它。很快，他们被胡汉卿的正规军驱逐，但是又带着更多的兵力杀回，于2月24日再次占领该城，并准备继续向梅菉进军。高州的正规军宣布支持孙中山，于2月13日夺取黄坡，赶走叶培兰团伙，并组织防御。

这时，有传闻称黄宗海的手下——在安铺服役的Yu-Tchi-Hing连同800名士兵被征召到广州，担任孙主席的保镖。事实上，所有地方官员都接到Ly-Kok-Lam将军的命令，为他和士兵放行，以便他们从安铺去往水东，路上，会有一架炮艇前来接他们。

2月28日，这支队伍自由穿过遂溪。3月2日，叶培兰的队伍在龙头岭赶上他们，并同他们合编。

第二天，快到达黄坡时，Tchéou-Kouai-Bam指挥的军队给他们指定了一条路线，即绕过黄坡去往水东，结果为了占领黄坡城，引发了一场激烈的战斗。战斗中，Tchéou-Kouai-Bam的军队打死了敌军的一位上校，使得敌军溃败。

但是，3月18日，由于孙中山党派密使的干涉，部队放弃了黄坡，该城随即被Tchining的士兵占领。为了在广州有个好形象，Tchining部队获得全新的服装和设备。

随后，叶培兰拒绝跟随Tchining部队，于是Tchining部队继续去往水东，任凭海盗头目控制了该城。直到4月1日，Tchéou-Kouai-Bam的部队才将避难的部队赶走。这之后，在我们的边界地区，先在Sam-Pack，后在Sai-Po，总之是在我们边界线附近，都增加了炮台，严密警戒。

签名：克劳泰默

（十三）广州湾总公使致电法属印度支那联邦总督

档案馆卷宗号：GGI 40509
文件编号：N°47/C
时间：1923 年 4 月 12 日 16 点 45 分
档案语言：法语

白雅特城，1923 年 4 月 12 日 16 点 45 分

本月 10 日，在高州附近，黄明堂的军队被林树巍和吕春荣打败，他放弃 Thach Thanh，逃往安铺。

在与该城的驻军头领？Nhac 和邓本殷协商后，准将 Chu Que Sum 将占领遂溪和雷州。

（十四）广州湾总公使致函法属印度支那联邦总督

档案馆卷宗号：GGI 40506
文件性质：机密
文件编号：N°60 – C
主题：有关中国的情报
时间：1923 年 5 月 24 日
档案语言：法语

白雅特城，1923 年 5 月 24 日

我很荣幸向您传达以下信息。

胡汉卿将军，在龙济光和陆荣廷元帅时期担任雷州驻军的指挥官，在 1922 年被任命为高州重组办主任，5 月 19 日从香港抵达白雅特城。

他告诉我他是被陈炯明派来的，此行是要重新取得他先前驻扎在遂溪和 Sing-Yut 地区正规军的领导权。

他要完成一个任务，即试图与邓本殷融洽相处，吸引高、雷地区的其他长官支持陈炯明。他想获得邓本殷的军队，因为这支军队能帮助他击败林树巍（目前担任高、雷地区安抚专员行营主任），然后朝着江门港口前进，以便协助陈炯明在东河岸开展行动。

陈炯明现在身处香港，住在欧洲人的家里。他几乎每天都换住所，以免遭到暗杀。

黄强将军是他的总代表，全权负责一切事务；陈炯明只负责签署文件。

陈炯明几乎所有老部下都在广东不同地区活动，反对孙中山。北京政府给陈炯明拨款二十五万皮阿斯特。他的支持者们希望他一个月后可以到广州。

应胡汉卿将军邀请，吕春荣将军于 5 月 21 日来到白雅特城。胡汉卿将军想要鼓动他发表声明支持陈炯明，就对他说想把目前由钟继业（Tchéou-Koui-Sam）陆军上校带领的胡的那几支老部队交付给他。否则的话，申葆藩将军率领的部队可能会从北海过来夺取雷州和高州，并且 Ly-Chong-Yan 将军率领的目前处于广西到高州边界线附近的部队可能也会采取同样的行动。

吕春荣将军回答说，形势并不像胡汉卿说的那样对陈炯明有利。然而，如果陈炯明能够亲手给自己写封信证实他的情况，并且表明他已经忘记了那次仇恨，也就是那次吕春荣的部队在广西宣称支持孙中山而引起陈炯明的仇恨，吕春荣还是同意发表声明支持自己的前任长官陈炯明的。无论如何，吕还需要一个期限来完成这件事，因为有一位刚刚从广州回来的陆军上校告诉他，他的现任长官 Hu-Song-Tchi 将军将从汕头给他寄来五十万发子弹和十万皮阿斯特。而且吕用陈炯明的这批供应来给养官员以便取得他们的同意。吕认为邓本般不会从驻扎在海南的部队中派出三个营以上的军力，因为后者无论如何都不想把海南丢掉。目前只有一个营驻守在遂溪地区的河头商埠。

会谈到此就结束了，并且胡汉卿向陈炯明做了报告。

签名：凯内尔

（十五）广州湾总公使致函法属印度支那联邦总督

档案馆卷宗号：GGI 40506

文件编号：N°65 – C

时间：1923 年 6 月 12 日

档案语言：法语

白雅特城，1923 年 6 月 12 日

我非常荣幸向您提供这封信附带的情报。

目前在雷州半岛南部流窜的这伙强盗大约有 1 万人，持有 1000 支毛瑟枪、500 支步枪和 800 支左轮手枪。

4000名海盗包围了200名被困在徐闻的邓本殷将军的正规军。

其他五六千名海盗应该待在海康县，也就是我之前跟您讲过的乌石港口及其附近地区。

6月4日，来自汕头的炮艇Pao-Peo在雷州港口的南头附近抛锚。听说炮艇上携带着给黄明堂的炮弹。但是黄明堂却在北海。与其这么说，我们倒可以假设这些弹药是给黄宗海的。

吕春荣将军从安铺回来后就留在赤坎了。

陆军上校钟继业也在赤坎，虽然他一直说要去与他派往雷州的部队会合，但他看起来一点儿也不急着这么做，因为他声称他的这支部队训练与学习还不充分，还不能去打击海盗。他的军队中已经发生了15次士兵携带武器潜逃的事件了，但是只在赤坎的一间公用住宅抓回来一个人，当然，他身上没有携带武器。

另一方面，当Lai-Man-Lok陆军上校看到吕春荣和钟继业的军队以及随行的几百名民军到达时，他禁止他们进城，并自称拥有足够的人守卫雷州大本营，因此不需要他们。因此他们只得在附近宿营。吕春荣想设置一个税务所来征税给养军队，Lai-Man-Lok让人转告他此举不会有用，因为自己已经建了一个了。此外，他也不同意把上缴的税款分摊给吕春荣以及钟继业的军队。

吕春荣声称，由于Lai-Man-Lok犯的错误，他们之间签订的协定被破坏了。Lai-Man-Lok此后陷入窘境，因为他被夹在试图夺取雷州的海盗和吕春荣、钟继业的军队及其支持者之间。

在这个不幸的雷州半岛，情况并没有得到改善，并且看起来所有条件都对海盗有利。

我让人告诉余激明，我不能准许他带着刚刚在安铺地区招募的500人穿过广州湾的水域，因为法国驻广州领事馆代总领事官古博（Goubault）先生通知我说，他已经拒绝让李福林将军的两艘汽船通行，这两艘汽船本该把这些人带到赤坎对面的Nam-Fao。

戈捷（Gauthier）先生13日离开白雅特城前往梅菉看望他的基督教徒，有可能的话会前往广州。他说会离开一个多月。

签名：凯内尔

（十六）广州湾总公使致函法属印度支那联邦总督

档案馆卷宗号：GGI 40506
文件编号：N°69 – C
主题：搜集到的有关中国的情报
时间：1923年6月26日
档案语言：法语

白雅特城，1923年6月26日

我非常荣幸向您传达以下信息：

徐闻县中心位于雷州半岛南部，由邓本殷将军的正规军（以前的一帮强盗）统治，经常遭到黄宗海手下的包围。

钟继业陆军上校的部队以及随行的拥护者最终都被允许进入雷州中心并与Lai-Man-Lok的部下会合。

相反，有一些遭到海盗打击的拥护者逃跑了，并且被招募进了包围雷州的绑匪团伙。

邓本殷将军曾经试图让Lai-Man-Lok交回给他保卫雷州城的炮兵部队。我认为Lai-Man-Lok只交出了一部分，不愿意交出其他的队伍。

李福林将军要求法国驻广州领事将他派来的两艘汽船放行，以便使其来到赤坎对面的Sam-Fao装载那几百名被余激明招来的人，但是领事拒绝了。我也同意领事的做法，于是通知余激明我不能准许这两艘汽船在广州湾的水域里行驶。

于是他决定通过陆路运输这些人。

像陆军上校钟继业一样，一直常驻在赤坎的吕春荣将军近日也派出了两支部队，一支通过石城，另一支通过吴川，纷纷前往高州镇压海盗。

根据监察官披露的情报，孙和陈炯明的两支军队在河东的军事对峙最近几天已经中止了。陈炯明的老部队可能向孙派出了代表，敦促两位长官达成协议。

桂系将军沈鸿英将会停止对河北面和西面的进攻。

共和国总统的离开促使孙（除非他的处境不危急）试图接近陈炯明，促成联盟，以此重建南方统一，并最终实现北伐。

签名：凯内尔

（十七）广州湾总公使致电法属印度支那联邦总督

档案馆卷宗号：GGI 40506

文件编号：N°3000

时间：1923年10月7日

档案语言：法语

白雅特城，1923年10月7日

10月6日快8点的时候，支持孙中山的林树巍的部队和黄明堂的千把人从三面进攻遂溪。战斗一直持续到10点，吕春荣这一边，一位指挥官和几名士兵被杀或受伤，林树巍这边则有数百名伤亡者。根据最新消息，林树巍和黄明堂的部队包围了遂溪，他们拥有大约七千人的兵力，而吕春荣只有一千人。从安铺来的人带来消息称，邓本殷将军将率领八百人的队伍，从海口抵达离安铺15公里左右的营仔，目的是和申葆藩一起对抗黄明堂。林树巍向他的军队训话称，只要一攻下遂溪，士兵们就可以抢劫村庄；法国当局要多少给多少。

抄件与原件相符

（十八）广州湾总公使致函法属印度支那联邦总督

档案馆卷宗号：GGI 40506
文件编号：N°I04
主题：搜集到的有关中国的情报
时间：1923年10月27日
档案语言：法语

白雅特城，1923年10月27日

租借地的情况非常平静。同样，在坡头代表驻地①，海盗行径似乎也停息了一段时间。

外面发生的大事件可做如下简要总结。

从安铺赶来的申葆藩和邓本殷的军队向化州和高州进军，10月17日和19日将其一一攻占。吕春荣在高州。

另一方面，钟继业陆军上校在夺取黄坡之后开始进军梅菉，在那里追捕林树巍。

孙曾经给林树巍派兵增援，但是当部队到达水东后，看到态势，便不再向前推进了。

林树巍向高州的县衙所在地San-Y出发，无疑想从北面夺取广州。

因此，高、雷地区又重新落入陈炯明支持者的控制中，这些支持者被派去占领这个地方，他们没费一兵一卒就占领了该地。

我希望这能够确保我们安宁一阵子，尤其是匪首叶培兰占领了黄坡和梅菉，现在又回到黄坡，看起来他已经把自己当成正规军了。因为他让人杀死了Lou-Kouet-Tcho及其5个同伙。海盗都来自租借地，他们在那里不断进犯。最近他们在Ma-Soui绑架了30名渔民。

在太平代表驻地，我以前注意到一队100人左右的团伙，后来壮大到300人，现在已经有1100人了。截至目前，他们离我们的边境还有很长一段距离，还没有试图入侵租借地。

① 广州湾租界内最初划分为二城三区：二城即东营（现麻斜）、西营（现霞山）；三区即赤坎（共辖六个乡）、坡头（辖南二、南三两个乡）、淡水（辖东海、硇洲）。每区设区长一人，由法国人担任。区下设乡，乡里设公局，公局长由华人担任。1911年废区乡制，采用代表制，在赤坎、西营两市区设市长，在坡头、淡水（今硇洲）、铺仔、志满、太平、东山、三合窝等处派一名代表治理。参见黄木辉、邓旭文整理：《湛江市区行政区划沿革概况》，载《湛江文史资料》第六辑，湛江市文史资料研究会1987年版，第172页。——译者注

然而，10 月 22 日这一天，一支 100 人左右的团伙抢劫了距离边境和志满（Tchimoun）炮台 5 公里处的 Lieu-Siou 村，那个炮台没有欧洲长官。1 人被杀，10 人被绑架，30 头牛被掠走。

最终，24 日这天，早上我陪监察官弗雷（Férez）检查太平炮台，到了晚上，在距离太平炮台几百米处的地方，就是属于租借地的 Ham-Houi 村遭到攻击。17 人被绑架，其中包括 6 个女人、7 个孩子和 4 个男人。

这些天，这个团伙与 800 名民军对峙，但是监视之后，没有发现他们有任何来往，并且都是为了各自的利益。

美国牧师时乐士（évérend SNUGGS）几个月前在我前任任职期间到了这里，这几天为了去雷州和麻章又回到白雅特城。他又动身去香港找妻女，并且要留在雷州开一所学校，然而在雷州已经有一位叫齐默尔曼的天主教传教士了。

假如这个人不是德国鬼子的代理人，如果他是一个地道的美国人，那就说明美国开始缓慢坚韧地插手中国事务，因为学校不过是一个幌子，是传教士进行宣传和发展本国贸易的最好的方式。值得高兴的是，情报部门并没有涉及宗教和贸易宣传。

叶培兰这个团伙的头目袭击了离 Lui-Lok 4 公里的天主教村庄 Sek-Ting，杀死了 8 个人，拐走了 30 名妇孺，以及 30 多头牛。白雅特城的巴尔旦（Baldait）神父告知我这个消息，我立即给 Tsang-Tak-Tcheun 将军写了一封信，Tsang-Tak-Tcheun 将军在到达租借地时曾来跟我见面，两个月前，他被陈炯明派出，目的是协调孙的部队撤离广东西部地区的事宜，撤离行动刚刚完成。我已经告诉过您，他以前是高雷（Kao-Loui）的将军和八省的总指挥官。他立即给我回信说，遵照我的请求，他已经下令立即释放 Sek-Ting 村的妇孺和掠夺的牲口，并且发了一份正式的通知禁止再出现类似的行为。

我希望人们能遵守并执行他的命令，因为在不久前发生的行动中他曾出资支持，这为他带来了一些威望。叶培兰团伙的头目以及 50 来名手下属于邻近的村庄，长期以来跟 Sek-Ting 村对抗。他们也想利用这个机会报仇雪恨。

签名：凯内尔

复印件与原件相符

（十九）广州湾总公使致函法属印度支那联邦总督

档案馆卷宗号：GGI 40506

文件编号：N°114 – C

主题：搜集的有关中国的信息情报

时间：1923 年 11 月 10 日

档案语言：法语

白雅特城，1923年11月10日

自我上一份报告发出以来，政治局势没有什么变动。高雷（高州－雷州）被陈炯明的支持者占领了。孙的狂热拥护者林树巍撤退到了水东，在这里给他配备了600人的增援部队。但就像之前所说，邓本殷掌有两万人的军队，他的敌人拿他没有办法，只能向法国驻广州湾当局抗议。

钟继业在雷州的人马几乎全部向梅菉和高州地区进发了。

邓本殷在10月26日到28日期间已经离开安铺去了高州。与他同行的有一些军队首领如申葆藩、黄志恒（Wong-Thi-Foun）、吕春荣，还有大约两万名士兵。

他计划把吕春荣留在高州，与其他首领以及手下进军阳江和肇庆来打击林树巍，随后继续向广州行进。

邓本殷被他的军官们拥护为广东南路八属联军总指挥，申葆藩为助手，黄志恒为总参谋长。

这次指挥权的夺取使得 Tsang-Tak-Tcheun 将军心里不是滋味，两个月前，他被陈炯明派去收编、整合那些在高雷地区负责驱逐孙的支持者的各方势力。他还付了军费，以为不会被晾在一边。他忘不了以前陈炯明在广州时，那时他还是八属联军的总指挥，对于他来说，看到昔日自己的学生邓本殷夺取了这个地区，心里会更难受吧。邓本殷从一个军事班的伙夫成为海南地区的领导人，又把权力扩展到八属，这曾经是邓不敢奢望的梦想，但当看到要实现时，所有敬重、感激之情一扫而光。这时要求一个中国人动感情，比任何一个其他民族的人更难，尤其是在各种欲望的可怕角力之时。

11月6日，陈炯明的兄弟 Tchang-San-Ngok 从海口取道河内过来了。他将要与邓本殷在高州会合。他并没有告诉我他来干什么，至少他没说出真正的原因，不过我认为他是带着他哥哥对下一步行动的指令来的。

归顺吕春荣的叶培兰一帮人看起来想让大家忘记他们的过往。

叶培兰看起来想脱胎换骨。

他可能拥有足够的储备兵力并想慢慢使用。他一接到命令派兵去高州，就总是经过租借地边境的小村庄并处决那些不想跟随他的人，正因为如此，我们有了一段平静的时期。

此外，他还向吴川新任县长（吕春荣的一个军官，前几天还来看过我）承诺，说会保障黄坡40里（24公里）范围内的安全。目前坡头代表驻地的一部分边界线就位于这个地区，因此我们能从他说的这个承诺中获利。

在雷州地区，大本营被遂溪的民军占领。

在安铺的北部以及石城的西部地区，由黄明堂在北海召集的人马曾跟随他撤退到安铺后驻扎下来，使得这里不适合百姓居住。除了几个大村庄，其他遭到抢劫的村庄的村民都迁走了。土地没有人耕作，那些去种地的人要冒着被枪击的危险。

我在上一份报告中指出，有一伙人占领了太平哨所，还绑架了 Ham-Houi 地区一个村庄的17个人。根据监察官弗雷先生的建议，我向邻近最大的村庄派出了以警卫布舍龙为首的25名民兵。他们住在一所非常好的配有碉堡的房子里，房子属于海盗头目四公。村里的绅士都被告知，只有当俘虏被释放、海盗离开的时候，房屋才不会再被占用。

布舍龙先生为了搜寻那伙人，几次穿过边境线。3天后，那17名被捕的男女老少回到了 Ham-Houi 村，并且海盗也离开了他们平时的巢穴——Tsoui-Pio 村。

我们占领四公房子也有好处：如果将来再发生类似的事情，我们还能使用。

根据牧师时乐士的声明，就是我之前在报告里向您提到的，他 11 月 4 日和妻女以及一位中国医生通过香港的 At-Sit-Tai 来到这里。

他们动身去雷州，要到那里居住。

另外，10 月 28 日通过 Sun-Li 到达的牧师霍斯勒（Paul Hosler）要去梅菉，想在那里建立一个机构，美国人老早就有这个想法，但是他发现办不到。11 月 6 日他又乘坐“福广号”（Hok-Canton）去香港。美国人在梅菉和雷州即广州湾东西两侧设立这类机构，如果不是为了监视我们的举动，就是意在进一步染指中国。

（二十）广州湾总公使致函法属印度支那联邦总督

档案馆卷宗号：GGI 40512
文件编号：N°6 – C
时间：1924 年 2 月 1 日
档案语言：法语

白雅特城，1924 年 2 月 1 日

广州的政局没有什么新变化。

孙和陈炯明的军队处于休整期，停止了一切敌对行为，但谈判和秘密会议前所未有地频繁。黄强在上海，很有可能与北方主要首领的联络官在进行协商，为春季战役做准备。

我们没有广东省其他地方的任何消息。邓本殷继续养精蓄锐，择机而动。广东西部受广西的影响似乎越发严重，但历来如此。

有人指出，在东兴的芒街（Moncay）市郊 Tchouk-San 市场，在中国官员的默许和支持下建了一家假币工厂。由于这种货币很难被人们接受，于是，工厂考虑改变印制年份标识，以便在附近地区流通。

在云南，1 月初，另一位传教士 Piton 神父遭海盗绑架。

在海南，该岛最南面的两个地方被叛乱分子占领，为首的是 San-Ki-Yu，两年前，他以陈炯明之名占据除海口和首府琼州外的整个海岛。这一次，他是为自己的利益或者说是为陈炯明的利益而战。

租借地局势平稳。

由几千人组成的强大海盗团伙通常驻扎在 Ouat-Boue 边界 30 公里处，位于太平和雷州北部。

邓本殷委托归顺于他的黄宗海征募士兵，把守雷州半岛南部。为达成此事，黄宗海来到雷州城门，城中居民为这一征募行动缴纳了钱款。人们猜测他还有其他意图，就是想占领这座城市，但该城驻军防守森严。

几个月来，戈捷无法前往圣三一堂，最近才可以前往。圣三一堂位于雷州半岛西海岸两公里外的东京湾。

他说，雷州与圣三一堂相距40公里，中间有一片荒无人烟的地带，在那里，弃置的村庄变成废墟，生灵涂炭，土地荒芜。在他的保护下，100多个脚夫随同前往，回来时增加到200人。

只要碰巧在村里看到一个人，大家都会停下脚步，猜测这是不是在放哨的海盗。

签名：凯内尔

复印件与原件相符

（二十一）广州湾总公使致函法属印度支那联邦总督

档案馆卷宗号：GGI 40512

文件编号：N°40 – C

主题：政治局势

时间：1924年5月10日

档案语言：法语

白雅特城，1924年5月10日

租借地局势平稳。

另外，三个月来，在东海岛和太平代表驻地瘟疫流行，人们四散惊逃。

瘟疫使得村庄被弃置，分散的人们暂居旷野。

在坡头代表驻地，天花给人们带来了灾难。

吴川的中国当局试图对海盗侵扰的地区展开肃清行动，然而，海盗们消息灵通，很难被围攻。前者请求我协助，但这些中国人没有精确的时间观念，每当我们的人到达边界时，他们不是来得太早，就是来得太晚。

雷州半岛的情况是这样的：Wong-Tchong-Moi在雷州城被执行死刑后，海盗退到距离雷州城35公里或40公里处的位于雷州半岛中心的英利市场。他们在那里挖战壕，筑防御工事。

邓本殷派出黄志恒和邓承荪两位将军及其军队，他们携带了枪炮弹药。

该地区的民军也提供了援助。

但海盗明白他们的处境，因此死命防守，但是向他们进攻的那些人，至少所谓的“正规军”没有发起猛烈攻击。

首轮攻击由雷州民军发起，但由于仓促，他们在行军过程中没有伪装，当他们远离邓承荪和黄志恒的军队时，遭到海盗反攻，死伤大约60人，被夺走30件武器。

过了一段时间，第二轮攻击开始，尽管民军一方战斗热情很高，但在到达英利市场最前面的房子时，海盗和民军的弹药都用尽，于是双方倾其所有（例如，拳头和大刀）展开肉搏战。邓承荪军队本应提供支援，但他们不但没有向前推进，反而后退，使得海盗越发大胆，像第一轮攻击一样，收缩包围圈，围住民军。民军伤80人，阵亡60人，丢失枪械80件，但捡回海盗枪械20件。

海盗在不同的战斗中死了五六百人。然而，令人无法容忍的是，近百名海盗伤员住进Moi-Mao医院接受治疗。多亏邓承荪，他们不但没有被枪毙，还受到了欢迎。

我们告诉他们治疗须收费，否则，他们来的人数会更多。

在失去判断力的情况下该如何做呢？此时，任何感情都会被个人野心摧毁。

由于常年驻守在雷州，邓本殷把海南让与邓承荪，但一直以来，邓承荪企图扩大影响。如果能统率一支庞大的带有武器的兵力的话，这在目前的中国不难做到。邓承荪不能奢望去收买效忠于邓本殷的人，于是考虑通过拉拢雷州的海盗来壮大自己的力量。

他玩弄两面派伎俩，任由海盗围攻民军，其原因就是为了从中渔利并进而收编他们，他根本不知道这些匪徒永远都不会接受去半岛以外的地方作战。

邓承荪的这些做法使他与黄志恒产生了矛盾，后者严厉谴责他的同僚。黄志恒刚视察了整个半岛，发现村庄十有八九被毁。这里荒无人烟，成了可怕的地方，被烧毁的村庄周围的山丘上有用竹子打的桩，海盗对可怜且弱小的殉难者实施木桩刑罚，其中有男人、女人，甚至还有孩子。许多骨头掉落到木桩下，而大多数情况是没有断开的肌肉，使小小的身体仍然挂在酷刑桩上。

就是这些野蛮人，他们在前面所述的两次攻击中，把俘虏剁成碎块，浇上汽油焚烧。

因此，我们就能理解为什么民军首领发现他被海盗包围时向勤务兵大喊用枪把自己打得脑浆迸裂，就是这样也胜过落入那些禽兽之手。

目前，民军和海盗都需要休养生息，而海盗借此机会发展壮大。他们拆毁砖房，建造防御工事，加固战壕。黄明堂刚给他们送来12箱弹药。

“广州”号炮艇先从海口运来800人，后运来300人，加入邓承荪的军队，但由于这些人以前都与海盗有关系，黄志恒根本不信任这些人，他甚至对让他们参加以后的作战提出抗议。他并不指望与他们协同作战，而更害怕遭到伏击。

（二十二）广州湾总公使致函法属印度支那联邦总督

档案馆卷宗号：GGI 40512

文件编号：N°50 – C

时间：1924年6月7日

档案语言：法语

白雅特城，1924年6月7日

自我5月23日呈报的第41号报告后，我给您发过一份电报，指出这个国家的局势瞬息万变。

5月25日，邓承荪的参谋部宴请雷州城民军参谋部。他们毫无戒备地接受邀请，全体赴约。宴会饭菜丰盛，大家不紧不慢地吃着饭。饭后又到麻章玩到凌晨3点。就在客人们昏昏沉沉想要离开的时候，他们被邓承荪的士兵包围捆绑，被迫交出武器。庆幸的是，民军队长出于对邓承荪的不信任，两天前就带着300人出城，重新加入英利市场（海盗的老巢）附近黄志恒的队伍。遭到埋伏的另外300人当天早晨必须离开，这就是“宴会兵变”。

邓承荪一控制雷州城，就派人北上追打脱逃的队伍。民军没有多少人员伤亡或被捉，反倒杀死了200名邓承荪的人。

就这样，海盗实现了长久以来精心谋划的蓝图。他们进入了雷州城，长驻在雷州半岛南部的各个团伙北上，四处流窜，进入租借地边界的村庄烧杀抢掠，打破了我们几个月以来的安宁。

从苦力变成将军的邓承荪有一个固执的想法，就是降服雷州的各路海盗。后者的条件是解除该地民军武装，并去洗劫赤坎。

邓承荪这位所谓的正规军将军与雷州城的海盗头领进行了协商。

尽管形势好像没有朝坏的方向发展，但我不信任邓承荪，他没有恒定的道德准则。

我已向赤坎派出第9殖民军的35名士兵和一名中尉，另外还给予他们机枪和轻机枪。

30名士兵增援太平炮台。

与此同时，我还给邓本殷写了封信，告诉他：如果海盗攻击赤坎，在那里看到您的下属邓承荪会令我非常诧异。

如果是他攻击赤坎，我就更不懂了，因为我知道我们并没有与中国作战。不管怎样，请您提防后续的意外事件。法国政府向北京政府提出抗议，要求损害赔偿。

目前，我尚未收到回复。

与此相反，我获知这些海盗拒不服从邓承荪，拒绝穿他的制服。

我总认为这些海盗团伙永远都不会离开半岛，应该消灭他们。

邓承荪会被海盗头目打败，他会发现后者实力比他强。

在这个时候，我们更应该当心。

我听说他们打算派出一艘炮艇和一名将军到白雅特城。

我设想过这样的场景：这名将军访问我时，帆船被炮艇拖曳到一个合适的地方，人们从船上下来，去掠夺和烧毁学谈的故乡——赤坎的公局。然后，炮舰载上将军，重新拖走航行中的帆船，消失得无影无踪。

一天晚上，学谈家有朋友来访，其中一位就是几个月前我向您谈及的钟继业上校。朋友们在花园里看到一个黑影，告诉了学谈，学谈答道：应该是埋葬在附近山丘的一个死人的鬼魂。钟继业说：好吧，如果是鬼魂的话，我们去看看。他边往外走，边拔出了手枪。鬼魂立即翻过围墙跑了。

很高兴收到了我1月份申请的飞机，飞机能勘察市郊，提供服务，哪怕是在快速监视方面让它发挥作用也好。

请您了解一下海盗的放肆行为。

昨天，也就是6月6日，6名海盗袭击了麻斜的一个村庄，掠走了3人。获知消息的Ma-Soui公局长派出几艘帆船追逐海盗的帆船。海盗船穿过麻斜，匪徒躲藏到通往赤坎路上的村子里，这个村子人称“圣林”（Bois Sacré）。整个地区的武装力量立即接到报警。从白雅特城出发的一支巡逻队遇到了Sai-Tia炮台长官派出的巡逻队。

我来到赤坎，已9点左右了，仍然没有获得任何消息。穿过“圣林”村时，我看到路上都是人，一些发狂的民军。我还遇到了载来赤坎公局局兵的汽车。我了解了赤坎的情况，而且在回来时遇到一个被捆起来的海盗，站在路边，是个大块头。

被带走的人已经被送回村子。

这6名海盗有1支毛瑟枪和4支白朗宁自动手枪。毛瑟枪被缴获。

（二十三）广州湾总公使致函法属印度支那联邦总督

档案馆卷宗号：GGI 40512
文件编号：N°58 – C
主题：政治情报
时间：1924年7月5日
档案语言：法语

白雅特城，1924年7月5日

自5月25日邓本殷的下属邓承荪将军占领了雷州城，退居半岛南部的所有海盗团伙又开始行动，四处流窜，烧杀抢掠。

我曾经汇报过，6月7日，海盗在太平代表驻地的村庄掠走了近60人。

当时，被掠走的人通常遭到监禁，贫困的村庄没有能力支付赎金。在志满代表驻地所在的四五个村子都有人被掠走，但因为人数少，得以凑齐赎金支付。

邓承荪推行他的计划，消灭海盗行径，降服海盗团伙。为达到目的，他开始接触海盗团伙头目。就这样，他收编了Tchoa-Hai-Tsin团伙的几百人，把他们派到遂溪。

距离雷州几公里处的Pang-To是个中心地带，那里有五六千人待收编。

邓承荪给他们分配大米，分发钱款。十几天来，他们上交给他1300支毛瑟枪、900支步枪和2000支左轮手枪。有人认为海盗没有这么多武器，当他们接受邓承荪军官检阅时，海盗同伙相互出借武器，因为这6000人没有同时被收编。他们应该组建5个兵团，但此时只组建了一个，这种情况让人猜想，其他人把枪借给了被收编的那些人。太阳底下没有什么新鲜事儿，我们旧制度时期就是如此：如果一名上校可以用军饷接收1000人，实际只收了六七百人，那么对他来说，这必然是有利可图的。当然了，这帮人是干这种事情的高手。

无论如何，人们都幻想着这群强盗穿上制服，变成正规军。就因为袖子上有黄色或蓝色镶边，过去的罪行便一笔勾销。

在这种情形下，租借地的一个老熟人妃三驻扎在半岛岬角赤坎仔，这个地方总监察长也来炮轰过。妃三带着口径37毫米的舰船的大炮，来到距离租借地边界3公里的太平镇，也就是太平代表驻地。他给太平炮台长官写了一封信，连同印有“第4旅第2团上校”的名片一并寄去。信中说，十年来，他都未曾踏上租借地，他希望能见到家人，看看位于太平炮台附近的造甲村并祭祖。我让炮台长官给他回信说，如果他让 Si-Ngou 海盗团伙释放一个月前逮捕的 Peliang 村村民，就允诺让他平安回村。

所以，妃三同样会被邓承荪招募，成为中国正规军，但他知道还有些账需要与租借地清算。

我听说邓承荪已经为各种盗匪团伙花费了8万皮阿斯特。他要把他们派到高州，与孙的军队作战。而这些团伙的总头领黄宗海已在三四个月前被处决，他是个支持孙的狂热派。

信仰没有让这整个世界窒息。

您派给我的飞机几乎每天都沿边界飞越租借地上空，带来不错的影响。

我认为飞越遂溪上空的三架美国飞机被当成法国飞机。遂溪地区的中国士兵出于害怕退到安铺。

说到我们的飞机，当飞行员飞过我们广州湾领地上空的时候，会看到村里的那些人都出来看。而在中国上空飞行时，村子里空荡荡的，没有人露面，海盗们怕自己暴露身份。

总之，自从飞机从上空侦察，一切归于平静。遗憾的是，它将在几天后返回。这也意味着匪徒会重新出来搞破坏，如果是这样，我请求您派另一架飞机来，而且是为期6个月。

首府机场和太平机场正在筹建，飞机能以最好的状态在那里着陆。

我目前的任务是拍摄白雅特城和赤坎。鉴于我们没有土地测量员，这些照片一旦放大到适当尺寸，对翻修赤坎的土地房屋将非常有用。

在高州—罗定— 阳江地区，交战各方已不再宣战。他们已举行过几次谈判，试图拉近孙与陈炯明的关系，但“大元帅”（他是自称的），在第一次记者招待会上就提出了一些条件，最终协议没有达成。

最近，村长作为赋税支付给炮台长官的一叠面值为20皮阿斯特的伪钞引起了我的注意。

经过一段时间的搜寻，终于在对两个赤坎商人进行搜查时，在其中一人家里可移动的方砖下面发现多张20皮阿斯特的伪钞，共1200皮阿斯特。两个雇员被逮捕，遗憾的是，老板提前得到消息逃脱了。

我刚刚获知，一旦海盗被收编，海盗头目就成了新组军团的上校。他们宣布，向高州出发前，应该进攻麻章（距赤坎6公里，位于中国领土）和赤坎。

他们同样想进入雷州城，于是，宣称“我们目前是邓承荪的人，没有什么理由不让我们与其他军队一起进入雷州城”。

但邓承荪不相信他们，拒绝让他们进城并关闭城门。为此，刚被降服的人大怒。我觉得邓承荪与这些新成员没沟通好。他虽然掌有雷州，但实际上他不过是雷州城的守卫者，如果出城，就会冒着被永久撵出城的风险。他没有强大到能足够钳制这些残暴的团伙。

我非常希望他取得成功，还希望他能把这些人带到高州。实际上，这个地方还没有足够远，哪怕比这还近，我都担心他们不愿意挪动地方，愿意继续抢劫，多多少少都会有所收获。但是，我要对付的是邓承荪的正规军而不是海盗。

（二十四）广州湾总公使致函法属印度支那联邦总督

档案馆卷宗号：GGI 40513
文件编号：N°7 – C
时间：1925 年 1 月 30 日
档案语言：法语

白雅特城，1925 年 1 月 30 日

租借地及周边局势稳定。

我们度过了一个与去年一样平静的春节（Tet），没有掠夺和劫持。

指挥陈炯明军队的三个长官中最有影响的林虎与邓本殷（他过去是 Tsang Tak Tcheun 的嫡系，林虎的下属之一）商定在八属建立路网，镇压海盗行径。这个想法可取，但是在实际执行时要明确各自利益所在，因为这帮人做事常半途而废。他们意识到海盗掠夺使他们损失惨重，但修建公路网可以使他们摆脱海盗这一竞争对手。

在前面的报告里，我曾提到这个令人兴奋的计划。邓本殷好像想让公路网环绕租借地，这样有助于租借地的发展。

人们告诉我，一段时间以来，大型商队从广西到赤坎购买各种商品，因为在从事进口贸易的梧州目前海盗横行，无法通行。

而且，这些广西人比较看重我们与香港往来快捷的优点，他们从赤坎订货，在此等待交货，8 天后把货物带走。

毫无疑问，如果照此情形，且由汽车运输，我们的贸易发展会越来越繁荣，这不仅大大增加了赋税收入，而且有利于实现国库的总预算。

人们经常提到，从雷州到安铺的路上，邓承荪强迫那些公路沿途村庄建造防御碉堡，同时，把村子里那些抗拒建造炮台的财主毫不犹豫地关进监狱。

我为此很高兴。因为大约有 2000 名海盗躲避到位于雷州、圣三一堂和 Sing Yut 之间的市场。在那里，他们建造了炮台和战壕，谨慎地驻扎在那里，以至于我们都不敢前往攻击。如果这条道路布满炮台，将成为保护租借地的第一道防线。

邓本殷打算建造一条跨越半岛的雷州公路，直达深受海盗破坏的徐闻县。在那里，利用小艇，可经过海口与海南相连。

在北海的廉州一侧，道路已建好；而北海到安铺的道路正在该地区德国鬼子派来的传

教士的管理下建造。这条路好像由碎石铺就，而且选用的是一级材料。另一个公路网已经从安铺连到遂溪、赤坎，然后连到石城、化州和高州。

租借地东边的吴川、黄坡、梅菉地区在公路建造方面比较落后。但今年我想把坡头公路沿边界扩建6公里，我希望巴尔迪（Baldit）神父在梅菉时，可以带领这个地区的中国人连通我的这条公路。我长时间殚精竭虑，但却没有促成此事的权威。

（二十五）广州湾总公使致函法属印度支那联邦总督

档案馆卷宗号：GGI 40513
文件编号：N°18 - C
主题：政治情况
时间：1925 年 4 月 17 日
档案语言：法语

白雅特城，1925 年 4 月 17 日

尽管唐继尧的军队逼近，但租借地及周边局势同以往一样稳定。

邓本殷在雷州建了一所士官学校，从八属招募学员。投考者每月需缴 6 皮阿斯特学费，学制 6 个月，服装费 35 皮阿斯特。

据说，最先归顺于邓承荪的海盗团伙头目 Tchoa-Hai-Tsin 4 月 3 日本想前往乌石，与驻扎在雷州半岛西部的妃三团伙作战，后者有五六百人。但实际上是为摆脱黄志恒（Wong-Tchi-Foun）的军队，我在最近的一份报告中曾提到，黄志恒负责雷州地区的行政事务。邓承荪 4 月 6 日前往雷州给他让出职位，但他好像不想这么做，甚至据小道消息，他宣布从邓本殷的军队中独立出来，但直到现在，他仍然是邓本殷的左膀右臂。

至于黄志恒，他因受邓本殷的委派参加著名的改组会议，动身去了北京。于是，他在东兴的五六百人群龙无首，为了活命而在雷州街头行乞。邓承荪离开安铺，回到雷州，在那里巩固势力，正如人们经常说的，“有土地就有战争”，也可以说“有城市就有钱财”。在途经雷州时，黄志恒从商人那里获得 4 万皮阿斯特的捐助，这些商人喜欢他而不喜欢邓承荪，急着把钱给他。他携带这些盘缠前往北京，而邓承荪却前来取而代之。

Poo-Lee 号旧船航行于租借地和香港之间。最近一次航行到达硇洲时，由于船只漏水，在岸边搁浅。长久以来，人们议论 Poo-Lee 号总有一天会沉没，船长及时发现后把船靠岸，挽救了全体船员和几乎全部货物。

我是三四天后听到这一消息的，如果 T. S. F 邮局按照预定日期营业，我本来会及时获知这一消息。

安装工富尼耶（FOURNIER）先生最终搭乘最后一班 Song-Bo 到达，然后前往硇洲。

我希望邮局很快营业，我不要像过去那样为了在淡水和白雅特城之间的通信而两头

跑。停靠在淡水的多数是轮船，而从雷州到梅菉或香港的更多的还是帆船，它们走东海和硇洲岛之间的航道。

鉴于硇洲岛局势的发展，T. S. F 邮局非常有用，安装灯塔后就可以第一时间把情报送达给我。

有一个人来自雷州，自称是个裁缝，他乘船从白雅特城到香港。据这个裁缝说，一艘炮艇15日前来搜寻邓承荪，要把他送到海口，他应该在那里与邓本殷商谈；这个裁缝曾见过邓承荪，后者说，Hu-Song-Tchi的一个使节，也就是孙中山的党徒前来劝他离开陈炯明部，以便使广州局势得以改善。但邓承荪害怕是陷阱，便拒绝了，他担心事业会失败，所以不会付出无限的忠心。这个裁缝消息如此灵通，我猜想他应该还从事其他职业。

（二十六）广州湾总公使致函法属印度支那联邦总督

档案馆卷宗号：GGI 40513
文件编号：N°19 – C
主题：政治情况
时间：1925年5月1日
档案语言：法语

白雅特城，1925年5月1日

租借地的局势绝对安定。

在雷州，邓承荪将军仍然是雷州城的主人，尽管邓本殷任命了黄志恒为重组办主任。黄志恒同时被邓本殷任命为他的代表必须前往北京，参加由临时总统段祺瑞①（Toan-Tsi-Joui）组织的重组会议。黄志恒的手下有几百人，是一些芒街人，他们衣衫褴褛、贫困潦倒、装备很差，在长官赴京期间前来接管雷州城。但邓承荪摆脱了困境，保卫了城市。

消息称邓承荪目前正与妃三团伙斗争，妃三想归顺他，但他拒绝了，因为他太了解同这个老奸巨猾的海盗打交道不会有利益可言，特别是他曾长期监禁妃三的叔叔四公。所以，目前他应该寻求削减妃三团伙的势力。

此时此刻，邓承荪力图组建大公司，购买机器，采伐覆盖徐闻县山区的广袤森林，这样一来，半岛的森林作为海盗长久以来赖以藏身的庇护之所就有可能遭到砍伐。

在接近梅菉的租借地的另一边，陈炯明部的将军陈章甫（Tsang-Tcheuong-Po）长期以来驻扎在阳江地区，他归Sou-Ting-Yao领导。Sou-Ting-Yao是邓本殷手下的一个将军，作为陈章甫的朋友，他会让陈章甫按兵不动。

但在与吕春荣的兄弟（邓本殷统领高州的另一位将军）争吵后，陈章甫利用3个营的

① 1924年11月24日至1926年4月20日，段祺瑞作为国务院总理摄行大总统职。——译者注

兵力以迅雷不及掩耳之势占领了电白港。在让邓承荪介入前，吕春荣不想武力抵抗。但众多的梅菉家庭由于害怕邻近地区的战争，而到租借地避难。

据悉，由于我的介入，雷州公路终于竣工了，中国岸的登船口用碎石铺就。租借地商会长陈斯静是邓承荪将军的同乡，他们的祖籍是潮州，我设法通过他接近邓承荪将军，前去雷州拜访他。

拜访定在4月20日周一，陪同我前往的有我的翻译、印度支那银行白雅特分行经理比戈奈提（Bignotti）先生和他的买办齐默尔曼神父，后者在半路上与我们会合，一同前往，因为他是雷州城的传教士。同去的还有两个镇守铺仔（Potsi）和太平的警卫，他们老早就跟我说想看看这座城市。

我们中午出发，随身携带两个箱子，行了60公里后于下午两点到达雷州。其间在租借地走了42公里，其余是在租借地外的中国领土。

在中国海岸有3辆汽车等着我们，我们坐两辆车，另外一辆坐着十几名持有毛瑟枪的护卫士兵。

邓承荪一年前经过白雅特城时曾来拜访过我，他身材高大修长，穿着天蓝色法兰绒服装，短上衣上镶有肋状盘花纽。他外形俊朗，精明强干，举止不凡，言语温和。他吸食鸦片，我们到上午11点才见到他。

在喝了香槟酒后，尽管我提前表示不需要吃饭，但他还是在下午3点半为我们准备了非常精美的中国餐。将军让人为我们准备了一座房子过夜，但我再三婉拒，餐后，他带我们散步，一直走到人工池塘，池塘人称西湖。

他以猎人的步伐行进，不露半点声色，我只有迈开大步才能跟上他；三个全副武装的卫兵驱散路上的行人，十几名武装士兵断后。

直到下午五点半我们才乘坐两辆汽车离开，每辆车上都有6个护送的士兵，晚上才到达租借地边界。

我和邓承荪之间的交流是非常礼貌的，我们都为我们双方的做法感到满意。

事实上，多亏他开辟了一些道路，那些不停勒索中国村庄和租借地村庄的海盗团伙不是被降服，就是被消灭。

其实，邓承荪甚至考虑做得更好，他计划把部分道路铺上碎石，因为他向我打听是否有轻便狭轨铁路材料出卖以及新材料的价格，最后他订购了一台蒸汽压路机，即刻向比戈奈提先生的买办付款。

可以看出，邓承荪与齐默尔曼神父的关系不是很融洽，因为神父借故悄悄溜走，而没有参加宴会。

但是，据消息灵通的人士称，与人们相传的相反，通过德造“Asia”号轮船运送，邓承荪的武器运达得不算太晚。他已经通过炮艇转运了2000支步枪，炮艇在大海上装载货物，价格是50到60万皮阿斯特。其余300万皮阿斯特的货物是留给Tchang-Tso-Lin的。

雷州坐落在植被稀疏、坟地随处可见的山岗之中。人们只能隐约看到远处的城市建造的两座幸福塔，我们不知不觉来到郊区大门前。随后，我们沿着一条长而窄的街道往前走，穿过有守卫的城堡大门，继续沿着城区窄窄的街道前行。有一处勉强能够停车的地方，但那里不停地有猪、狗、人逗留，在拐角处，汽车为了转弯几乎快开进了商店里。我们穿过门槛、排水沟，一路颠簸、不停鸣笛后，汽车平安地停在将军衙门前。

在每个十字路口，都有4家街角店，店里都设有赌博室。

据消息称，雷州城每个月为邓承荪带来如下收益：

盐约20000皮阿斯特

赌博约10000皮阿斯特

捕鱼及鲨鱼鱼翅4000皮阿斯特

八属每月赚160万皮阿斯特，各种税收、鸦片、盐、赌博、各种地租都包含在内，那么每年就是约2000万皮阿斯特。

其中，北海超过20万皮阿斯特，海南超过40万皮阿斯特，高州是20万皮阿斯特（非全部）。这都不包含鸦片。

1924年10月的台风毁坏了租借地及周边大部分稻田。更有甚者，冬天格外干燥，使得甘薯绝收，粮食短缺。一个月以来，我们都是从香港进口大米。赤坎商会向灾民出售特价大米，但是财力逐渐不支，很快枯竭。在遂溪和雷州之间的赤坎北部地区，这个被人们称作"Sai-Hong"的地方，人们以草根、树皮充饥。

自1925年4月1日以来，租借地从香港进口了21235袋大米（每袋约100公斤）。

签名：凯内尔

（二十七）广州湾总公使致函法属印度支那联邦总督

档案馆卷宗号：GGI 40513

文件编号：N°59－C

主题：政治情况

时间：1925年9月5日

档案语言：法语

白雅特城，1925年9月5日

在9月1日编号为41－G. G. 和58－C的电报中，我向您介绍了8月26日晚邓承荪在海口被刺杀的情况。

邓承荪全力对抗黄志恒及其部署，这是不争的事实。邓承荪对某些人很随和，但这次似乎要严厉打击对手。邓承荪从三个方面指责黄志恒。

第一，在黄志恒作为邓本殷的代表被委派到北京参加重组会议的时候，邓本殷给了他2万皮阿斯特作为活动费用。但在回来时，黄志恒在海口又要了2万皮阿斯特。

邓承荪为此发电报严厉批评他。

第二，在黄志恒派几百人接管雷州城时，邓承荪没有让他们进城，最后把他们打发走了。但为了补偿其开支，他给了黄志恒一笔巨款。在北海，黄志恒又一次向财务代表要费用。消息来源是邓承荪最近的一份电报。

第三，邓承荪以邓本殷的名义保证广州和香港事件不会在八属产生后续影响。然而，黄志恒却听凭学生在北海闹事，法国领事先生 8 月 10 日的报告可佐证此事。这又招致邓承荪的指责。

此外，邓承荪还毫不隐讳地反复说邓本殷的存在已显得毫无价值。事实上确是如此，邓本殷很满意这种现状，他希望息事宁人，彼此相安无事，不要有什么事发生。不幸的是，围在他周边的众多人等彼此倾轧，他们的籍贯问题使得斗争更为尖锐。邓本殷和黄志恒一派来自钦州（东兴地区），而邓承荪来自潮州。邓承荪抵挡不住战争，就直接把他的家人及支持者送到白雅特城避难，他们 9 月 3 日早上从“河内”出发回到潮州。

邓承荪获批了 140 张通行证。

邓承荪的参谋长留在雷州，与七八百人共同保证雷州城的安全。但这是个懒散的年轻人，我觉得他无法应付这个局面。

最终，邓承荪都将让位于邓本殷派来的人。

但问题是要知道谁将占领雷州城，是黄志恒吗？雷州城是否会受到正向雷州方向移动的团伙的攻击？

这些将给租借地带来怎样的影响呢？我们不能否认邓承荪就像他之前承诺的那样，认真承担了镇压海盗的责任，他确实消灭了一些小股海盗团伙，正是因为他采取的一些措施，例如给我们管辖的村庄配备武器，一年来，租借地才享受着安宁，这是租借地的炮台长官长久以来不曾看到的景象。

无论谁占领雷州城，目标都是一致的。我希望他是为了租借地，因为自从海盗知道这次的合作未能取得成功（他们是第一个知道的），他们心里清楚得很，在租借地附近的坡头地区烧杀抢掠，用不着担心我们会进行干预。但就像坡头的炮台长官对我讲的，如果海盗摧毁黄坡和租借地之间的所有中国村庄后，会在不到 3 个月的时间内再次进攻我们的村庄。

我在给您的上一份报告中提到了 Lam-Ok 村有可能受到攻击。这个村子住着 1200 人到 1500 人，距离边界 2 公里，修建了 3 座炮台，配备了 30 来支步枪。到目前为止，在我们的干预下，Lam-Ok 村未曾受到骚扰。

这次，海盗实施抢劫后撤退了。经过两天的战斗，他们拿下了一座炮台，烧毁了 50 座房屋，杀害了 100 人，掠走了牲畜，杀死了所有的猪，掠走多人以索要赎金。

炮台长官留在边界，关注事态的发展。

黄坡的正规军到来时，海盗把之前俘虏的 15 人带回 Lam-Ok 村处决。

民军队长找到我，告诉我他已没有弹药了。我告诉他我帮不了他什么，因为一座炮台被占领，防守者也没有子弹。

而与此相反的是，我们看到海盗弹药充足，他们用 15 发子弹又枪杀了 15 个不幸的人，而一发子弹价值 1.5 皮阿斯特。

尽管走私有风险，但是走私子弹还是很有吸引力的。

关于这个问题，我在 8 月 10 日给驻北海法国领事先生的报告中反驳了 Wong-Tsou-In 代表的做法，后者请求领事先生由租借地政府部门向邓承荪提供 3000 件武器。这个消息来自“Asia”号德俄造轮船，该船为 Tchang-Tso-Lin 运送所有装备，向海口地区交付武器和弹药。共有约2000把带瞄准器的步枪，一半给邓承荪，一半给海南长官冯铭锴。对此，Wong-Tsou-In代表应该比我更了解情况。

然而，就像人们传说的，这一消息很可能起源于租借地，我有理由相信是学谈传出去的，由于他对邓承荪怀有仇恨，他根本不关心其行为会带来怎样的影响。不需要说，他对其敌人的死亡会是怎样的高兴。但对这一点，我必须多加注意。在6月24日Sing-Hao的第一次行动后，妃三团伙这些天不见了。后来，慢慢地，我从5个不同消息来源获悉该团伙在学谈控制下的麻章寻求避难，就连被逮捕的妃三的妻子也被释放了，前提是她必须承诺妃三团伙不会袭击任何村庄。

当我问学谈这些事情究竟是什么意思时，他竭力否认，但是他为此事恼恨担任翻译的Lo-Pao，然而更恨我。不久后，我却获悉妃三甚至在紧邻赤坎的租借地的村子里避难，学谈决定告诉我这些。但我后来才知道为什么。由于妃三之前遗留了几箱子弹在村里，他指责是村子里的头目将其据为己有，后者立即寻求学谈的保护。

学谈明白这个消息有被传播的风险，于是他告诉了我。

但是在同一次谈话中，他否认曾为妃三提供帮助，他补充说：现在我什么都不能说，但是，总公使等待了近2个月的时间，他在静观其变。邓承荪是否向北海进军？邓承荪是否被谋杀？我不知道，但人们会看到整个中国事件的内情。

雷州在Song-Tak-Kouan的控制下，他装备了400支毛瑟枪和800支步枪。邓承荪的参谋长Wong-Lai-Tsun 9月2日夜间离开雷州城，带着上千名正规军经过石城前往广西，投奔该地区的军事长官黄绍竑和李宗仁，他们最近刚打败了唐继尧的军队。

作为邓承荪的敌人，黄志恒（此人就是驻北海领事馆报告中提到的Hoang-Che-Hoan）希望占据雷州，但他得不到邓本殷的信任，占据雷州城的有可能是外号为“海南屠夫”的陈凤起。

对于广州的形势我就不详述了，除了我，您肯定有其他情报渠道。但事态急速发展，许多军事首脑被逮捕。俄国人控制了所有地方，带领军队控制局势发展。共产党人最近实施了威胁，占领了广东南路，并从Koomoon派军队进驻八属东界的阳江。

形势就是这样。

几天前，最近加入布尔什维克的Pou将军带领2000人在吕春荣处捉拿了罗定。向南是Sou-Ting-Yao将军的阳江防线，一直以来，将军高深莫测，而且他还是Pou将军的朋友，他仅有2000人，无力抵抗，如果我们让他留在此地的话，他会转向共产主义。

信宜地区（高州、化州直到海上的电白）由吕春荣控制。他仅有3000人以及8门德国造大炮，炮弹很少。在这3000人中，钟继业（Tcheou-Kouei-Sam）将军指挥1500个湖南籍精兵，其中1200人驻守Mao-Pak，300人驻守梅菉。

雷州及遂溪和安铺由邓承荪带领9000人驻守。自他死后，他的军队涣散，四处抢劫，变卖武器。

在北海这里没有驻守军队。

至于海南，邓本殷让人把军队悉数撤出。

如果俄国人在广州能够招募到8000人，同时只派其中一部分人给中国共产党军队，那么邓本殷军队的任何一个长官都坚持不下去，共产党的长官和军队将在很短的时间内占领八属。

如果说这不是对租借地的攻击和掠夺，那就是悬在头顶的威胁。很可能是俄罗斯人支付这些海盗团伙钱财，让他们去抢劫和袭击，他们至少是冲突不断的起因。也可能是蓝带兵，他们被收买后会引起一系列糟糕的事端，例如反抗、逃跑，甚至释放400多名苦役犯。可能在整个地区展开抵制行动，不允许用轮船装载猪肉、牲畜和家禽运往香港。

以这种方式可以一石击二鸟。因为香港罢工一开始，轮船就不能执行共产党委员会的命令装载生活用品运往香港，我在赤坎的两个办事员是该委员会成员。在委员会秘书长先生来时，我把这一情况告诉了他。香港的英国政府甚至指责我妨碍了香港的补给。但是，我可以装载一些动物，同时，向法国领事寻求保护并为卸货提供方便。从这时开始，整个贸易恢复了，每条船装载上百头猪、上百篓家禽以及80到110头黄牛或水牛。

因而，抵制租借地的轮船，是继续让香港挨饿的战术，这损害了我们的贸易，为我们制造了困难。

由于邓本殷的炮艇要么沉海，要么被抢，他只好困在他的岛上，布尔什维克将成为整个广东的主人。如果他们不妨碍邓本殷，他们会对租借地造成影响，增加对香港的抵制，同时，他们会与越共成员一道，参与在印度支那半岛的侵犯和谋杀活动。

因而，未来是非常危险的，当然，广州的俄国人已经决定为达到目的，占领广州的各个炮台，他们调来8000人的军队，这只是开始。

生活在广州的德国人大部分都在特别保护下，他们受到惊吓，已经有一部分人前往香港避难。

在所有这些酝酿的事件中，租借地有可能不会发挥重要作用。

Tchao-Ting-Mai以前是北京的参议员，现在是财主，居住在高州，是邓本殷的参事。在上海事件期间，邓本殷让他向北京发去一份电报，询问租借地的归还事宜。电报随后被揭穿，我的想法正如罗马元老院议员老加图认为迦太基必须毁灭的想法一样。我已经动身去北京，请求政府接受租借地归还的提议。

签名：凯内尔

十、关于雷州商人志愿队武器配备的请求

编者按： 本部分文献来自法国海外国家档案馆卷宗 GGI 33710，包含雷州地方当局各方、雷州地方当局与广州湾当局、法属印度支那联邦总督与法国殖民地部长之间就雷州商人志愿队武器配备问题的通信。雷州商人成立商人志愿队自卫，希望法属印度支那联邦总督向他们转让武器，这一请求得到了海康县县长符梦松和八属联军最高指挥官邓本殷的支持，并由邓本殷向广州湾总公使凯内尔正式提出，法属印度支那联邦总督穆吉尔也认可这一请求，在他写给法国殖民地部长的信中，希望提请北京公使团审议。

（一）海康县县长致函八属联军最高指挥官邓本殷将军

档案馆卷宗号：GGI 33710
时间：1925 年 6 月 5 日
档案语言：法语

雷州，1925 年 6 月 5 日

我很荣幸向您汇报，目前雷州市及其市郊不断扩展，沿街住宅编号已经超过了 20 号乙。这座城市拥有六七万人口，通常以经商为生，而且是外出经商。

由于近来半岛上发生海盗劫掠，居民受到打击，产生了一定的恐慌。即便是联合起来的民军，为了防止遭到攻击，也退到最为偏远的农村。

雷州的商界代表 Hong-Tchek-San、Lam-Yok-Tchi 和 Ly-Sy-Lam 这三位先生经过与市郊村庄的协商，为雷州城成立了一支“商界”志愿队。然而，这支队伍十分缺乏武器，也很难获得武器。

这些商人多次请我向您表达他们的愿望，他们希望法国驻扎官（Monsieur le Résident française）① 先生能转让 1000 支勒贝尔 1907—1915 步枪（每把枪配 500 发子弹）给他们，用来武装他们的志愿队。

鉴于共同的利益和雷州市与法国租借地广州湾之间越来越紧密的联系，我觉得这些商人出于简单而纯粹的自卫目的而发出的请求，关系到很严肃也很合乎逻辑的安全问题。

我相信法国当局会十分乐意履行这份对等的团结的职责。

在向您提交这份请求的同时，最高指挥官先生，如果您能为了维护商人安全而给法国驻扎官先生发一封公函，促成转让武器事宜，我将感激不尽。

签名：符梦松

① 指法国驻扎官。——译者注

（二）八属联军最高指挥官邓本殷致函广州湾总公使凯内尔

档案馆卷宗号：GGI 33710
时间：1925 年 6 月 8 日
档案语言：法语

海口，1925 年 6 月 8 日

总公使先生：

我非常荣幸地向您转达我近来收到的一份申诉的原件，来自海康县县长符梦松先生，原文如下：

“目前雷州市及其市郊不断扩展，沿街住宅编号已经超过了 20 号乙。这座城市拥有六七万人口，通常以经商为生，而且是外出经商。

由于近来半岛上发生海盗劫掠，居民受到打击，产生了一定的恐慌。即便是联合起来的民军，为了防止遭到攻击，也退到最为偏远的农村。

雷州的商界代表 Hong-Tchek-San、Lam-Yok-Tchi 和 Ly-Sy-Lam 这三位先生经过与市郊村庄的协商，为雷州城成立了一支‘商界’志愿队。然而，这支队伍十分缺乏武器，也很难获得武器。

这些商人多次请我向您表达他们的愿望，他们希望法国驻扎官（Monsieur le Résident française）先生能转让 1000 支勒贝尔 1907 – 1915 步枪（每把枪配 500 发子弹）给他们，用来武装他们的志愿队。

鉴于共同的利益和雷州市与法国租借地广州湾之间越来越紧密的联系，我觉得这些商人出于简单而纯粹的自卫目的而发出的请求，关系到很严肃也很合乎逻辑的安全问题。

我相信法国当局会十分乐意履行这份对等的团结的职责。

在向您提交这份请求的同时，最高指挥官先生，如果您能为了维护商人安全而给法国驻扎官先生发一封公函，促成转让武器事宜，我将感激不尽。”

总公使先生，鉴于海康县县长上述申诉的真实性，还有雷州和广州湾租借地间的紧密联系，我认为您有必要准许这次武器转让。这批武器能装备那些自卫起来反对海盗的商人志愿队。

我希望能得到您的答复，这将巩固我们的友谊。

签名：邓本殷
1925 年 6 月 10 日翻译
通事：PAO

（三）法国三等荣誉勋位获得者[①]致函殖民地部长（政治部—第三办公室）

档案馆卷宗号：GGI 33710
文件编号：N°1187
主题：雷州志愿队武器配备问题
时间：1925 年 6 月 26 日
档案语言：法语

河内，1925 年 6 月 26 日

距离广州湾边界不远的中国城市雷州，其商人近来组织了一支志愿队，目的是防御侵扰广东南部的海盗团伙。

邓本殷将军没有能力为这支乡勇提供武器，于是他恳请广州湾总公使批准这支志愿队向法属印度支那联邦政府购买 1000 支 1907 – 1915 型步枪，并配 50 万发子弹。

凯内尔先生在 1925 年 6 月 13 日 25/C 号信函中向我转达了八属联军总指挥的请求，并予以支持。我为您附上这封信的复印件。

在我个人看来，允许这次武器供应，并支持中国当局在广州湾边界地带镇压海盗，符合我们的利益。

1919 年 11 月 8 日颁布的法令明令禁止军火武器及军需品流出殖民地运往中国，但如果您觉得此请求恰当合理，我请求您提请北京公使团审议。

签名：穆吉约

① 指法国驻扎官，即法属印度支那联邦总督。——译者注

十一、中法围绕雷州克复的档案

编者按：本部分共有16份文献，摘自法国海外国家档案馆卷宗GGI 40516和GGI 40519，主要是围绕雷州克复的中方和法方档案，里面含有广州湾总公使发给法属印度支那联邦总督的信函和电报，法方的情报简报，国民革命军给南路农民、人民、商民的告示，国民革命军第四军政治部、雷州青年同志社等围绕1926年元旦祝捷大会的告示等。

（一）广州湾总公使致电法属印度支那联邦总督

档案馆卷宗号：GGI 40516
文件编号：N°99 - C
时间：1925年12月31日
档案语言：法语

白雅特城，1925年12月31日

自从广州政府军占领雷州以来，雷州的秩序井然有序。不过，有士兵入侵天主教传教会，有传教士失踪，许多传单和小册子到处散发。被广州政府招募但被拒绝进城的妃三抢占了几所郊区的房子，拉拢了400人的团伙，带了200支Sinto步枪，其驻地与租借地南部有一些距离，那里已经采取了各种预防措施。

由于广州政府垄断了汽油，西部梅菉每进口一箱汽油收取500皮阿斯特。

（二）管理广州湾的高级驻扎官①致函法属印度支那联邦总督

档案馆卷宗号：GGI 40519
文件性质：机密
文件编号：N°2C
时间：1926年1月4日
档案语言：法语

---

① Blanchard de La Brosse曾在1922年3月至12月担任广州湾总公使，那时他的行政等级是一等行政官（Administrateur de 1er classe），而他在1925年12月到1926年12月再次担任广州湾总公使期间，成功向法属印度支那联邦总督争取，将“总公使”职衔升级为“管理广州湾的高级驻扎官”（Résident supérieur chargé de l'administration du Territoire de Kuang Chou Wan）。——译者注

白雅特城，1926年1月4日

继2月2日给您发了编号为No.1的电报后，我很荣幸地把30年来一直住在该地的齐默尔曼神父的来信复印件呈交给您，这封信谈到了1926年1月1日雷州庆典时进行的示威演习。

通常情况下，我对传教士提供的情报采取审慎态度。由于他们极为专注于福音传教事业的成功与否，对其周围发生的事情的判断会屈从于事件对传道的影响，从而不会对总体局势产生公正的看法。不过，在广州湾租借地周围流传的小册子上，我所能收集到的文献资料部分地证明了雷州基督教徒负责人的判断。

事实上，我们不可能不因某些资料的攻击性言论而震惊。只要涉及欧洲，或者被认为欧洲的一切都会遭受仇恨，但仇恨只涉及被称为帝国主义、外国鬼子的英国人、法国人、美国人、日本人；民众应该起来协助军队推翻他们（国民革命军给南部地区农民的第2号通知）；所有与他们密切接触的人都应该被肃清，包括买办、叛徒、传教士、中国的基督教徒，所有这些欧洲人的奴隶（国民革命军第四军政治部第3号通知）。这些怨恨的原因或多或少暴露出来，在各种小册子中都提到，英国人支持陈炯明，法国人，特别是他们的代理人支持中国人学谈（赤坎公局长）；邓本殷这个人没什么名气，需要特别指出，美国人与他在海南岛问题上有着不正当的交易（第12师政治处的第4号通知）。大量的宣传面向各个阶层，针对不同阶层采取灵活手段，以情动人。

他们让商人感到由于不平等条约，中国贸易和本地工业失去了什么，同时，他们让商人提防帝国主义的指控，指责革命政府具有共产主义色彩；这个政府，他们保证它有自己的学说，所有商人为了自己的利益起而帮助政府斗争（政治部给商人的第5号通知）。农民长期以来遭受来自官员、劣绅和有产者的暴力和讹诈，我们劝他们组织农会，为革命政府提供帮助（第四军政治部的第6和第7号通知，第12师的通知）。对于虚弱的革命者，发出新的呼吁，呼吁他们到雷州重建的国民党办公室登记（第8号通知）。“对于学生，革命军的到来会帮助他们发展教育（第9号通知），邀请他们参加新政体的庆祝”（第10号通知）。一同被邀请的还有商人、工人和农民（第11号通知）。纪念活动的节目单由雷州元旦胜利节日委员会的通报提供给我们（第12号通知）：组织了游行队伍，将带有题字的灯笼提到街上或悬挂在屋前。最先建议的题字是：与广州湾断绝一切关系。在Ly-Tsai-Sam将军及其俄国参事煽动性的演讲后，这行题字引起黎民百姓以及士兵关于由广州湾红色力量发动攻击的议论（这些是齐默尔曼神父的描述）。白雅特城本堂神父塞拉尔（R. P. Cellard）向我保证，这些议论在距离首府9公里的一个基督教徒村庄获得响应。今天下午，我跑遍该地区，直到边界，这里的一切都很平静，人们没有任何恐慌。雷州红色军队忠诚于党摧毁海盗团伙的纲领，他们在距离Yosoui边界湖3公里的地方把海盗头领妃三包围在Sinto的当铺（Mont-de-piété）里。其实前一天，已经给他送上海盗团伙所需的费用和一些衣物以防引起他们的猜疑，这是这帮人善用的方法。在我写下这些文字的时候，太平炮台长官的电报宣布，妃三将被处死，他的第三个妻子将被投入监狱。假如这个消息属实，革命党将在雷州获得一定的威望。

革命军近年来生猛地打击长久以来肆虐当地的海盗团伙，他们又纪律严明，不拿群众一针一线（le soin avec lequel ells payent toutes choses），给城乡百姓留下了深刻印象。如果坚持这种态度和行动准则，毫无疑问，广州政府会在整个地区得到承认。它的政策既严明又谨慎。它的社会改革以精巧的方式进行，这在第13号通知中可看出（宣传格言），并且用符合所有人心愿的诺言表达出来（出处同上）。但是组建农会的第14号小册子改变了这一切，它把很多阶层排除在外，认为这些组合不能被当作抵御海盗的组合。

俄国领导人也怕惊吓到中国民众，非常谨慎。在鲍罗廷的演讲（第15号通知）中，驻广州的莫斯科代表不想把共产主义引入中国。要保证胜利，中国人都聚集在孙逸仙的三民主义下进行革命就行了。这里应该解释一下三民主义是什么了，这个术语在这封信函附带的小册子中经常被提到。三民主义不是把财产充公，它尊重所有权，但按照孙逸仙制定的新方式对财产进行再分配：收入被划分为十份，三份归所有者，三份归佃户，三份上交国家，剩下的一份作为募集者或管理者的薪水。这种收入的再分配使财产所有者都感到满意。但也有人怀疑，我们看到大量散发的小册子对三民主义的行为方式只字不提，顶多承认党的学说不是共产主义，党有自己的学说。

不管怎么说，革命党是中国南方目前出现的唯一有着统一行动、方式、学说以及强有力的组织和宣传方法的政党。可能许多将军很不情愿地屈从于严格的纪律要求，但他们受到严密的监视，每个参谋部旁边都设有政治部，直接与广州通信，在团级下至营级都设有政治部主任。哪怕是一丝失言都会被报告给广州，中央政府都会要求做出解释，并进行严厉的惩罚。

俄国顾问或监督员通常感到遗憾，但又听之任之。他们肯定对此有影响，根据齐默尔曼神父所描述的雷州事件以及石城的一个人的口头报告（他曾通过一个美国神父向我报告：广州湾就像广东侧腹的疖疮）来判断，他们对法国也肯定怀有仇恨。

除了俄国人的影响，反抗所有外国人的总体意识鼓舞着革命党。我们在广州湾的出现、我们政治上任何轻率行为都会使我们看起来就像是邓本殷或者陈炯明的拥护者，这些都会成为遭受抨击的理由。但由于我们坚决采纳矫正的和中立的政策，我们也要求广州政府改变态度。应该通过我们驻广州领事对当地政府采取坚决行动，当地政府应该知道，对我们合法权利的所有损坏都将成为我们立即采取报复行动的理由。广州、雷州、北海都是我们安全有效地实施海上行动的地方。最终，当地政府同意通过中间人散发中文小册子进行反宣传，我相信这一点，这些小册子被巧妙拟制，由中间人散播，不让人看出出自我们自己之手。雷州南部邓本殷的士兵拒绝屈从于广州军，谴责后者被俄国人收买。那里出现了这样一种景象：无论这些帝国主义在哪里，人们都会向中国人揭露他们。那么，法国人在广州湾的工作就是保证广东一部分地区的贸易吗？就是给广西全部贸易提供便利吗？就是一视同仁地给中国人在任何别的地方找不到的自由吗？当然不是这样。那么，这是一个什么样的外国呢？如果不是俄国通过它的代理人鲍罗廷、它的军官和政治顾问实际上掌管了广东的军政大权，那么又是哪个外国目前通过一个对中国国土都陌生的中国人蒋介石（Tchang-Kai-Sek）将军作为居间人对广州发号施令呢？

在与我们感情深厚的当地绅士商谈后，我相信这样的宣传不会不起作用。

最后，我补充一句：无论付出多大代价，这个时候我们都不应该撤离广州湾。在当前局势下放弃广州湾，法国和印度支那半岛有太多的人不了解这意味着什么，然而正如杜美（Doumer）、博（Beau）、克洛布克茨基（Klobukowski）这些先生以及我们的邻居香港和广州革命党的俄国顾问正确地认识到的那样，这将成为我们在远东势力衰败的最初迹象。

不瞒您说，我不惧怕针对租借地的攻击，但是，我们的民族没有好胜而狂热的士兵，自然会成为暴力的牺牲品。当前事件的教训是：西方的团结一致如果不合时宜地被《凡尔赛条约》（该条约应中国的要求放弃俄国、德国、奥地利在中国的治外法权）打破，但不应该以侵略为目的，而是应该以维护其合法权利为目的，重建西方的团结。

签名：布朗夏尔·德拉布罗斯

（三）广州湾总公使致电法属印度支那联邦总督

档案馆卷宗号：GGI 40516
文件编号：N°2 – G. G.
文件类型：复印件
时间：1926 年 1 月 4 日
档案语言：法语

白雅特城，1926 年 1 月 4 日

广州军队展开三轮进攻。随后，妃三团伙想借着夜色逃跑，妃三及其 40 个党徒被杀，50 人被俘，他的第三个妻子在雷州被枪决。

（四）齐默尔曼神父信件摘录

档案馆卷宗号：GGI 40519
文件编号：N°1
时间：未注明
档案语言：法语

今天，李济深（Ly-Tchi-Tchim）发布命令，隆重庆祝新年。城市自清晨开始喧闹起来，分散在全城各个炮台的数以千计的士兵燃放了烟花爆竹，这些炮台被叶状花饰和人造花朵装饰一新。中午，燃放了新一轮烟花爆竹，晚上，组织了两支仪仗队。

第一支仪仗队由 1200 名到 1500 名持枪士兵组成，步枪上着刺刀，刺刀上挂着一面小旗，小旗子的两面都写着中文，用于说明这次表演的意义，所有人都能看到。

这支仪仗队从贡院（grandmandarinat）出发，这里过去是举行乡试的地方。

在这里，建了一个主席台，李济深和俄国人先后向士兵及聚集到这儿的人群讲话。这两位先生滔滔不绝地讲着他们所能想象到的对外国人以及对想要把国家卖给英国和法国的陈炯明和邓本殷的仇恨。

他们尤其强调这十年来海盗带给雷州这个贫穷地区的所有灾难；声称海盗蹂躏这个半岛是因为法国或更确切地说是因为法国政府部门把成千上万的步枪卖给海盗，这些海盗在这个地区从北到南烧杀抢掠，之后，他们被该地区的乡勇袭击、追杀，他们依靠中国走狗陈学谈骗过法国政府部门，而在法国租借地武装自救。

基于这些原因，绝对应该把这些可恶的法国人从这个地区赶走，收回这个99年租期的租借地。在这个目的达到之前，李济深号召人们停止所有与法国租借地的贸易往来，最终断绝所有联系。绝对禁止任何贸易往来中的任何违法行为，对违者实施监禁和没收货物的处罚。

挂在步枪刺刀上的1500面小旗子上所写的文字明确指出了补救办法，以结束雷州这一贫穷地区的苦难，同时，对所有这些不幸的制造者进行了抨击。

有一个文人，他听过俄国人及其追随者，一个本名叫李济深的人的所有演讲。这名基督教教理问答教师在听到所有针对法国和白雅特城政府部门的诽谤和恫吓时，感到非常恐惧。在向我叙述所有这一切的时候，他仍然非常激动。

为什么仪仗队只有1500名左右的士兵呢？这是因为大清早有一两千名士兵列队出发对抗八九百名士兵，他们由邓本殷的一位本名为Tong-Sik-Kouang的少将统领。这些士兵在南部的Eou-Tso-Kang港口没有找到帆船登船，这是因为海盗首领Tchoa-Hai-Tchin曾归顺于邓本殷，如今加入了红色事业，所以阻止他们登船，并且抢劫了Eou-Tso-Kang港口的所有帆船。

本名为Tong-Sik-Kouang的军队指挥官看到事业败落，也想投靠红色事业，但遭到了士兵的拒绝，并因此被杀。红方派出3名代表，想引领这些士兵投身于他们的事业。但这些士兵拒绝了，甚至在杀死这3名代表后，回复红方领导人称，他们准备誓死捍卫，而不会与红方共事，不会把灵魂出卖给俄国恶魔。如果特遣队没有回来，他们将针对谁作战呢？可能会针对海南作战吧。

然而，在新年的第一天，尤其是在游行期间，我的很多基督教徒听到许多士兵窃窃私语，说他们首先要进攻白雅特城。我有保留地向您汇报这一消息，因为连我自己都不敢相信，然而，这确实是某些小册子的意思。

今晚八九点钟，在密集的烟花爆竹中又一轮游行开始了，游行的士兵们唱着反对外国魔鬼的歌曲，这是他们常唱的歌。

随信寄去12份小册子，其中几份样式相同，请您分发给相关部门。

作为副本

（五）情报简报（1926年3月1日至15日）

档案馆卷宗号：GGI 40516
文件性质：机密
文件编号：N°1H－C
时间：1926年3月1日至15日
档案语言：法语

A 常规情报

2月初，广州国民政府在雷州设立宣传处，设在Pang-Hing宝塔前面的名为Tchiou-Kai-Koun的地方。

宣传处由居住在广州的雷州大学生组成，这些学生要利用寒假为国民党提供帮助。带头的是他们自己根据大多数人的意见推举出来的主任。

这个委员会的宗旨是向人们宣传三民主义，促进二级办事处在半岛不同县建立。

宣传是用口头和隐蔽的方式进行的。

口头宣传在市场、市中心和村庄大声进行。

隐蔽宣传通过唱戏进行。

指挥海南师（第1团）的吕春荣将军已经结束军事生涯，根据指挥海口第4军的Ly-Tsai-Sam将军的命令，吕春荣把军队的指挥权交给副官Yip-Tai-Sam。

吕春荣同参谋长Tsang-Hao-San、他们的妻子及随从在海口上船，于3月1日到达白雅特城。

据他说，李济深将前往广州，处理改组问题。

他指出，目前国民党的军队将取消旅的编制，由1500人组成的团替代，级别高于过去的旅。

吕春荣以前依靠的广西都督徒劳地向广州国民政府提出抗议，反对解散他的师。

李济深将军应该是2月8日去了广州，以阻碍蒋介石来海口。蒋介石曾通知吕春荣将军，他将亲自前往海口寻求稳定军事形势的办法。

在海南岛大约有200名罢工者，其中在海口有20名左右。他们要求为所有想离开海口的人签发带有当事人照片和商行印章的通行证。

如果当事人到香港去，通行证有效期只有两周。超过这个期限，违约人或其担保人会受到没收或扣押财产的处罚。

这些罢工者会没收指定给李济深军团的汽油箱；尽管李济深找他们要回，但他们不想归还，他们声称只服从来自广州的命令。

李济深将军最近要离开海口，前往广州，是为了（广州国民政府的——译者注）组织问题以及派军攻打湖南的事情。

广西的李宗仁将军在犹豫是否允许这些军队从他的地盘经过，这会为近日召开的梧州会议提供理由。

在这个会议上，广西当局已经向汪精卫主席承诺干预李济深，以使西江的部分收入归于广州国民政府。

主席尽力在两广军事首脑之间调和。

调解后，李济深离开海南，前往广州，把指挥权移交给参谋长陈可钰将军。他可能会向广州国民政府建议任命孙中山信任的广东禁烟督办公署主任 Tchang-Tchat 为海南省长官。

在与国民党政府意见不合后，孙中山的儿子孙科最近要离开广州，前往澳门。

1926 年 3 月 1 日，指挥雷州第 4 军第 2 师的陈济棠将军通知广州湾高级驻扎官，他收到命令要他平定遭受海盗侵扰的高雷，因此，他已派部队包围徐闻森林里的海盗，在那里杀死并逮捕了一百来人。

据传言，目前指挥东兴（芒街附近）军队的已经造过反的邓本殷的前上校 Wong-Yok-Su 不愿意归于陈铭枢（Tsang-Ming-Ku）将军麾下，他曾臣服于后者。

他拥有 3000 到 4000 人的兵力，他想跟随老长官邓本殷，或者跟随准备攻打广西的唐继尧。

指挥雷州第 4 军团第 2 师的陈济棠（Tsang-Tsai-Tong）将军拥有 4000 多兵力，其中 2000 人在雷州，200 到 300 人在安铺。3 月 3 日，他把一个团派往化州、吴川、黄坡和梅菉去镇压海盗。

据传言，3 月 4 日，在陈济棠将军派出的军队到达前，Yiou-Tchi-Wing 将军的军队已逃跑。

逃跑的原因是这些军队是邓本殷的旧部，广州国民政府未按时提供军饷，他们得不到广州国民政府的信任，害怕被解除武装。

2 月底，陈济棠将军的两个连从海口出发，在徐闻上岸，经过英利市场（雷州—徐闻边界）前往雷州，在那里，他们遭遇海盗团伙的突然袭击，一位上尉被杀，死伤 20 来人。

陈济棠将军拒绝接受广州国民政府想要授予他的高雷主任职位。

蒋介石总司令刚撤了广州第 2 师 Wong-Mao-Kong 将军的职位，先是扣押他，随后把他驱逐出广州，因为他与北方的敌人或陈炯明有联络。

在李济深将军、谭延闿将军（湘军总司令）、孙科（孙中山之子）、汪精卫（政府主席）等组成的政府高级委员会完全满足海关税务司提出的要求后，蒋介石递交了辞呈。广州政府不接受蒋介石的辞呈，但我们不知道蒋介石是否坚持他原先的决定。

3 月 6 日，来自雷州的轮船 Mang-Ly 号经过硇洲，拖着两条帆船，运送 200 名士兵到目的地广州。

曾经在去年被广州红色力量截获的轮船 Wan-Shan 号（俄国旧炮艇）近日到达雷州。

曾被改造为炮艇的这艘轮船具有很大的载运量，可以载大约 500 名正规军。

领航员害怕这艘船遭遇从广州湾出港的海盗船的侵袭。

吴川的绅士已请求军队镇压这种海盗行径。

一支属于陈铭枢将军（或许属于陈济棠将军）的拥有 700 人的正规军本月 8 日到达龙头岭。其中前往黄坡的一个组遇到了 Leuong-Nong 村的民军队伍，被后者当作海盗，朝他们开枪，正规军阵亡 6 人。

作为报复，正规军烧毁了整个 Leuong-Nong 村。

据 3 月 11 日密报，3 月 10 日，在雷州，数千名中国人来到省级机关办公室门前，抗议由国民党青年党员实施的雷州城拆除计划。

他们威胁当局，如果得不到满意的答复，他们就举行大罢工。

国民党老党员反对这个拆除计划。

据 3 月 12 日密报，在高州，商人的罢工仍在继续。这次罢工波及梅菉——这个消息尚未被证实，梅菉的罢工者扣押了一条小艇，最初只想以 1600 皮阿斯特交还船只，后来把赎金降到 600 皮阿斯特。最终船主付了 300 皮阿斯特将其赎回。

据 3 月 12 日一手情报，附属于第 4 军而最近失宠的广西师的前指挥官吕春荣将军，他来白雅特城定居，他的家庭已先于他到达这里。

借此机会，他前往拜访广州湾总公使，而且他们交谈了很长时间。在交谈中，他表示李济深将军已经建议广州国民政府强夺租借地。高级驻扎官感谢吕春荣这样向他敞开心扉，而他也将心比心，对后者坦诚相待；他告诉将军，尽管法国，特别是法属印度支那联邦政府与广州政府保有良好的关系，如果不可避免地发生强占广州湾的事件，这对两国来说都是最大的不幸，那么广州、雷州、北海和海口四个城市会立即被法国的舰队烧毁。于是，吕春荣将军说，在李济深将军的潜意识中，并不想真的实施他的提案。

高级驻扎官答道，实际上，他相信，李济深将军极为谨慎，不认为这个计划具有可行性。这个计划是广州以共和国的名义，与一个从来都不曾向他表示过友好而且是世界上第一大军事强国的国家作战。他还提及，到目前为止，广州军队未曾取得任何实质性的军事胜利，因为邓本殷的军队常常拒绝作战。同时，他还指出，除了奇袭妃三的战斗外，广州军队在镇压海盗团伙的战斗中都表现得很无能，尽管为建立边界秩序，附近的中国军事当局每天都请求与租借地的警察部队合作。对这一点，吕春荣将军表示同意。高级驻扎官补充道，与法国和谐相处对广州的共和国更有利，因为它在西部受到唐继尧的威胁，与广西的共和国也不确定能否达成谅解，在东部与忍耐已久的香港政府处于敌对状态，在北部遭到强大对手诸如吴佩孚的威胁。吕春荣将军认为这些考虑有道理，他宣布他很快就要前往中国北部，受命于吴佩孚。

很难知道吕春荣将军所说的李济深向广州政府提议一事是否属实；对于李济深这位失宠的将军而言，这项提议可能被简单地理解为受复仇情绪主导。然而，可以肯定的是，各种迹象表明，粤系的某些成员已派密使前往广州湾，了解我们部署的兵力情况。另一方面，当地最有名望的人——赤坎公局长收到李济深将军和陈济棠将军的信件。两位将军以请求帮助镇压海盗为借口，直接求援于公局长。湖州公局长向租借地政府告知这些伎俩，应引起注意。

B 租借地发生的意外事件

3 月 1 日，隶属于遂溪县的 San-Fao 警察署长在 Apnakong（也称作 A-Wo-Kang）村的墙上张贴了布告，并给所有房子安装了金属板。该村是赤坎区的一部分，自从被我们占领以来，该村定期向赤坎区交税。张贴的这些布告有一个共性，规定了一些行政措施。

遂溪县县长立即获知这一事情。此外，这些措施由当地行政部门实施，旨在让人遵守……①

（六）情报简报（1926 年 3 月 16 日至 31 日）

档案馆卷宗号：GGI 40516
文件编号：N°30 – C
时间：1926 年 3 月 16 日至 31 日
档案语言：法语

A 常规情报

据 3 月 16 日情报，在孙逸仙第一个忌日，国民党官方和多个革命社团发出的众多声明被张贴出来，并在邻近边界的租借地外的中国各个村庄分发。有一些还流传到租借地内部。

他们颂扬孙逸仙，歌颂革命功德。

帝国主义向来是被大力攻击的对象，但并没有专门针对法国，英国和日本倒成为攻击的目标。

据 3 月 16 日情报，3 月 10 日，雷州喧闹的示威游行（参见 3 月 1 日至 15 日的简报）过后，政府当局最终放弃毁掉这座城市的堡垒。

雷州的局势一直动荡不安，在这里，国民党两派分裂，民众焦躁不安。

得到证实，革命军在徐闻遭受惨烈的失败，以海盗为名的团伙使他们受到重创，但这些团伙很可能是邓本殷的旧部。在雷州看到有近 200 名伤员。

在雷州，传教会建筑全部被一支 150 名士兵的小分队占用。这些军人甚至侵占私人房间，撕碎祭衣，打碎圣坛。这些现象已经报告给当局了，但没有什么效果。

---

① 原文缺页，报告未完。——译者注

雷州的驻军最少有1000人，最多有2000人。

在雷州，人们不再谈论派军队攻占广州湾的租借地。

本打算来白雅特城定居的吕春荣将军，3月14日登上“八仙花”号前往香港。

他由三个妾室陪同。

他有意前往中国北方，在那里，他将受命于吴佩孚。

按照3月12日香港 *Wah-Tsz-Po* 报所说，海军办公室主任 Sminoff 将递交辞呈。

由于合同又续了3年，鲍罗廷离开了上海，将奔赴广州。

根据3月10日北京发来的电报，湖南省省长赵恒惕把指挥权移交给 Ho-Yao-Tsou 将军后，应该在3月7日离开了长沙（湖南）。

赵恒惕以前的下属、目前的敌人唐生智将军保留了目前在衡山（Hang-Tchéou）① 的职位。

在石围塘（广州的一个区），率领第一军第二师的王懋功将军的军队发生暴动。

从3月初开始，大队人马从广州奔赴石龙，任务是阻止统率第一军第一师的何应钦将军（其总部设在汕头）的军队在广州与王懋功将军的起义部队会合。坊间谣传，何应钦将军要与王将军采取一致行动。

据3月11日香港《工商日报》报道，3月3日，广州外务主任傅秉常（Fou-Ping-Chang）、中国政府代表 Tchao-Sao-Sun 和 Lo-Yok-Wo 在澳门会谈，商议结束当前的罢工。

近来蒋介石和李济深之间发生严重的摩擦。

李济深返回广州后，私底下与指挥第三军的朱培德、指挥第二军的谭延闿、指挥第一军第二师的王懋功以及指挥第一军第一师的何应钦联系，反对蒋介石的政策。

不出所料，蒋介石罢免了王懋功，并逮捕了他。同时，他任命李济深为参谋部主任，任命朱培德为后勤部主任，旨在阻止各种阴谋的实施。

据3月21日一手情报，在梅菉，商人们和罢工者达成一致，如果每次装载货物付款50皮阿斯特，就允许英国商品入内。

3月17日，6名新罢工者过来替代了以前的罢工者，中断了这项协定。只允许从广州湾运出或运进的本地商品入内。

尽管如此，罢工者的处境依然困难，民众和正规军都对他们怀有敌意，指责他们非法征税，阻断交易。

3月25日，上千名梅菉商人上街游行，手持红白小旗，上面写着“废除横征暴敛”“消灭奸商”等口号。

在雷州，罢工者准许往广州湾出口席子、花生和糖，但禁止进口一切食品。

由于指挥梅菉第二师第三团的 Yiou-Phang-Kouai 上校对罢工者的有力干预，梅菉的紧张局势得以缓解。

本月20日，梅菉的罢工者接受了500皮阿斯特赔款，放行了扣押的小艇。3月22日，小艇抵达白雅特城，开始承接与梅菉的日常业务。

在赤坎北部的麻章，形势向来平稳：罢工者的岗哨继续阻挡商品来往于租借地。

---

① 音译是“衡州”，但应为衡山，唐生智任国民革命军第八军军长，第八军的驻地为湖南衡山、安仁。——译者注

尽管如此，由于监视网不是特别严密，仍有众多的牲畜和大量的本地产品运到赤坎。

3 月 23 日，广州湾高级驻扎官寄信给吴川、遂溪和雷州的县长们以及黄坡、雷州和梅菉的将军们。信的内容如下：

“很荣幸地告诉你们，我已向法国驻广州领事指出，一些人在租借地周围张贴布告，禁止中国与广州湾租借地之间的商品流通。广州国民政府特派交涉员致函法国领事，信的内容如下：

‘领事先生，

您上封信提到有人在麻章张贴布告，禁止一切商品出入广州湾租借地，这违反了公共秩序。我很荣幸地告诉您，我把这封信转交给政府，它颁布法令指出从未有这样的禁止行为。因此我急着把这个消息告诉您。如果您把这一消息告诉广州湾租借地总公使，我将非常感谢您。

谨致……

特派交涉员

傅秉常（Fou-Ping-Tcheng）’

根据这封信的内容，我认为，打算禁止八属与法国租借地贸易往来的都是危险人物，其目的是通过非法征税掠夺商农，从中获利，对这种行径必须大力镇压。根据广州特派交涉员的声明，既然这些犯罪确实存在，我希望您采取一切必要的镇压措施，这将有助于加强两国交谊，重新恢复广东南部贸易和农业的繁荣。”

法国驻广州领事[①]与广州湾高级驻扎官会谈，商讨他拟在黄坡采取军事行动镇压海盗，还希望获得我们的协助沿边境线开展剿匪行动，以便肃清海盗。

负责这些行动的军队由 400 人组成，分成几个组。

3 月 22 日，肃清海盗的行动以搜村方式开始，目前尚未结束。由于天气不好，行动被迫中断过三四天。

在这种情况下，租借地给予协助，由自卫队和民军监视边界，逮捕那些想要在租借地避难的海盗。

负责黄坡河流和艾格雷特运河（Aigrettes）监视任务的机动船没有遇到任何可疑船只。

3 月 25 日，这条机动船返回白雅特城，29 日又被派往 San-Ka-Wo 和 No-Kwai 航道，追踪由 No-Kwai 区公局告发的海盗船。

根据情报，几名海盗被中国正规军捉住，我们的警卫听到几声枪声，没看到海盗跨过边界。

据密使 3 月 21 日报道，目前在安铺，大约只有 200 名正规军，他们隶属于驻扎在北海的陈铭枢将军。

在遂溪，有可能没有中国正规军，只有 20 来名自卫队员和一些民军。

在雷州，驻扎着两个团，应新招正规军 1500 人，但缺的人数多于 1/3。

这两个团属于第 2 师（陈济棠将军）。

---

① 原文有遗漏，根据上下文猜测主语应为“法国驻广州领事”。——译者注

此外，还有两个多营的吕春荣将军的旧部，由 Yp-Taï-Tsam 将军指挥。

据密使3月23日报道，3月22日，来自广州的一架飞机在雷州中途停靠了约一个小时，随后朝西南方向飞去。机上有一名俄国人和两名中国人。有谣言说蒋介石也在飞机上。这种传言明显毫无根据。在流传的所有关于这架飞机的传言中，它是否经过雷州还没有得到证实。应该加以补充的是，在中国领土上也流传着这样的谣言：几架飞机抵达白雅特城，法国、英国、日本可能结盟，这些列强可能与广州共和国产生敌对行为。

据3月25日官方信件，3月22日，指挥雷州第二师的陈济棠将军请求授权一批服装用品借道租借地，这是提供给他驻扎在水东（在梅菉的旁边）的军队的。

这一请求被批准。

根据3月29日我们自己收集的情报，3月20日，梅菉的天主教传教会被国民党（Kouoming-Tan）的红十字会占用，救护黄坡与海盗团伙作战的军队伤员。

到目前为止，只有部分房间被占用，礼拜堂和传教士的房间还留着。传教士未受到粗暴对待。

据硇洲代表汇报，中国炮艇经过了淡水港（硇洲）。

3月18日，“Te-Tsou”号炮艇载有200名军人，从通明驶往海口。

3月21日，“Ong-Pack”号炮艇载有50名军人、40支步枪和5门大炮，从广州驶往雷州。

3月23日，“Ong-Ping”号轮船载有100名未装备的新兵，从广州驶往海口。

3月25日，“Ping-Man”号炮艇从广州驶往雷州，船上没有士兵。

3月25日，“Ong-Pack”号炮艇从雷州驶往海口，船上没有士兵，反而载着2名俄国人（不知道名字）。他们半个月来一直住在雷州，应该是在一家石油公司任职。

3月30日，50吨位的“Kouang”号炮艇从广州驶来，为李济深军队运送服装用品。

据3月31日情报，理发师工会在雷州成立，得到广州国民党代表的全力支持。

雷州局势动荡不安，原因是政府、军队与控制他们的广州政府的代表意见不合。

雷州商会会长向赤坎商会会长建议，雷州半岛的产品交易不要通过广州湾。雷州与广州将通过轮船直接交易。广州湾商会会长不赞成，因为实施这些开放政策会毁了赤坎，同时这也是不可能实现的，因为雷州的河流水深不够。

由广州政府合法派遣到雷州的罢工者只有一人。

所有以委员会名义行动的所谓罢工者，都是一些既没有品行、担保，也没有委托书的人，他们只是利用局势为自己牟利。

B　租借地突发事件

内部商业交易

本部分探讨的问题：总体形势

3月18日，Yiou-Tchi-Wing 将军在白雅特城乘船，回到黄坡的炮台。

在香港郊区被海盗扣押的“Jade”号轮船，以前定期前往白雅特城，现在不再接近租借地，而是走 Ha-Mouin 到汕头（Soa-Tao）航线。

3月25日，英国巡洋舰“Peterfield”号肖纳（Shonner）舰长（Commandant）自海口到达广州湾，3月26日，再次出发到香港（见3月27日的专门报道 N°64 – A）。

3 月 27 日，Sia-Boué（太平北部）的 4 名罢工者武装进入法国租借地，前往 Sia-Boué 的公路与赤坎—太平公路的交界处。他们藏在桥下，等汽车经过时，强行拦截一辆载有 5 名中国乘客和一些货物的汽车。他们把两名乘客赶下车，然后强占汽车，开到 Sia-Boué，从那里载着 3 个人和货物驶向雷州，车上一个人老家在租借地内。

广州湾高级驻扎官在袭击事件当天到达现场，以便弄清到底发生了什么。这些无可争议的事实，无论是在中国领土还是在法国租借地，罢工者都引起了公愤。

法国驻广州领事被要求就这一事件向广东政府抗议。此外，指挥驻扎在雷州的第四军第二师的陈济棠将军和遂溪县县长获悉这些事实，请求下令逮捕、惩罚这些罪犯，释放被逮捕的商人，归还被扣押的货物。

3 月 30 日，遂溪县县长通知高级驻扎官将对该事件展开调查。

3 月 29 日，广州湾高级驻扎官以惯用礼仪接待吴川县县长及其庞大的代表团，后者向法国在中国内部冲突中保持中立的做法表达谢意，并以个人名义向高级驻扎官表达了敬意，同时明确在广州湾周围采取的监视措施只针对英国。

高级驻扎官对县长表示感谢，提及近期发生的事件，他指出，这些家伙（被称作“罢工者”不合适）的行为妨碍贸易，扰乱秩序，破坏了他与中国当局的友好关系。

县长认为，真正的罢工者都是正直可信的爱国人士，他们只是出于对英国人的仇恨。同时，县长也确认了上述某些人员所犯的错误和假冒罢工者应受指摘的行为。他表示将继续采取镇压措施。

高级驻扎官表示认可吴川县县长的声明，宣布他将继续协助中国当局镇压海盗。

会谈在为中法友谊干杯声中结束。

白雅特城，1926 年 4 月 1 日
广州湾高级驻扎官
印章
签名：德拉布罗斯

（七）国民革命军敬告南路农民兄弟书

档案馆卷宗号：GGI 40519
时间：未注明
档案语言：汉语（繁体）

敬告南路的农民兄弟

高，雷，琼，崖的农民兄弟们！

唉！你们苦极了！十几年来，你们在“番鬼佬”英国，法国，美国，日本，及军阀邓

本般等压迫之下，抽苛捐，题（原文如此）军饷，开赌，种鸦片，诸多剥削，弄得南路各县，家无烟火，遍野白骨，伤心惨目，苦不忍言！

陈炯明余孽邓本般等军阀，暗通红毛鬼（英国），花旗鬼（美国），法兰西鬼（法国），日本鬼，向这班鬼子借钱，买枪，将南路几万万农民，几千里地方，送外人做抵押品。还想推倒革命政府，时时出兵打仗，拿人民做枪架，当炮灰。甚至弄到你们无衣可穿，无田可耕，无房子住，就跑到南洋区去当猪仔①，或不得已去做贼。讲到做贼更冤枉：因为做贼无东西可抢，就抢到农民兄弟的耕牛谷石及老婆子女，现在调查所得，在香港、海口，安南等处当老举②的高雷属女子不下数百人，都是从你们农民老婆女孩抢出来的。唉！农民与失业的农民“贼”都是大家兄弟，现在大家兄弟互相残杀，自己打自己，是谁之过？此无他，军阀邓本般等勾通番鬼佬，来升官发财，卖国卖同胞所致呵！

农民同胞们！革命军来了！我们革命军是救国救同胞的，是遵守先大元帅孙中山先生遗嘱，对外打倒侵略中国之番鬼佬，（原文如此）——英，法，美，日等国。对内打倒压迫人民之军阀。我们更是实行中国国民党政纲，拥护最大多数最贫苦的农民之利益的。农民同胞们！你们出生天的机会到来了！你们应该起来帮助我们的革命军，打倒番鬼佬，打倒军阀，要求禁绝烟赌，取消苛捐杂税，安插游民土匪。同时团结你们，组织农民协会，使农民兄弟安乐耕田，无番鬼佬欺负，无军阀压迫，无土匪骚扰。我们革命军一定替你们做到，兄弟们！起来呵！

国民革命军告

（八）国民革命军第四军政治部告农民书

档案馆卷宗号：GGI 40519
时间：未注明
档案语言：汉语（繁体）

告农民书：

我国自帝国主义者侵入以来，农作品物，日就衰微；就茶丝绵（原文如此）糖四种来说；从前算是我国出产的大宗，年中收入不少；乃不数十年，日本便夺了茶业，美国便夺了丝业，印度便夺了棉业，爪哇等国便夺了糖业；其他的出产物，也一例的被外国夺了销路，于是我国农民所借以维持生活之唯一希望，现在已为帝国主义者的经济压迫而完全失败了。同时，帝国主义者因机器发达的结果，剩余的货物，运进中国，中国买办，小商人等好几重的剥削，以高价卖给农民；于是农民年中从千辛万苦里所得的些小储蓄，现在也

① 指契约华工。——译者注
② 旧时广东对妓之称。——译者注

为帝国主义者奸商买办吸收净尽了。再次，中国连年战乱，军费浩繁，凡所抽收的苛细杂捐，无不直接或间接地落在农民身上，加以一般贪官污吏之专横压迫，劣绅土豪之敲打勒索，大地主之重息苛取，于是可怜的农民，更无日不在恐慌的状态中了。

农民同胞们，就上面说的来看，你门[①]终年辛苦，所得的利益，都是送给过帝国主义者，军阀，买办小商人，大地主去享用的；至于你们所穿，所用的东西，更要花很高的价钱，才能买到，你们这种生活，如何过得落去？原来你门的地位是很重要的；如果没有了你门，全世界的人类，就要绝灭：你们的人数又是很多的，你门的人数，已占了全中国人数百分之八十以上。你们以极重要的地位，以极多的人数，何以要受着那帮游惰坐食无分子来压迫；你们想在帝国主义者，军阀，买办，贪官污吏，劣绅，土豪，奸商地主互相勾结、共同宰割下打出一条血路，就要一致地联合起来，帮助革命政府及组织农会。

为什么要帮助革命政府呢？因为革命政府是为农工谋利益的政府，他的主旨是：对外要打倒帝国主义；对内要铲除军阀及与帝国主义或军阀勾结之民贼，故此，革命政府的成功，即农工解放运动的成功了。[②] 现在革命政府方从事于广东内部之统一而对于阻碍统一的军阀邓本殷等，立予扫除；儿我农民门[③]：为自身利益计，亟下个决心，去赞助革命政府，这才是解决自身问题的先决办法。

为什么要组织农会呢？农会是革命政府根据保护农民利益的主张而提倡的。因应为有了组织，才有力量，有了力量，才能打破恶势力的壁垒，对于农民的经济问题，教育问题，政治问题，都可在农会里谋个正当的解决。孙中山先生指导你门说："农民而果能做这件事。政府一定可以帮助他；先从此村与彼村联络，再推到此乡与彼乡联络，此县与彼县联络，不到一年，就可以推广到全省的农民都联络起来，成一个二千四百万人的大团体，有了这样大的团体，那么从前被人抢去了的利益；便可以争回来，若是争不回来，或者被人压迫，便可以设法去自卫，或者是抵制，你们各乡农民，向来不知结团体，练农团军来自卫，所以总是被人欺负，如果要以后不被人欺负，便要从今日起，结成团体，挑选各家的壮丁，来练农团军，你们能够这样进行，政府还可以从中帮助，用极平的价卖枪给你们，你们有予枪[④]，练成了很好的农民自卫军，便是中国第一等的主人翁，可讲很有力的话。"故此，你们农民，只要依照孙中山先生的说话去做，那就是汝门前途的曙光了。

国民革命军第四军政治部谨告

① 原文如此，下文同。——译者注
② 原文如此。——译者注
③ 原文如此。——译者注
④ 原文如此。——译者注

（九）国民革命军第四军第十二师政治部告南路人民书

档案馆卷宗号：GGI 40519
时间：未注明
档案语言：汉语（繁体）

告南路人民书：

亲爱的同胞们！我们国民革命军现到了你们的地方来了。我们来，并不是要和邓本殷争地盘的！是要打倒勾结英帝国主义，残害你们的敌人——邓本殷，为你们谋安乐的。

同胞们！你们几年来饱受英帝国主义走狗——军阀邓本殷蹂躏极了！同胞们！军阀邓本殷的罪恶真是口不胜言，笔不胜书了，如今我们只择其大概讲一讲：

邓逆占据了琼崖高雷八属，勾结土豪劣绅，放纵贪官污吏，勒苛捐，征重税，开烟设赌，迫种鸦片，拉夫筹饷，掳人索赎，视人民的自由性命等于零。这是何等伤心的事！

近日来复明目张胆地，首向美国借款，将琼州全岛作抵押品，以充满他的荷包和妻妾，把数百万的琼州人民供做美国帝国主义的奴隶臣仆，我国的山河，变成外国人的殖民地图版！

但邓逆还以为不够，近复乘上海屠杀案，趁我政府援助罢工工人封锁香港计划的时候，残杀爱国学生，压迫爱国运动，接济香港政府粮食，狐媚英帝国主义，以求帮助枪械子弹，向国民革命政府进攻，非要杀尽广东人民，将中华民族沦为外国人奴隶牛马不止！

同胞们！邓逆的罪恶还真是不胜诛了！你们过去的日子，真是艰苦极了，现在我们革命军来咯！革命军是人民的军队，是孙中山三民主义的军队，是要替人民除害的，要保护人民的，我们此次南来是专为解除你们的痛苦拯救你们而来，故我们所经过的地方，【不拉夫，不筹饷，不占民房，公平交易，这些事并不是我们纸上写着，嘴上说着来欺骗你们，都是言行一政①有事实给你们看的。】并且所到之处，【保障你们的集会结社言论自由权，扶助你们组织团体，打倒扰害你们的土匪式的军队，及万恶的土匪，铲除为虎作伥的劣绅土豪，凡是不利于你们的，我们都尽力地为你们除去。】希望你们认识我们，帮助我们，将你们的力量结合起来，和我们合作，【农民组织农民协会，成立农民自卫军，工人组织工会，商民组织商会，学生组织学生会，将你们的团体，和我们革命军同站在一条火线上。】杀尽帝国主义走狗、军阀及一切特殊阶级，你们从此就得到太平，国家从此就得到自由独立。兵农工学商联合万岁！国民革命军万岁！国民革命政府万岁！

国民革命军第四军第十二师政治部

---

① 原文如此。——译者注

（十）国民政府军事委员会政治训练部告商民书

档案馆卷宗号：GGI 40519
时间：未注明
档案语言：法语

商界同胞们！

数年来商业凋零，百物腾贵，吾民已不堪其苦了，现在兵燹又来，到底谁使我们入于水深火热之中呢？

原来中国工商业不能发展，完全因为有帝国主义者的不平等条约。比如海关完全在外人手上，外货输入，绝无限制，而本国货物，则因到处重征，以致国货不能和外货竞争，故商民的疾苦，是受帝国主义者之所赐。

帝国主义者，又利用中国军阀，造成连年内战，重征暴敛，蹂躏吾民。陈炯明得到英国一百万元之帮助，在东江造反；邓本殷从前已出卖琼崖，现在又得到英国援助，在南路捣乱，屠杀人民，凡此种种，都证明帝国主义者是我们的敌人，军阀（邓本殷、陈炯明等）是帝国主义的走狗。

革命军是来攻打帝国主义走狗的，是为人民利益来打仗的。故逆军所到，奸淫抢掠，无所不为，而革命军则不筹饷，不拉夫，不犯民间一草一木。革命军得到胜利，将即取消苛捐杂税，发展交通，努力地方建设事业。

帝国主义因为政府努力为人民谋利益，故造种种谣言，说什么共产。其实国民党有他自己的主义，绝不是共产。他们的意思，实在是要中国人完全牺牲自己的利益，才算不是共产。我们岂可上他们的当！

商民同胞们！革命军在东江，潮梅完全得到胜利了，南路逆军，哪里值得一击？我们快起来，为自己的利益而保住革命军，胜利就在眼前！

打倒帝国主义！

打倒卖国祸民的军阀——邓本殷等！

革命军与商民胜利万岁！

人民与革命军合作万岁！

国民政府军事委员会政治训练部敬告

（十一）国民革命军第四军政治部为元旦祝捷大会告雷州同胞书

档案馆卷宗号：GGI 40519
时间：未注明
档案语言：汉语（繁体）

亲爱的同胞们！

今天是民国十五年的元旦了！我们在这除旧更新的日子，举行热烈的祝捷大会，真是兴高采烈呀！

但是我们想想在这十五年的过程当中，中国不特没有多大的进步，还要受着帝国主义和军阀的重重压迫，民生痛苦，日甚一日；尤其是雷州地方，自邓贼本殷盘踞以来，荼毒苛扰，民不聊生；荒野千里，人烟几绝；这是什么缘故呢？这并不是民国制度不适用于中国；其最大原因，就是我们国民，未能一致服从孙中山先生的三民主义；未能一致实行革命。

孙中山先生领率中国国民党自来为救国的三民主义而奋斗，为解除中国人民之压迫痛苦而革命；但一格于军阀，二格于帝国主义，三格于党中反革命分子，四格于缺乏政治观念国家观念之民众，因此，……清倒后，政治中心，仍旧落在……清余孽军阀政客之手；急进之政党，因无民众后援，终不敌军阀帝国主义者及反革命派之反攻而失败；这就是孙中山先生革命四十余年，尚未成功的最大原因；亦即是民国十五年，人民痛苦，尚未解除的最大原因。

十三年一月，孙中山先生改组中国国民党后，毅然决然，提出打倒帝国主义打倒军阀二口号，而尤注意于唤起民众，实行国民革命；凡与帝国主义勾结之洋奴，买办，汉奸，教士，信教莠民，及与帝国主义者朋比为奸之军阀，皆须扫荡廓清之；凡属爱国之民众，均由中国国民党指导其组织团体，参加国民革命，迨孙先生死后，而其遗留的中国国民党及国民革命军，继承遗志，奋斗不懈；在国内外方面，经得各方的同情与了解，在广东方面，今将帝国主义的走狗，与北方军阀勾结之陈炯明、洪兆麟、林虎、杨希闵、刘震寰、邓本殷等次第扫除。广东统一，升平可望，民众的利益，就不致再受军阀的蹂躏了。故此，今日的祝捷大会，与其说是庆祝革命军，不如说是你们庆祝自己。

在这热烈的祝捷大会里，可见得雷州各界经已认识革命是救国事业，革命军是你们的好朋友；希望你们更进一步，固结力量，组织团体；商有商会，工有工会，农有农会，学生有学生会，一致与革命军合作，跑向光明的革命前途。大家齐祝：

肃清琼崖

统一中国

打倒帝国主义
中华民族解放万岁

国民革命军第四军政治部

（十二）雷州青年同志社为“元旦祝捷大会”敬告同胞书

档案馆卷宗号：GGI 40519
时间：未注明
档案语言：汉语（繁体）

为“元旦祝捷大会”敬告同胞们

在好似风雪残冬民气沉沉的雷州，忽然有元旦祝捷大会之发现，这不能不说是万象底一种好景象了。数年来受帝国主义走狗陈学谈和陈炯明走卒邓贼本般的专横蹂躏底下的雷州人民，这一回可算是头一次见“青天白日”的日子。我们从今日起，应快联合起来，为自己利益而奋斗。

拥护国民政府　　高呼
打倒帝国主义
打倒军阀
农工商学兵联合万岁
雷州人民解放万岁

雷州青年同志社　　十五年元旦日

（十三）元旦日雷州祝捷大会筹备处告雷州农工商学各界书

档案馆卷宗号：GGI 40519
时间：未注明
档案语言：汉语（繁体）

告雷州农工商学各界：

今日这个庆祝大会有两方面意义：一方面是庆祝元旦，又一方面是庆祝雷州克复。

为什么要庆祝元旦呢？因为这个元旦，是中华民国临时政府成立，是孙中山先生就临时大总统职，亦即是中华民族脱离数千年专制压迫的新纪元。我们为要纪念中华民族得有部分之解放，为要纪念民国新组织之成立，为要纪念创造民国的孙中山先生就职，我们对于十五年元旦日，表示特别的欣忭。

为什么要庆祝雷州克复呢？因为我雷州自被邓贼本殷盘踞以来，千般苛扰，民不聊生。时日曷丧？愿与偕亡。现幸国民政府应我们人民的要求，特派国民革命军到来，为我们驱逐邓贼本殷了。革命军是人民的武力，亦即是我雷州民众的武力，革命军战胜邓本殷，亦即是我们雷州民众战胜了邓本殷。故今日之祝捷，固是祝革命军之捷，尤其是祝我们人民自己的捷。

我们因为有了上述两项重要意义，特地举行这个元旦祝捷大会。我们于欣忭欢乐之中，仍希望革命军更要努力，为民除害，同时亦希望各界更要努力，与革命军合作。我们在这祝捷大会里，大声疾呼曰：

国民革命军万岁！

国民政府万岁！

农工商学兵联合万岁！

雷州同胞解放万岁！

元旦日雷州祝捷大会筹备处启

（十四）元旦祝捷大会筹备处启

档案馆卷宗号：GGI 40519

时间：未注明

档案语言：汉语（繁体）

现在我革命军克复雷州，适值元旦佳节，本筹备处应群众之要求，定于是日午刻在城内贡院操场，开祝捷大会，并列队巡行（游行路径列后）。晚间又开提灯大会，游行各街，以为元旦祝捷之庆。当经本筹备处议定城厢内外商店民家，于旧历十一月十七日以前，各制备小灯笼，或纸灯二枝至数枝，外面须写各种标语（标语列后）。届时除自挂门头外，仍要派人持灯至雨花台前集合巡行。事关庆祝大典，切勿违延为安。

标语列下

断绝广州湾交通　人民与政府合作

取消苛细杂捐　　肃清南路

打倒帝国主义剿灭土匪

打倒军阀　　　　统一广东

庆祝升平　　　　革命军是人民之武力
组织工会　　　　革命军是人民的好朋友
组织农会　　　　组织农民自卫军
规复学校　　　　禁绝烟赌
澄清吏治　　　　军民联合万岁
革命军胜利万岁　雷州同胞解放万岁
游行路径于左

由贡院操场起行，西向至深井巷直下，东行到县圣宫前街。转至向东行到东门，北向行至下坎，而北门入。行到新街下，西转雨花台向南门。南行直至关部康皇庙前。北转至十三行街，向西而二桥街，而南门市天后庙，转西至鱼行。而莳藤行街，返到南亭街，直入苏楼巷由西门街入城，至雨花台前散队。

元旦祝捷大会筹备处启

（十五）元旦祝捷大会宣传标语

档案馆卷宗号：GGI 40519
时间：未注明
档案语言：汉语（繁体）

宣传标语
（一）国民党，是孙先生所创造。
（二）国民党，是为民众利益而奋斗。
（三）革命是谋民众利益的工作。
（四）改组后的国民党，是有训练有组织而群众化的党。
（五）改组后的国民党，是建筑在人民大多数群众上面的。
（六）国民党的主义，是三民主义。
（七）三民主义是民族，民权，民生。
（八）民族主义，是对外打不平的。
（九）民权主义，是对内打不平的。
（十）民生主义，是对资本家打不平的。
（十一）孙先生是革命的导师，是中华民国的国父。
（十二）三民主义，是孙文主义，是救国主义。
（十三）国民党之任务，第一步是推倒……清，第二步在完成国民革命。
（十四）国民革命之意义有二：（一）谋国家之独立。（二）谋人民之自由平等。

（十五）国民革命之大敌，是帝国主义，国民革命之障碍物，是帝国主义之工具军阀。

（十六）国民革命之奋斗方法有二：（一）对内唤醒民众——打倒军阀。（二）对外联合世界上以平等待我之民族，铲除帝国主义。

（十七）国民革命奋斗目标有二：（一）开国民会议。（二）废除不平等条约。

（十八）帝国主义，即侵略主义。

（十九）帝国主义之工具有三：（一）政治压迫。（二）经济掠夺。（三）文化侵略。

（二十）帝国主义之目的，在亡人国家，灭人种族，绝人生计。

（二一）帝国主义之危害，甚于洪水猛兽。

（二二）我国的环境，是受帝国主义及其走狗，双重锁链缚紧的地位。

（二三）我国现在已陷于次殖民地的地位，还比不上高丽安南。

（二四）拯救我国的惨害，现在最需要的工作，就是国民革命。

（二五）国民革命如不成功，我们就永为亡国奴，永为牛马。

（二六）我亲爱的同胞们，团结起来，国民革命，就马上成功。

（二七）陈炯明、杨希闵、刘震寰、邓本殷等均系帝国主义的走狗，棍骗我们做亡国奴做牛马的大贼。

（二八）广东内部之军阀肃清了，革命政府巩固了，光天化日之时期到了，其速团结起来，实行民治民有民享。

（二九）我高州民众，频年迭遭军阀摧残，皆因无团结力的缘故。

（三十）高州人是一盘散沙，急急，加上时敏土团结起来！

（三一）团结便有极大的力量。

（三二）国民党就是团结力量的机关。

（三三）反抗一切苛细杂捐。

（三四）反抗预征钱粮。

（三五）反抗拉夫。

（三六）反抗资本家大地主，虐待工农。

（三七）扶植农工团结之发展。

（三八）保障集会结社言论出版之自由。

（十六）中华全国总工会、省港罢工委员会、纠察驻雷办事处布告

档案馆卷宗号：GGI 40519

时间：未注明

档案语言：汉语（繁体）

为布告事：案奉

纠察委员会令，开查雷州一属业经克复，所有封锁港口，截缉仇货，亟应同时进行，以免此缉彼走之弊。查该员堪委为该属办事处特派员主任，为此令。仰该员即日赴该处设处办事，认真封锁截缉，毋自委任，并将到差日期及办事情形具报等。因查我们此次罢工系因五月三十日上海英国帝国主义无理杀害工友，各地如汉口、九江、青岛、广州等处的民众，反抗此等无辜而作大运动，皆遭英国帝国主义乱枪扫射，死伤中华民众数百计。因此，我们愤恨不遇，就联合起来极力反抗此类压迫。随由香港、沙面罢工之友组织成立省港罢工委员会，以经济绝交手段对待此凶残暴烈的英国帝国主义，尤其是香港。可是我们组织成立的时候，东江是陈炯明占据的，南路是邓本殷盘握的，陈、邓二逆，纯为英国帝国主义走狗，确受了重要运动。故此，我们国民政府决然将他扫灭净尽，现在我们这个希望完全达到目的了，但是帝国主义破坏罢工的计划，无日不思，以直接和间接地进行经济侵略，是其最狠毒、最凶狠的手段。因此，我们罢工的政策，最重要的是经济绝交。查雷州一带，地迫租界，可通香港，我们封锁当然不能弃而不顾。奉令前因，遵于本月二十日到雷设部办事，除呈报外，合行布告。仰雷属各界一体帮助协缉，务使英国帝国主义屈服我们条件，达到我们胜利而后已。自布告后，所有各界，切勿前赴广州湾一带洋界购买货物及偷运粮食。偷往洋界，间接济香港，致干拿办，是为至要。此布。

主任邓伯烜

中华民国十五年二月二十日

十二、

法属印度支那联邦总督府关于广州湾租借地的政治月报

编者按： 本部分有17份文献，来自法国海外国家档案馆卷宗GGI 40523、GGI 40528、GGI 64374、GGI 64375、GGI 64376和GGI 64377，皆为法属印度支那联邦总督府关于广州湾租借地的政治月报，时间跨度从1927年到1934年，内容主要涉及雷州的匪患和剿匪情况。

（一）法属印度支那联邦总督府关于广州湾租借地的政治月报

档案馆卷宗号：GGI 40523
文件编号：N°S8 C
时间：1927年7月
档案语言：法语

政治月报（1927年7月）

尽管租借地周围各县形势动荡不安，但在我们整个租借地，7月份局势仍然稳定。

相反，暴动者和中国海盗打着"农民军"旗号骚扰遂溪县的乐民和雷州的江红，领头者是共产党负责人黄学增，他是雷州人，为汉口共产党政府领有津贴的代理人。

还有一些领头者，例如陈德怀、陈荣为，在上一份报告中已提到。

7月7日，陈荣为乘坐"八仙花"号轮船到达白雅特城，逗留了两天后返回中国，但尚不清楚回到了何地。

这个强大的团伙大约有300人，配有200支普通步枪，准备在拥护汉口的湖南省军队（唐生智的第八军）攻打广东时攻占雷州城。继此之后，邻近地区也可能发生了暴乱。

这场进攻后，必有邻近地区暴动。

接到警报，指挥雷州的第31团的WAN营长即刻采取当前形势所需要的一切安全措施。各个城门派人把守，下午4点即关闭，并请高州、梅菉、安铺和遂溪派军增援。

雷州城的形势非常严峻，农民军占据位于雷州南门郊区的南兴市场，张贴布告，声讨大革命和蒋介石。

受到攻击威胁，卫戍部队似乎有些慌乱。

7月25日晚，3个自称是密探的农民军被捉，当场枪决。

26日夜间，在雷州各城门放哨的士兵朝城墙外巡逻的警察射击，有好几个警察被杀死。

援军7月24日到达，两个加强连约300名正规军乘坐征用的汽车到达乐民和江红。最终，25日，高州六县的安抚专员（Délégué de la Pacification）Yiou-Tchi-Wing将军带领梅菉的一个增援连，亲赴雷州。

28日夜间开始进攻，起义者准备撤出的乐民市场被再次夺回。然后，经过激烈交战，军队打退农民军，后者向英利（雷州）撤退，以便与徐闻（雷州半岛三县之一）郊外森林里的海盗团伙会合。

7月31日，从雷州返回的 Yiou-Tchi-Wing 将军前来拜访，通过他，我了解到整个事件的始末。他告诉我，黄学增团伙从目前待在香港的 Tchang-Ho-Tchiong 手里获得大笔军援。

他还表示，实际上，农民军的攻击引发当局与民众的恐慌，民众要求他统率军队。

8月1日起，乐民和南兴市场由正规军和县自卫队保护。暴民四散，一些人被抓，4四马和30来件武器被缴获。

双方损失不大，有20来人伤亡。

X

X X

据报告，电白县（高州）的西北边界和博白县（广西）出现了另一个六七百人势力强大的海盗团伙。

该团伙被一支约千人的民军队包围。正规军已经宣布会到来，这些民军正等着发起攻击。

X

X X

从前，Tchang-Ho-Tchiong 是邓本殷的上校，邓本殷被军民混合法庭以违反驱逐令和密谋妨碍邻国安全罪判处5个月监禁。

（二）法属印度支那联邦总督府关于广州湾租借地的政治月报

档案馆卷宗号：GGI 40528

性质：机密

时间：1929年11月

档案语言：法语

政治月报（1929年11月）

政治局势

尽管当前两广地区局势动荡，租借地仍然安定。西北省份的突发事件没有即刻影响这里的秩序和公共安全。关于发生在11月下半月靠近北部边界的突袭，在最近的通信中已经做了专门汇报。对于那些出于关心或兴趣跟踪这个完全在中国境内发生的事件进展的侨民和同胞来说，他们的精神状态没有受到任何影响。我们几乎看不出来这些被治理者不想与敌对派别有所牵连，也看不出来他们故意投靠任何敌对一方。

遂溪事件

11 月 20、21 和 24 日，安铺、遂溪、廉江陆续落到一小拨非正规军手中。他们所拥有的武装力量跟这些县的长官们相比，唯一的优势是果敢勇猛。

这次突袭使广州政府局势震荡，其形成和发展足以颠覆西方人的观念，因此，有必要做简要说明。

整个事件的发生非常迅速，显然是经过周密计划的，因为发生前没有走漏一点风声。有消息显示，11 月初，一名来自香港的中国年轻人表示他愿意为张发奎招募志愿者。几乎同时，为了防止此事的发生，租借地立即组织了警戒，并采取了一切必要措施，告知当地政府，必须反对他们获悉的一切招募的企图。11 月 14 日，行政告示张贴出来了，告知民众法国政府以最为正式的方式反对一切军事招募，不管其动机和目的如何，违者即刻被驱逐，在必要的情况下，还会遭到有管辖权的法院起诉。上述禁令得到广泛宣传并被遵照执行。此外，通过对这名中国年轻人和赤坎商人以及失去指挥的起义军官们的秘密监视，没有发现他们之间有任何勾连。11 月 17 日，这位来自香港的中国人出现了，他改名换姓，与一个受到监视的团伙会合，其中有他的儿子和一些民军，如 Kong-Kim-Tsang、Yu-Ping-Ku、Lu-Chanh-Vinh、Yip-Tai-Sam。我们很快得知，此人叫 Tsao-Mou，是张发奎的坚定支持者，他此行的目的是要领导一场反对蒋介石政府的暴动。然而，就他日常的言行看来，并没有引人注意的地方。几乎不能知晓 Tsao-Mou 在中国逗留过几次，他每次来都掩饰得如此巧妙，以致雷州地区长官在赤坎一家酒店设宴招待一些中国和欧洲知名人士时，对于法国当局似乎想把他能担保其品行和善意的 Tsao-Mou 当作怀疑对象感到震惊。正如我们跟他指出的那样，我们曾怀疑过 Tsao-Mou 要为张发奎工作，反抗广州政府，因此，令人吃惊的是，这位长官作为政府的代表，却为 Tsao-Mou 开脱。他辩驳说，他可能是对法国政府怀疑那个人为间谍的这种态度感到惊讶，但不管怎样，如果 Tsao-Mou 胆敢在雷州起事，他已做好准备防止这些阴谋发生。那么几天后的突发状况便可以证明，这位正直的长官或者缺乏先知先觉的能力，或者传递给他的情报有误，更或许他与那些有一搭无一搭与他搭讪、使他后来感到不快的宾客们缺少互动。无论如何，这种信任仿佛在相邻各县的长官中间扩散开来。

然而，两天后，也就是 11 月 20 日下午两点左右，大约 100 人在安铺下船后，立即轻而易举地占领了该城。这伙人是在廉江地区征募的，并在事发两天前聚集在界炮（位于安铺附近）。负责招募的人是 Tsao-Mao① 的副手 Tsang-Ho-Tchéong，也就是这次行动的实际领导人。

Tsang-Ho-Tchéong 在租借地非常有名。他出生于雷州，是邓本殷的前陆军上校。1926 年 11 月，他被白雅特城军民混合法庭以违反某项驱逐法令和蓄意扰乱租借地法国当局和广东省当局关系的罪名，处以 5 个月监禁。当时就像如今一样，他进行的是一场以打击现政府为目的的军事征募。他在 1927 年 5 月 30 日被驱逐。Tsang-Ho-Tchéong 在此类事情上的

① 根据上下文，此处应是 Tsao-Mou，原文可能有误。——译者注

表现越来越老练，他在1926年失败，但在1929年获得了成功。

廉江县县长由于提早知道对安铺突袭成功，谨慎地躲在一个朋友家中，一座带有防御工事的房子里。在那里，他命下属准备抵抗袭击。他还通过他的侄子，从海南的黄强将军那里得到必要的援助，让自己的势力变强。

第二天一早，安铺失守的消息传到遂溪。遂溪县的长官们正在开会，县长 Lao-Ngok 信誓旦旦地表示他将不惜一切代价坚决抵抗一切攻击的企图。然而，这并不影响一小时后，这位县长秘密租用了两辆汽车，携带家眷、行李、几名随从以及一个装有13000皮阿斯特的钱箱逃走了。他的计划是对的，没过多久，由 Ho-Tsan-Fan 将军的前陆军上校 Yu-Ping-Ku 指挥的20多人的团伙占领了麻章，这是遂溪县的一个乡镇，距离赤坎4公里。200名民军没有抵抗就缴械投降了。那位逃跑的县长幸运地穿越了边界，顺利到达赤坎。而第二辆载有随从的汽车则在麻章被拦截，仅比县长那辆晚了几分钟到达。

那位长官在赤坎只做了短暂的停留，下午两点一过，就动身前往白雅特城。抵达白雅特城后，下榻 Tai-Nam 酒店。房间已经预订好，以防万一。

当晚，同一撮人攻占遂溪，没有遇到抵抗。麻章的民军队伍壮大了，很容易招募到人员。

轻而易举的成功使 Tsao-Mou 狂喜，张发奎的支持又增强了他的力量，他立马以“保卫国民党人民革命军第四支队总司令”的头衔自居。他还任命 Lu-Chanh-Vinh 和 Yip-Tai-Sam 为旅长，Yu-Ping-Ku 为上校。

攻占遂溪的同一天，也就是11月22日，他给租借地总公使写了一封信，由他和副参谋长 Lou-Tchong-Vinh 署名。写信的目的是告知：根据国民党中央执行委员会下达的命令，为了保证广东南路各县的安宁，即日起，他将在遂溪县政府内设立参谋部。他借此告知，今后所有的行政和外交事务都由他的部门处理，保证“努力维持中法的良好关系”。

在同一天（11月22日）的第二封信中，Tsao-Mou 指出，那个已出逃后躲藏在白雅特城的遂溪县县长 Lao-Ngok，被指控携带超过13000皮阿斯特的现金，并被请求抓捕，然后引渡，同时归还挪用的钱款。但 Lao-Ngok 已经登上一艘即将启程的轮船动身前往香港。

11月24日，拥有400人马的 Yu-Ping-Ku 团伙进驻廉江。经过谈判，县长将其劝退，条件是不能杀他，并且保留一个由几个配枪人士组成的私人卫队进行24小时保护。

另一方面，这篇报告一开始就提到的雷州地区长官首先做的是与 Tsao-Mou 谈判，目的是寻求一个折中办法，同时不要让他被广州政府怀疑。

最近几天，对他来说，形势无疑开始好转。增援的部队已从广州赶来。其实，有人已经注意到，雷州成为整个地区真正的防御中心，有大批军队驻扎在这里，足以震慑来自遂溪的侵占者。这些侵占者目前还不想迫使雷州地区长官解职。而且，有人已经提请雷州地区长官注意，一旦广州的形势明朗，就要向遂溪和廉江派兵，追捕 Tsao-Mou 及其团伙。这位长官已然恢复信心，因为他近日致函租借地总公使，说他已被广州政府授予全权，刚刚接管高雷各县的所有行政事务。

这次突袭过程十分快速，没有发生流血事件，令租借地民众十分惊愕，但由此也暴露出某些人的投机主义心理。绝大多数人持谨慎保留态度，但少数人开始与 Tsao-Mou 部队联络，希望借机获得一些官位和荣誉，后者会把这些分配给最后出价最高的人。但大多数人无动于衷，尽管事件就发生在距离赤坎几公里外，他们仍然保持平静安宁的状态。

国民政府的态度

广州政府通过我国领事反对 Tsao-Mou 的所作所为，并要求逮捕和引渡他。Tsao-Mou 回答我们的代表的说法，与广州政府不同，从来没有在租借地招募过士兵，因此他的态度是正确的，只要我们的权力没有遭到攻击，我们的中立地位没有被破坏，租借地政府就不应卷入这场纯粹是政治性质的纷争。况且，Tsao-Mou 已经离开租借地，而在中国境内行动。

此外，Hu-Tsang-Wan 指挥的广州营在电白地区打击海盗，已接到命令攻击 Tsao-Mou 团伙。但是，24 日晚上，军队长官会见了 Tsao-Mou。据说在会面期间，他（指军队长官）答应广西的反叛分子不发动攻势。经过长时间的协商，为了骗过政府，Hu-Tsang-Wan 决定进军化州。但是，Tsao-Mou 新近在遂溪任命的几个官员无视这项秘密协议和军队转移的目的，担心这次“讨伐”造成严重后果，遂仓皇出逃。他们中有些人刚刚花费 3000 皮阿斯特购买了县长的官职，领到头衔仅仅几个小时，就迅速逃至赤坎。

综上所述，无论对租借地政府还是对广州政府，雷州局势都大体平稳。广州政府一旦从目前的事务中腾出手来，就能轻易地在整个地区清洗反叛分子，所以我们无须忧虑。

国民党中央执行委员会的宣传

三个年轻人 Tsoi-Kong-Fock、Lam-Ly-Sao 和 Fou-Kit 21 日进入租借地了，22 日便请求面见租借地总公使，先前的报告已经提过他们的阴谋。会面时，这些年轻的国民党人士出示了国民党广州中央执行委员会的一封信告知他们此行的目的，信中委托他们在广州湾组建国民党的一个分委会。这次会面的详细信息和总公使的回应已经写在呈交给法属印度支那联邦总督先生的专门报告里，编号为 236 – C。

这个迟来的举动与遂溪被袭事件纯属巧合的概率越来越小。似乎可以肯定的是，这些传教士是出于对法国当局的恐惧而在麻章和遂溪采取行动，而法国当局因之前的行为似乎也有一些让袭击者感到担忧的理由……①

（三）法属印度支那联邦总督府关于广州湾租借地的政治月报②

档案馆卷宗号：GGI 64374

时间：1931 年 1 月

档案语言：法语

① 原文缺页，报告未完。——译者注

② 本政治月报原文缺失第 1 – 8 页，故下面的译文是从第 9 页原文开始翻译的。——译者注

政治月报（1931年1月）

接壤地区的形势

尽管海盗突然卷土重来，但可以说，接壤地区仍风平浪静。1月10日到20日的这些天里，汽车由士兵或民军护送，令人惧怕的盗匪的逃离使人们重拾信心，到月末，商贸往来已无须采取特别的预防措施。

我们必须承认，在海盗猖獗的地区，驻军力量得到加强，而与警察特遣队兵力相当的巡逻队跑遍乡村，局势逐渐稳定。

为了奖励在高州完成的安抚工作，李济深（Ly-Kit-Tchi）将军刚被提升一级。2月初，他应该前往广州，宣誓效忠政府。这好像是强加给中国将军们的新义务，试图使他们遵循军事服从民事的原则。

在1月份，传说李济深在雷州被刺杀。这一毫无根据的消息可能是由其诽谤者散播出去的。事实上，令人生畏的是，他严厉镇压居民中的不可靠分子。这种情况是很少见的，值得注意。李济深从未做出过任何妥协。他的部队驻扎在租借地周围各个炮台，秩序井然，纪律严明，在北上过程中，似乎纪律更为严明。广西东南地区的城堡（陆川、玉林……）都由重兵把守。为了方便招募，军事当局引荐一些非常年轻的新兵，按照几乎与士兵相同的体制培养娃娃兵。这些孩子被严格看管，每周只能外出两次。

然而，令人奇怪的是，在广西这些城市的城墙上可以看到攻击广西领导人黄绍竑、李宗仁和张发奎的大字题词。另外，城墙上都贴着军事或政治性质的布告或手写题词。不出所料，我们在那里看到了针对不平等条约、针对帝国主义的抗议书，甚至在整个广西都能看到针对广州湾法国租借地的抗议文字。

发生在县级的一次抗议活动刚刚结束，吴川县县长和雷州地区长官就都由新的正式任职者替代。

广州新闻详尽报道了安南民族主义党中央委员会宣传办公室执行代表、办公室主任Si-Seung-Mei在广州被党内成员Tou-Man-Yong杀害的消息。新闻宣称后者受到法国帝国主义者的教唆。这名凶犯曾试图谋杀党内成员Ling-Tchak-Man，并总是在法国指使下毒杀委员会成员。

广西的形势向来不受控制。黄绍竑正在南京与国民政府谈判。双方军队在相互观望，南宁以及广西其他地区的生活恢复正常，因为可以确定的是，正在进行的谈判取得了积极成果。多亏广西公共工程部前部长Ng-Ting-Yeung先生，事情才得以友好的解决，这正是众望所归。

（四）法属印度支那联邦总督府关于广州湾租借地的政治月报[①]

档案馆卷宗号：GGI 64374
时间：1931 年 9 月
档案语言：法语

政治月报（1931 年 9 月）

中国及接壤地区的政治形势

在高雷，不见军队有任何动向，但尤其是 9 月上半月却在强行征募士兵。士兵闯入村庄或市场，不管人们愿不愿意，强行征募男人，特别是年轻人，有时十五六岁的少年也不落下。

市场几乎被废弃，在那里只能遇到一些妇人。一些村庄采取自卫措施；9 月 19 日，民军前往位于雷州城南面 60 公里处的小镇 Cha-Tang，代替正规军执行征募活动，他们遭遇了步枪射击，于是撤回来了。第二天，他们带着增援返回，再次遭到附近村民的反击，后者组织起来抵制征兵的人。有 7 个村里的自卫队队员被杀。

在难以或不能采取防御措施的村庄，青年人、成年人甚至有时他们的家人大批涌向租借地的村庄避难，仅坡头就接收了 3000 名难民。赤坎城 8 月份接收了 700 名，9 月初接收了 800 名，月末又接收了 300 名。如果加上到白雅特城和其他中心的难民，估计难民总数达 4000 人左右。

然而，在当局宣布以及贴告示保证不再进行强行征募活动后，有一半人返回村庄。但人们仍心存疑虑，这种疑虑在某种程度上是有道理的，假如人们认为大部分中国军队都兵员不足的话。

在高雷，李济深上校带着他的大部分军队离开后，第 4 独立团的新任指挥官应该会采取紧急措施，整编仍旧兵力不足的军队。

实际上值得注意的是，李济深的继任者刘起时（Lao-Hy-Shie）借鉴德国军队训练规程，对其驻扎在梅菉的人员进行集中训练。他们在各种训练中执行完善的纪律要求并遵守出色的秩序，士兵配上全新的武器和装备，最近，一家野战医院以红十字会的名号在该城建立起来。

刘起时上校的军队原则上分布如下：

1 个营驻扎在 Luong-Yong；

1 个营驻扎在水东；

① 本政治月报原文缺失第 1 页，故下面的译文是从第 2 页原文开始翻译的。——译者注

1 个营驻扎在雷州；
1 个连驻扎在化州；
1 个连驻扎在梅菉。

（五）法属印度支那联邦总督府关于广州湾租借地的政治月报[①]

档案馆卷宗号：GGI 64374
时间：1931 年 11 月
档案语言：法语

政治月报（1931 年 11 月）

民事当局部署的警力（民军和村庄自卫队）保持警惕，但却未参与任何对抗土匪的行动。

日常情况下，这些警力通常用以保障秩序，他们武器配备低、待遇低、纪律涣散、没有相称的装备，而且弹药通常是劣质的。

相反，正规军装备精良、训练有素。

他们都受刘起时（Lao-Hy-Shie）上校的指挥，上校在梅菉有住所。梅菉位于租借地东北 35 公里处，从他的住所到坡头和白雅特城有一条可以通行汽车的公路。

下表列出了该高级军官部署的军队的分布和武器装备。

① 本政治月报原文缺失第 1－2 页，故下面的译文是从第 3 页原文开始翻译的。——译者注

		驻地	兵力（理论上）	武器装备	备注
上校直接领导	第1组步兵：射手	梅菉（东北部港口）	120人	5连发毛瑟步枪；10把毛瑟手枪；手榴弹	实际兵力100人，都训练有素
	第2组：机枪连	梅菉	120人	5连发毛瑟步枪；4把德国造冲锋枪；4把我们的1915型自动步枪型的冲锋枪；5把口径为7.63mm的伯格曼手枪；手榴弹	实际兵力80人
	第3组：炮兵	Sang-Ngni	160人	8门1918型81m/m迫击炮；4门76m/m型火炮，每营一门	实际兵力100人
驻水东的第1营	第1连	水东（梅菉北部港口）	100人	5连发毛瑟步枪；10把毛瑟手枪；手榴弹	实际兵力80人
	第2连	化州县	120人	5连发毛瑟步枪；10把毛瑟手枪；2挺“马克沁”（Maxim）水冷机枪；手榴弹	实际兵力80人
	第3连	阳江县	120人	5连发毛瑟步枪；4把伯格曼手枪；10把毛瑟手枪	实际兵力80人
	第4连	廉江县，还有一个分遣队驻扎在安铺（廉江的港口）	110人	5连发毛瑟步枪；10把毛瑟手枪；手榴弹	实际兵力100人

续表

		驻地	兵力（理论上）	武器装备	备注
驻雷州的第 2 营	第 5 连	遂溪县：分遣队驻扎在乐民东岸和纪家	100 人	5 连发毛瑟步枪；10 把毛瑟手枪；手榴弹	实际兵力 80 人
	第 6 连	英利（徐闻的市场）	120 人	5 连发步枪；10 把毛瑟手枪；2 挺“马克沁”机枪；手榴弹	实际兵力 85 人（造反收编过来的）
	第 7 连	徐闻	120 人	5 连发毛瑟步枪；4 把俄国造冲锋手枪；10 把毛瑟手枪；手榴弹	实际兵力 80 人（暴动连）
	第 8 连	雷州，有一个分遣队在麻章	110 人	5 连发毛瑟步枪；10 把毛瑟手枪；手榴弹	实际兵力 80 人
驻 Sang-Ngni 的第 3 营	第 9 连	Yeong-Tchang 行政区	120 人	5 连发毛瑟步枪；10 把毛瑟手枪；手榴弹	实际兵力 60～80 人
	第 10 连	Sang-Ngni 行政区	120 人	5 连发毛瑟步枪；10 把毛瑟手枪；2 挺“马克沁”机枪；手榴弹	
	第 11 连	Sang-Ngni 行政区	120 人	5 连发毛瑟步枪；10 把毛瑟手枪；手榴弹	
	第 12 连	高州行政属地	120 人	5 连发毛瑟步枪；10 把毛瑟手枪；手榴弹	实际兵力 60～80 人
驻 Yeong-Tchang 的第 4 训练营		徐闻行政属地	500 人	在武器装备方面，除了上面预测的，外加 2 把手提步枪	11 月 21 日 You-Tchang 赶赴徐闻

注：武器和弹药大都产自广州兵工厂，用材、质量很好，大部分是最近重新生产的。

这些情报由刘起时上校亲自提供给租借地长官。

第4独立团的第6、7连的暴动：在梅菉的 Lao-Hy-Si 上校

11 月 6 日夜间，驻扎在徐闻的第 4 独立团的第 6、7 连发动暴动，杀死了 Lao-Ying-Yim 上尉和 30 个人。在军官 Liou-Van-Kai、Tchong-Ying-Sang 和 Vong-Ha-Hing 的带领下，86 名暴动者，其中 60 人来自第 6 连，带着妻女、绅士、商人，携带武器弹药，与徐闻郊外森林里的海盗会合了。

刚一获得消息，正在广州的刘起时上校马上启程前往白雅特城，又从那里前往雷州，指挥部队的镇压行动。

根据他提供给租借地总公使的情报，雷州半岛南部被总兵力为 1400 人的 4 个营包围，部署如下：

1200 支仿德国 1914 式 5 连发毛瑟步枪；

120 支毛瑟手枪，口径 7.63mm，10 发弹匣供弹，木头枪套，瞄准具可调制 1000 米；

6 挺德国“马克沁”水冷重机枪；

4 把新型德国冲锋枪；

4 把我们的 1915 型自动步枪型冲锋枪；

9 支伯格曼冲锋手枪（1）；

4 支俄国造冲锋手枪（2）；

（1）—（2） – 口径 7.63mm，螺旋形单散热片，24 发矩形扁平弹夹。

4 门 76m/m 大炮（德国前骑兵队规定的武器）；

8 门迫击炮，与我们的 1918 型 8m/m 斯托克斯（Stockes）极为相似，炮弹在其引信、弹体和翼片的排列等各个方面都与我们的 1921 – F. A. 型相似；

1500 个带有我们的 F. I. 型固定件的手榴弹；

上面的兵力分配如下：

1° – 梅菉的 Lao-Hy-Si 上校的炮兵连全部前往徐闻森林边缘（Kou-Sung-Yune 上尉）；

2° – 第 1 营，500 人，指挥官是 Wong-Fa-Mang，4 个连：

第 1 连（水东），上尉 Tong-Koc-Wa

第 2 连（化州），上尉 Ho-Hoi-Tchao

第 3 连（阳江），上尉 Tsang-Tso-Kong

第 4 连（廉江—安铺），上尉 Yong-Yoc-Tchao

3° – 第 2 营，250 人，指挥官是 Sou-Hong-Kouang，剩下两个连忠于他：

第 5 连（雷州—遂溪），上尉 Kong-Foc-Lang

第 8 连（雷州—麻章），上尉 Wong-Ming-Yeck

这两个起义的连（6 连和 7 连）属于这个营，驻守在徐闻森林附近。

4° – 第 3 营，400 人，指挥官是 Sang-Hing 的 Ho-Tchong-Fam：

第 9 连（Yong-Tchang），上尉 Tou-Tchi-Wing

第 10 连（Sang-Hing），上尉 Ly-Tchong

第 11 连（Sang-Hing），上尉 Ng-Seck-Tchong

第 12 连（高州），上尉 Wong-Koc-Song

5° – 新组建的第 4 特别营于 11 月 21 日出发。

11 月 16 日，在租借地总公使视察期间，刘起时上校向其表示，等完全安定后他才离

开这个动荡的地区，同时请求采取一切手段，阻止暴动者逃往依附于租借地的岛屿，他还向总公使保证，发生各种事件时会随时告知后者。

可以预见徐闻郊外森林里的海盗团伙试图乘帆船逃到海南，这不是不可能。不过，有些成员可能会逃往东海和硇洲。另一方面，高雷北部的驻军撤走了，在该地区重编的匪盗团伙不会一直不生事，他们的存在迫使我们要加强对领土边界的监视。

另外，我们采取了一切措施，保证租借地各区域的安全。

为此，如果大批团伙在麻章地区聚集，可能需要增援赤坎本地炮台，重新占领52海岸线［根据博南（Bonnin）上尉1900年绘制的广州湾地图］处的老营地（参见：广州湾高级驻扎官1929年3月13日、9月25日分别致法属印度支那联邦总督的第44－C号信件和第204－C号信件）。

这使人想起在1899年11月29日的划界过程中，赤坎—麻章的一条公路刚好经过被称作南山和北山的两个山包，为此引起很大争议。通过把南部山包授予法国，北部山包留给中国，从而解决了分歧。在那里，一度建立起一个炮台，后来又拆了。

中国人自然认为这两个山包都属于他们。倘若需要，重新占领保护赤坎入口的南山包会有激起中国人强烈谴责的风险。

不过，目前可能还有机会（高雷南部发生动乱，北部和中部的军队撤走去应对）采取有影响的行动，更好地表达我们的意愿——不放弃对这一战略要地无可争议的权利。

此外，这一关系到租借地防御计划的措施消除了中国军事当局在他们认为重要的位置驻军的可能性，然而，中国军事当局有可能真的没有能力保护这个位置，用于抵御盗匪对赤坎的侵犯。

最后，需要指出的是，在11月12日到13日晚，中国海关欧洲代理佩特查特凯（Petchatkin）先生在午夜到凌晨1点在赤坎到麻章的公路上被正在巡逻的民军逮捕，并遭到谴责。①

（六）法属印度支那联邦总督府关于广州湾租借地的政治月报②

档案馆卷宗号：GGI 64375
时间：1932年1月
档案语言：法语

① 原文缺页，报告未完。——译者注
② 本政治月报原文缺失第1－7页，故下面的译文是从第8页原文开始翻译的。——译者注

政治月报（1932 年 1 月）

____

____

____________________①

居住在日本的法国人阿格诺埃（Haguenauer）先生持有外交护照，准备前往河内参加史前史大会，他 20 日在广州湾住了一夜。多亏租借地政府部门的好意，他走遍了租借地。对于这次的游览，他非常感兴趣，他表示这块在中国不为人知的租借地给他留下了极好的印象。

接壤地区的各种情报

正规军暂停了对徐闻郊外森林里的强盗团伙的攻击。除了驻扎在英利市场的 100 人外，刘起时的军队被从雷州半岛南部召回来了。

徐闻郊外森林的治理成为非常重大的问题。雷州报纸公布了在森林中进行灌木清除、建造公路和防御工事的几项计划，细节和评估之详细令一个没有经验的人也相信这个计划很快就要变成现实。

陈济棠将军从参谋部委派 Ha-Sao 军官前往高雷，调查刘起时上校。这名军官与其他 3 名文职军官在水东下船后，立即前往梅菉。随后他来到赤坎，在这里，他在宾馆住了 3 天（5 日到 8 日）。8 日，他到雷州调查刘起时针对徐闻郊外森林里的海盗采取的行动，从这一天起，他没有再在租借地出现。

广州政府的意图是派刘起时的第 4 独立团到高雷，由 Tchou-Kay-Yp 上校及其第 2 独立团负责执行之前委托给刘起时的徐闻郊外森林肃清行动。

1 月 11 日，刘起时穿过租借地，仅在赤坎停留了几个小时，后在一名携带武器的正规军的军人护送下回到梅菉。

1 月 26 日，拥有一百来个正规军的特遣队从广州出发，27 日到达水东，后乘坐卡车经过化州、廉江、安铺到达雷州。

遂溪县县长在给广州政府的报告中表示，县自卫队以及遂溪高中的学生都是共产党的同情者，1 月 15 日，刘起时上校好像奉命从广州派来一百来名正规军，解除了县自卫队 70 人的武装。

据说，县长实际上是想让其朋友担任高中校长。学生们示威游行，罢课抗议，县自卫队不愿意执行县长的命令去镇压这些闹事的年轻人。

据其他传闻，针对县长的敌对运动是遂溪的国民党委员会主席 Tsang-Yao-Hang 先生与 Sou-Tsoc-Hoc、Tsou-Sai-You 和 Tsiou-Sai-Tong 串通一气而煽动起来的。这个传言可能是真的，因为自从阴谋没有成功，Tsang-Yao-Hang 便逃往赤坎（住在大中酒店）。Sou-Tsoc-Hoc 和 Tsiou-Sai-Yon 经由水东前往广州。

陈章甫（Tsang-Tchuong-Pou）将军被广州政府任命为广东南区（高州、雷州）绥靖公署主任（Directeur de la pacification）。他的办公室设在雷州，他将在十来天后赴任。

① 因这页并不是这份月报的起始页，这种格式指省略了内容。

（七）法属印度支那联邦总督府关于广州湾租借地的政治月报[①]

档案馆卷宗号：GGI 64375
时间：1932 年 3 月
档案语言：法语

政治月报（1932 年 3 月）

在化州、廉江和遂溪，同样有传言称，白雅特城的天主教传教士作为租借地政府部门代表，已跟梅菉的第 4 团交涉过了，其目的是使基督教徒和神父可以在高雷完全自由走动，以便加强这些地区和租借地的经济联系。一些富裕家庭对此忧虑不安，他们打算卖掉囤积的货物并且停止所有项目。

高级驻扎官西尔韦斯特雷（Silvestre）离开。3 月 12 日，高级驻扎官西尔韦斯特雷乘坐 Tai-Poo-Sek 离开白雅特城，前往柬埔寨（Cambodge）代理高级驻扎官一职。在被任命为租借地总公使的雅布耶（Jabouille）先生到来之前，总督先生委托 S. C. 的第三级行政官员韦西埃（Vayssieres）先生处理日常事务。

外国人经过。3 月 2 日，“Standard Oil”公司的代表美国人威廉斯（L. B. Williams）通过陆路从北海来到白雅特城。3 月 3 日，他从白雅特城出发去了香港。

2 月 14 日，英国传教士班内特（Victor Donald Bannett）经过租借地前往雷州，25 日，乘船去了香港。他在租借地的通行没有引起任何特别关注。

他是与另一位同样来自雷州的美国传教士埃尔莫特（R. V. James Ermott）一起出发的。

接壤地区的形势

3 月份，接壤地区的局势异常焦躁不安，这是由于日本人在上海的成功以及海盗对雷州的侵犯造成的。

几个小海盗团伙势力可能在缩减，但藏在徐闻郊外森林里的团伙实行了一次突袭。500 多人中有 200 人是以前的正规军，他们 1 月份带着武器和辎重加入进来。19 日早晨，这 500 多人举着旗帜，吹着号角，秩序井然地来到 Ma-Lo（位于雷州南面的大市场）的门

① 本政治月报原文缺失第 1 - 4 页，故下面的译文是从第 5 页原文开始翻译的。——译者注

前。Ma-Lo 的公局长派警察出来表达敬意，因为他们和广大民众一样，相信这是正规军。海盗刚一到达，他们就立即向公局警察和人群开火。估计死亡人数达 150 人。在这场枪战中，在白雅特城疗养的海关官员也被打伤了。

受到惊吓的居民企图从海上逃走，但一些超载的小艇翻到海里，造成 200 人死亡。Ma-Lo 被洗劫一空，部分房屋被烧毁。

在海盗退到位于森林和大海之间的 Hai-Nam 村时，他们捉住了许多人做人质，估计有 200 多人。20 日全天他们在该村宿营，进行休整并在防守薄弱的地方修筑工事。他们的武器主要有毛瑟枪和 5 连发步枪。同时，他们还拥有两套自动武器和一些手榴弹，这些都是那些前正规军逃跑时拿走的。

驻扎在徐闻的第 1 独立团的梁国武（Leong-Tchong-Mou）上校马上带领第 2、第 3 营抵达 Hai-Nam 村。他们在 20 日一天之内发起了几次猛攻，但都没什么结果。海盗借助夜色逃走了。

21 日，梁上校急遣第 2 营和驻扎在 Yi-Koung-Lao 的第 1 营的两个连切断盗匪的退路。他自己带领第 3 营和第 2 营余部经新村仔和赤兴朝着后坑涧方向追击，他本来有机会与海盗团伙接火，未曾料海盗却趁着夜色再次逃跑。第二天他们继续追击。当时海盗试图返回他们在 Sai-San 的老巢，却被第 2 营和由村里众多的自卫队员增援的第 1 营的两个连拦截在了 Seou-Mi-Kiou。

海盗受到数量较多而且武装精锐的军队的两面夹击，放弃了人质和大部分笨重的战利品四散逃离。在这次交锋中，海盗这边死了一百来个人，三个头目被杀。但正规军只能守住森林的侧翼，以致四散逃散的海盗能够再次涌入森林，重新聚集。

鉴于森林的广阔和茂密，陈章甫（Tchang-Tchong-Pou）利用 3 月份的最后几天时间组建了几支特遣队包围森林，执行艰难的任务。

行政重组。为了赋予每个县一个更为自主的组织机构和存在方式，中国当局开始推行行政改革。

不太重要的村庄（大约 30 户）构成一“里”，由居民指定的“里长”领导。

3个“里”（大约100户）构成一“亭 ”（Heong），其首领是“亭长”（Heong-Tcheong）。3个“亭”构成一“屯”（Tun），由300到500户组成，受“屯长”（Tun Tcheong）领导。①

（八）法属印度支那联邦总督府关于广州湾租借地的政治月报②

档案馆卷宗号：GGI 64375

① 原文缺页，报告未完。——译者注

② 本政治月报原文缺失第 1 -4 页，故下面的译文是从第 5 页原文开始翻译的。——译者注

时间：1932 年 6 月
档案语言：法语

政治月报（1932 年 6 月）

在 6 月份，74 名军人（其中有 21 名文职）穿越了租借地。

6 月 2 日，中国海关官员英国人尼尔（Robert Edouard Neale）先生从海口来到白雅特城，留宿在彭德尔德（Pendered）先生家。6 月 7 日，他动身去了香港。

来自亚洲石油公司的弗罗斯特（Richard Frost）过去作为外籍侨民居住在租借地，他于 6 月 11 日到 17 日在彭德尔德先生家逗留。

6 月 22 日，英国传教士巴尼特（Victor Donald Barnett）夫妇到达白雅特城，第二天离开。他们是雷州时乐士（Taith Snuggs）小姐的客人。

德士古（Texaco）公司的代表美国人斯通（M. L. E Stone）再次路过租借地。为了与位于广州湾及附近地区的亚洲石油公司竞争，该公司付出了巨大的努力。

中国的炮艇。6 月 6 日，中国的“Ping-Nam”号炮艇为了补给水，在淡水停泊。这艘有 44 名船员的巨轮于同一天前往海口。

接壤地区的形势

6 月，由于最高统帅陈济棠和海军上将陈策不和，广东的政治形势受到影响。

陈济棠开始使用武力迫使陈策悔改。此外，由于他向反叛的小舰队发射的炮弹落在了葡萄牙的殖民地上，招致澳门当局的抗议。

陈策的军舰随后在伶仃洋遭到飞机轰炸，但未遭受损失。

在雷州和高雷的各个卫戍部队从 5 月份开始的兵力集结在本月继续加快进度。

26 日，陈章甫将军乘飞机回到他的指挥所。所有准备工作就绪，他授权第 1 集团军向海南发起总攻。目前，其 13000 多人的兵力部署如下：

雷州城及其周边村庄：4 个团和 2 个营。

徐闻：2 个团（第 1 团和第 3 团）和第 4 独立团的 1 个营，总计 4500 人。

陈章甫麾下有陈汉光将军、梁周武将军和钟继业（Tchong-Kai-Yip）。陈章甫的参谋长本名李江，刚在广州提升为中将。

在雷州拜访陈章甫将军期间，他观察到这支部队具有良好的军纪而且配备了重要装备。

下面列举的是上述兵力可使用的武器及数量：

重机枪……………………………………………………………………80
轻机枪……………………………………………………………………60
炸弹………………………………………………………………………60
冲锋枪……………………………………………………………………400
自动步枪…………………………………………………………………30

大炮……………………………………………………………………30

雷州机场已经过整修，第 2 个停机库已建造完成，每个停机库可容纳 5 架飞机。停机库用木头、茅草和席子建造。目前有 4 架飞机在雷州，有 5 架飞机在徐闻。这些飞机都带有美国商标，可装备 60 公斤左右炸弹。

这些飞机已经几次入侵海口上空进行侦察，但这个情报尚未得到证实。

在陈策与陈济棠为派系争斗而准备最终大打出手时，孙科、Tong-Sun-Tchi、胡汉民（Hou-Han-Ming）开始进行积极调解。Tong-Sun-Tchi 受 Wong-Tching-Wan 和蒋介石委派进行调解。

不负所望，这些调解尝试立即奏效。

经济形势

今年，稻子和花生长势喜人，从 6 月末的第一季收成看，产量非常不错。

贸易额呈现出明显回升的趋势，但令人担心的是这种跃进仅仅是一时的。贸易额提高到 1504787 皮阿斯特，而 5 月份为 1196385 皮阿斯特，4 月份为 1402394 皮阿斯特。贸易细节如下。

进口：自香港……………………………………………894107 皮阿斯特

自海防……………………………………………………4729 皮阿斯特

898836 皮阿斯特

出口：往香港……………………………………………604384 皮阿斯特

往海防……………………………………………………1567 皮阿斯特

605951 皮阿斯特

出口香港的动物

黄牛……………………………………………………1571 头

水牛……………………………………………………377 头

猪………………………………………………………5708 头

（九）法属印度支那联邦总督府关于广州湾租借地的政治月报[①]

档案馆卷宗号：GGI 64375

时间：1932 年 11 月

① 本政治月报原文缺失第 1 页，故下面的译文是从第 2 页原文开始翻译的。——译者注

档案语言：法语

政治月报（1932年11月）

军舰经过。11月22日，“ALERTE”号炮艇停泊在白雅特城的锚地。军官们多次受邀参加法国殖民地组织的招待会。

11月5日，“KOUANG－KAM”号炮艇在淡水补水。

军人经过。11月内有18名军人（其中有3名军官）经过租借地，未挑起事端。

外国人。11月1日，丹麦的索伦森（Jens Peter Sorensen）先生到达白雅特城。这个外国人是海关职员，被派往梅菉海关所。我们也期待其他职员到来，以用欧洲人增补人数已然众多的本地职员的队伍，后者负责在租借地周边各个关卡收税。

牧师时乐士曾暂时离开租借地，去美国陪同他生病的妻子，他已于11月15日以侨民的身份返回。他女儿时俊英（Faith M. Snuggs）住在雷州，由于以非侨民的身份来到租借地，她需填一些表格，才能被当作侨民对待。

11月24日，一家化肥公司的代表、英国人布罗拉尔德（John Joseph Cyril Brollard）先生来到白雅特城。他第二天离开租借地，前往雷州。

接壤地区的形势

邻近地区相对安静。然而，两次抢劫都发生在雷州半岛内部。

11月7日，徐闻郊外森林里的一个海盗团伙兵分三路，计划包围潮河村，这也是南兴市场所在地。有一路海盗装扮成正在调动的正规军，地方当局发现他们的行军可疑，便谨慎地做好了防卫。在从雷州匆匆赶来的正规军的协助下，当地民军挫败了盗匪的侵犯。

而11月23日，同一森林里的海盗发动另一次袭击，成功侵入了徐闻县西面的龙屈村。海盗的突袭令村民惊愕不已，只有快速逃跑，留下7个人质落入强盗之手。驻守在徐闻的第3独立师的教导员兼团长梁公福（Leong－Kouok－Man）上校讨伐了强盗。15名海盗被杀。就像以前的行动一样，这次行动仅获得部分成功，徐闻的海盗问题仍未解决。

相反，11月2日，张文韬上校和海警局局长Lai-Yut-Tong使用飞机和炮弹，发动了对斜阳岛的攻击，收获颇丰。3个海盗头目薛经辉、黄二和陈中华被投入监狱。众多罪犯被杀，60来件武器被缴获。正规军遭受的损失不大。

这次行动带来了出乎意料的影响：遂溪、雷州和安铺等地的民众担忧这些逃跑的海盗会卷土重来，侵害他们。

陈章甫将军让海警局局长暂时留在斜阳岛，以免溃逃的盗匪返回。

11月21日，以前的通信中提到的一个委员会从遂溪来到雷州，负责检查该地是否已经完成了绥靖工作。该委员会由马佩、陈南、李汝隆、何衍章和黄宁保组成。

该委员会进行了调查，我们不知道结果是什么。为了尽可能影响委员会做出结论，我们在民众中散布消息说，绥靖军队已经如此牢固地保障了该地的安全，以至于今后当地民兵足以掌控秩序，保障安定。

这些好的结果应该对广东南部地区有利，因为政府刚同意给绥靖专员展期，后者本来受托要在10月底以前歼灭该区的海盗。另外，为了巩固所取得的成果，彻底避免强盗行径死灰复燃，政府指示他们通过电话进行沟通，清查城市居民，以便追查那些想要隐藏在这里的罪犯。

在过去的这个月，能载入广东历史的突出事件是：南京政府召开了第三次全体会议、“中国轮船招商局”收归国有以及向美国借款。

驻广州的西南政务委员会担心蒋介石会利用第三次全体会议恢复独裁。该委员会尽力阻止这次大会。他们多次召集会议，云南、四川和贵州派代表参加。山东也派代表到广州，但他们声明不担负任何使命。驻广州的国民党中央委员会委员则有可能不参加南京政府召开的第三次全体会议，而仅限于邮寄一些提案。

为了煽动反对蒋介石的舆论，广州领导人让民众发自内心地相信传闻，说蒋介石计划让南方省份悔改，尤其是广东。他计划通过内战，削减贵州、四川和山东的有生力量，避免在他攻击南方省份时，这些力量趁机攻打他。待这个危险因素排除后，蒋介石就打算断掉南方省份的粮食供应，通过武力迫使他们归顺。

实际上，广东南部民众看上去并不担心这些传言，其动机太过明显，以至于让人谨慎对待。

经济形势

租借地的经济形势仍然不好。赋税难以征收。纳税人支付能力的衰弱应归罪于汇率降低和商业萧条。

与上个月相比，进口贸易额从 1149007 皮阿斯特下降到 734951 皮阿斯特，而出口贸易额从 997307 皮阿斯特下降到 438870 皮阿斯特，总体少收入近百万皮阿斯特。

（十）法属印度支那联邦总督府关于广州湾租借地的政治月报①

档案馆卷宗号：GGI 64376

时间：1933 年 1 月

档案语言：法语

政治月报（1933 年 1 月）

军人经过。在这个月，10 名没有携带武器的便衣军人穿过租借地。

苦力从新加坡返回。自从相关海峡对移民基本关闭后，经常有众多的中国苦力返回家乡。

---

① 本政治月报原文缺失第 1－2 页，故下面的译文是从第 3 页原文开始翻译的。——译者注

可能适逢越南春节，这个月的返乡队伍尤其浩大。

接壤地区的形势

山海关被日本军队攻克从而唤醒了中国人的民族情结，有可能缓和那些开始再次分化的主要领导人的冲突。西南派向南京政府发去电报，请求坚决抵抗侵略者，保证全力协助。此外，他们召集云南、贵州、广西和福建的代表开会，参会的还有山东和热河的陕西代表。这次大会决定展开一场彻底的抗日斗争。

广东当局更关心的是做好防御准备，对抗飞机空袭。为了保证广州免遭空袭，广东当局已经设想征收数量相当可观的房租税。

陈济棠大元帅打算把与广西的共产党作战的军队召回广东。为达到此目的，他强行在福建、广东和广西成立了 5 个师。

接壤地区这一段时间形势很平稳。对海盗行径的镇压取得了成功。诚然，陈章甫将军责令其下属在 2 月底前取得成效，以便在广东安全地实施建设和教育计划。

由梁公福指挥的第 1 独立团遭受了重大损失，而中国当局却闭口不谈，该团上个月在徐闻由第 1 教导师第 2 团进行扩编。该团在梁公福的领导下，采用了已经被证明有效的新型镇压手段。以前一直采取的是白天作战的方式，梁公福则在夜间行军，通过隐蔽通道直逼盗匪老巢，黎明时采取突袭。

多亏这种战术，他从 10 日夜间到 11 日攻克了桃园老巢，使海盗遭受重创。28 日，他消灭了白沙山的大型海盗团伙，释放俘虏，关押海盗。29 日，直捣谭龙①。那些罪犯对这种新的攻击手段非常震惊。另外，那些囚徒说，他们被正规军武器的效力和反常的声音吓坏了（他们指的是最近从德国购买的轻机枪）。

梁公福上校在越南春节期间对海盗休战，但他打算节后再攻打他们。他在访问广州湾期间，借机与租借地政府部门协商，为的是在他 2 月初发动对海盗的镇压期间，租借地边界能得到严密监视。

经济形势

贸易额上个月小幅回升，1 月份下降幅度大于 40 万皮阿斯特，而这归因于越南春节期间交易暂停。

商业活动

进口

自香港……………………………………………………………614032 皮阿斯特
自海防……………………………………………………………2340 皮阿斯特

616372 皮阿斯特

① 可能是谭龙仔村。——译者注

出口

往香港……………………………………………………………423848 皮阿斯特
往海防……………………………………………………………20 皮阿斯特

423868 皮阿斯特

出口香港的动物

黄牛……………………………………………………………679 头
水牛……………………………………………………………193 头
猪………………………………………………………………3848 头
山羊……………………………………………………………275 头
家禽笼子…………………………………………………911 笼（每只笼子装 20 只家禽）

（十一）法属印度支那联邦总督府关于广州湾租借地的政治月报①

档案馆卷宗号：GGI 64376
时间：1933 年 2 月
档案语言：法语

政治月报（1933 年 2 月）

军人经过

2 月份，有 33 名没有携带武器的便衣军人（其中 11 名军官）经过租借地，而没有任何事件发生。

2 月 14 日夜，从阳江到海口的一艘帆船上载有 35 名新兵，在淡水停泊。

外国人经过

2 月 5 日到 10 日，英籍传教士巴尼特先生在白雅特城的牧师时乐士家逗留。

2 月 22 日到 23 日，从香港返回的传教士施密特（J. C. Schmidt）在去往化州前，在白雅特城的亚洲公司代表家逗留。

① 本政治月报原文缺失第 1－2 页，故下面的译文是从第 3 页原文开始翻译的。——译者注

4 名美籍外国人：传教士赫林（James Henry Herring）夫妇，持有法国驻广州领事馆 2 月 14 日签发的护照；传教士波梅伦克（Herbert Heinrich Pommerenke）夫妇，持有法国驻广州领事馆 2 月 14 日签发的护照。他们四人 21 日通过陆路到达赤坎找人修理汽车。他们来自阳江，常住在那里。由于没有持有非侨居的外国人应持有的证件，他们被拒绝入界。

接壤地区的形势

广州领导人继续推行地区政策，组织了一个国防委员会，由西南省份的代表组成。为了保存部队势力并在有利时机攻打蒋介石而不是抗日，他们有必要放出风声说南方面临危险。

按照这个计划，陈济棠大元帅打算近期微服出行，视察广东的港口。他经过阳江、永州、高州、梅菉、化州、安铺和北海，穿过广州湾租界。同样，人们认为亟须加强防御，就相信陈章甫将军的广州之行抱着一个目的，即在海南（海口、玉林和 Pakma）建造军港。据其他消息称，广东南路担任绥靖专员的将军其实打算辞职，而陈济棠尽力说服他。除了上述传言，还需加上一条，只不过不太可信，即陈章甫应该很快返回雷州。

1932 年 1 月，日本发动第一次攻击时，人们热衷于传播这样的消息：集结在东京①边界甚至广州湾的法国军队即将进攻，只为挫败与所有抗日队伍进行合作的任何企图。

雷州在继续镇压海盗行径。2 月 8 日黎明，梁公福团端掉海盗设在 Si-Fong-San 的一个新窝。Lao-Hy-Si 上校早前曾收编了一些海盗，并给他们配备了武器，事实证明这种做法太不成熟，因为海盗有了武器和辎重后不久就背叛了他。现在这些家伙发现被围捕后，其中一部分人归顺了梁公福上校。他们归还了 50 多件武器。这些军事行动目前获得的战果是：200 人被杀，180 人被抓，100 来人逃跑，有一些人逃往租借地。梁公福想利用他俘虏的一些人给扫匪特遣队带路。其中一些人应该已经给他提供了有用的情报。他们中的几个人也应该能帮助我们在租借地进行搜查，因为我们的当地合作者与雷州的军政当局一样很熟悉徐闻郊外森林里的海盗情况。这是一次共同商议的行动，再次表明我们与邻邦的关系中，和睦共融、谦恭礼让仍占主导地位。

经济形势

海关对租借地的非法买卖稍微放松了管制，使得 2 月份贸易增长超过 20 万皮阿斯特。

与所有的银币一样，当地的皮阿斯特相对于印度支那皮阿斯特有明显的升值，从 100/250 升值到 100/210。单纯从地方的角度看，我们应该对汇率的改善感到欣喜，因为更容易收税，也对进口有积极影响。

商业活动

进口

自香港……829488 皮阿斯特

自海防……1800 皮阿斯特

---

① 此处的东京仍是越南古地名，也就是现在的河内市。——译者注

831288 皮阿斯特

出口

往香港……………………………………………………………415045 皮阿斯特
往海防……………………………………………………………0

415045 皮阿斯特

出口香港的动物

黄牛………………………………………………………………1048 头
水牛………………………………………………………………231 头
猪…………………………………………………………………2953 头
山羊………………………………………………………………421 头
家禽笼子…………………………………………………588 笼（每只笼子装 20 只家禽）

（十二）法属印度支那联邦总督府关于广州湾租借地的政治月报①

档案馆卷宗号：GGI 64376
时间：1933 年 3 月
档案语言：法语

政治月报（1933 年 3 月）

3 月 1 日到 3 日，英国人克罗斯（George Edwin Cross）先生，任海关助理，在租借地逗留。

3 月 6 日到 9 日，英美驻香港烟草公司经理史密斯（Fratonly Staffert Smith）先生在白雅特城逗留。

14 日，美孚石油公司（Socony）的代表，美国人威廉斯（J. B. Williams）先生到达广州湾，巡视了一圈后于 16 日离开。

① 本政治月报原文缺失第 1 – 2 页，故下面的译文是从第 3 页原文开始翻译的。——译者注

接壤地区的形势

南部省份至少口头上反对与日本人进行一切直接谈判。军队应该被派往北方，之所以军队还未北上，那是因为必须采取谨慎行动，缘由是蒋介石有意向与日本合作。广东认为这个结局定会危害民族声望，为了避免这种情况出现，它会强力阻止两者合作。第 4 独立师正在组建；福建告知广州领导人，3 月 25 日，他们已向韶关（广东）派出军队，新组建的广州师也会前往那里。广西也派 Tam-Lin-Fong 师参与进来，广州的军队一上路，Tam-Lin-Fong 师就出征。这些军队取道湖南和湖北北上，所需费用将由广东支付。为此，将由这三个省份投资兴建西南银行。这个计划很有可能取得某种成功，但广州的领导人也可能不派军北上。事实上，从现在起，他们就抗议把整个指挥权交给蒋介石的一切企图。为了有效地反对这些企图，他们保留了最大兵力。他们鼓动蒋介石专心抗日，由他们负责对付共产党。

尽管租界接壤地区的局势相对稳定，但应该指出，从徐闻溃退下来的一伙盗匪制造了几起袭击事件。本月底，徐闻郊外森林的海盗被全部肃清，那些四处溃逃并被追击的海盗不得不归顺或躲藏一段时间。老实说，能够逃过梁公福上校施展的计谋的人不多。这名军官利用有威信的囚犯说服仍然在逃的海盗降服于他。他承诺不会杀害前来投降的海盗，并保证把他们收编到即将对日作战的军队中。300 多名被追捕的盗匪被这个承诺吸引了，又收到他们被梁公福扣为人质的头目的命令，便归顺了梁公福。但梁公福没有遵守承诺，4 月 4 日，他在雷州让人用机枪射杀了 212 名降服的盗匪。如果要为梁公福辩护，我们就必须承认以前那些把海盗纳入正规军的经验都是惨败收场。此外，我们还必须说的是，对海盗的镇压举步维艰，由于配备了精良的武器（冲锋枪、手榴弹）的海盗曾经对正规军造成重创，因此，对海盗就不能存有心慈手软之念。

此次行动缴获了重要的武器装备，有 200 支步枪和约 120 把毛瑟手枪。

梁公福上校为了维护自己的声望，他在 3 月底的最后几天组织了一场在徐闻郊外森林的远足活动。广东南路每个选区派了两名代表参加，他们在海康和徐闻两县提供的一支微弱警力的保护下参观了森林。平定匪患之后，开采这片森林的计划早在酝酿之中，现在终于变得可行了。

在这片森林里，人们发现相当多被倒立着悬挂在树上的骨骸，这都是那些被盗匪劫持的人，他们的家属付不起赎金。

占据接壤地区的兵力情报

第 1 独立团（以前的第 3 独立团）被重新改编成第 3 独立师的教导团。遵照梁公福上校的命令，该团在徐闻驻防，有可能被批准参加对日作战。该团的一个营接到 Wong-Tak-Tsun 的命令，将于 30 日从徐闻赶赴雷州，为的是前往广州，在那里，他们将被编入第 4 独立师，该师的组成前文已经讲过。

第 1 教导师的第 2 团听命于梁公福，有两个营在徐闻驻防，1 个营在安铺驻防，其余的在雷州驻防。雷州驻军必须于 4 月 4 日奔赴广州，他们会先通过陆路到达水东，再乘船到广州。该团所属的教导师必须前往 Tong-Kiang 接替在广西追缴共产党的第 3 军。据其他情报，该教导师将被派往北方对日作战。这支部队将由李济深将军统领的驻守 Fou-Moun

盐场的两个警卫营接替。①

（十三）法属印度支那联邦总督府关于广州湾租借地的政治月报②

档案馆卷宗号：GGI 64376
时间：1933 年 7 月
档案语言：法语

政治月报（1933 年 7 月）

船舶经过。7 月 8 日到 9 日，400 吨位的“两广”号炮艇停泊在淡水锚地，载有 60 名士兵，携带 40 支步枪。它来自北海，将驶向广州。该船为盐政服务，但也运输军队。

7 月 21 日到 22 日，从广州到海康的约 600 吨位的“广金”号炮艇停泊在淡水。它运送的是由 80 名持枪正规军组成的分队。

军人经过。7 月，39 名没有携带武器的便衣军人（其中有 4 名军官）经过租借地，但没有引发事端。

外国人经过。7 月 8 日到 11 日，中国海关专员英国人白立查（Edwin Alfred Pritchard）先生和北海—广州湾海关税务司安德森（Anderson）先生在白雅特城逗留。他们来广州湾，准备与租借地总公使处理各种悬而未决的问题。白立查服务于上海海关总税务司署“缉私科税务司”。

接壤地区的形势

7 月份，西南派与南京政府之间的紧张关系毫无改善，尽管蒋介石摆出和解的态度。广州领导人不放过任何损害中央政府的机会。他们秉承的理念就是对中央政府的一切行为采取一贯的和毫不心软的对抗立场，对中央政府面临的众多困难装聋作哑。他们自夸站在国家立场行事，但却掩饰不住自己的私利和意图，只要蒋介石握有一丁点儿权力，他们就持反对立场。陈济棠继续在这些敌对派系之间巧妙周旋。但由于这种迂回曲折的态度会为他带来意想不到的事情，因此他在身边保留了可靠的军队，他刚刚为这支军队装备了从英

① 原文缺页，报告未完。——译者注
② 本政治月报原文缺失第 1 - 4 页，故下面的译文是从第 5 页原文开始翻译的。——译者注

国和美国购买的武器。另外，韶光将建一家兵工厂，将在德国技术人员指导下积极生产武器。

因此，接壤地区总是缺乏正规军，唯一的例外就是第3团正式驻扎在北海守卫，尽管其人数缩减了，还被称作“盐警缉私队”的盐场自卫军替换。

自从Lou-Kai-Long（此人在别处被提及过）匪帮遭受损失以来，抢劫活动有所回落。特别需要注意的是：6日夜间，在遂溪Long-Soui-Hang村发生了一起谋杀案，14日，在Tao-Po附近的一个名叫Sat-You-Kao的地方，一辆汽车被抢劫，15日，在Ma-Lo港口附近，一艘帆船被抢劫……

从Petchili海湾舰队叛逃过来的3艘军舰顺利到达广州，在广州与另外3艘叛逃的且吨位更小的船舶会合。这些军舰的指挥官本来认为广东的预算更宽裕，他们可以得到丰厚的薪水，结果拿到的薪水远低于预期，他们没有掩饰失望和不满。目前，这些军舰组成“国民革命军第1军团舰队”，听命于被授予上将军衔的姜西园。

邻近地区社会各界没有怎么关注军舰的出逃，相反，他们对法国占领南沙九小岛（ilots des Spratly）的消息反响强烈，他们向广州政府发出提议，发去电报，敦促Wai-Kiao-Pou抗议法国这种肆意妄为的侵占行为。毋庸置疑，这些态度强硬、言辞轻率的请求，是国民党委员会的作风，老百姓任其叫嚷，没有和他们一起陷入愤慨。

上个月在雷州召开的各县县长会议审议了一些项目，有一项是关于修建一条环绕租借地的公路。甚至一些提案已提交到广州公共工程部门。这条公路将给我们的邻居带来很多好处，例如避开租借地，待正规军要求通过时也可省去我们要求的那些手续。但修建这条公路费用极为昂贵，而且实际上用处也不大，因此我们不打算承包这项工程。这是一条具有战略意义的公路，它的整个路线对于我们路况稳定、保养良好的公路来说都是多此一举。不过，在中国，公路由私营企业修建，随后，这些公司被授权通过征收路税收回垫款。可以预见，没有人同意进行这项工程，即使预测乐观，也只会带来损失。

为了能清楚地说明问题，本报告附加了一张由广东南路安抚专员营地公共工程部门编制的高雷交通路线图。

（十四）法属印度支那联邦总督府关于广州湾租借地的政治月报[①]

档案馆卷宗号：GGI 64377
时间：1934年4月
档案语言：法语

① 本政治月报原文缺失第1－12页，故下面的译文是从第13页原文开始翻译的。——译者注

政治月报（1934年4月）

广东南路安抚专员向广州政府提交了一份报告，请求筹建梅菉城，以便发展贸易。广州政府收到报告后，已经命令公共工程部门提交一份计划。首先是修缮公共建筑，修建可行驶车辆的街道，改造房屋，安装发电厂，等等。该报告还补充道，陈章甫将在几天内上路来广州，就这些计划的实施请示陈济棠和省政府主席林云陔（Lam - Wan - Koi）。

天主教传教会

雷州半岛的第一批天主教传教会建筑已有一个多世纪的历史。

除了白雅特城的基督教修会以外，在海康县还有许多其他势力强大的天主教团体（To - Pi、三位一体修会或 Tin - Tam、Wai - Tchao 岛、Tai - Po 等）。

基督教徒多次受到迫害，而宽容的氛围明显出现时，人们仍然欺诈他们。

本月初，To - Pi 的传教士、神父热戈（Jego）前往雷州，该地长官接待了他，他向长官描述了基督教徒所处的境况以及遭受的敲诈勒索。

长官表现得既善意又开明，他交给神父一封官方文件，提请注意天主教徒和佛教徒权利平等，并保证他会给各县当局发布训令。

4月10日的 *Man - Kouok* 日报转载了一则根据海康县县长的命令张贴在各村的布告，内容如下：

海康当局禁止百姓憎恨基督徒

海康县当局最近张贴布告，禁止百姓憎恨基督徒，布告内容可概况如下：

“人们的感情和爱好不尽相同，宗教信仰也是如此。一些人信奉佛教，另一些人信奉基督新教，还有一些人信奉天主教。甚至还有一些信徒宣扬他们各自信奉的宗教极其神秘，宣传各自宗教的奥秘。尽管他们分属不同教派，但他们的教义都是好的。

这就是为什么法律规定宗教信仰自由的原因。

然而，本县居民排斥基督教徒，不是不让他们分吃祭祖的肉，就是将他们赶出家门。他们甚至剥夺了基督徒的继承权，强迫其为佛教的迎神仪式捐款。所有这些，不仅触犯了法律，而且还违背了政府规章。

因此，布告刚张贴，警示村民不要欺压基督徒，如果有人触犯该布告的警示，他们将被逮捕起诉，绝不宽恕。”①

① 原文缺页，报告未完。——译者注

（十五）法属印度支那联邦总督府关于广州湾租借地的政治月报①

档案馆卷宗号：GGI 64377
时间：1934 年 8 月
档案语言：法语

政治月报（1934 年 8 月）

接壤地区的政治形势

接壤地区和雷州半岛的政治形势依然令人满意。尽管绥靖政策实施以来，被驱赶出徐闻郊外的森林的一个海盗团伙时常在该地区活动，但一个月以来，需报告的只有一个事件，即在北海发生的一起强盗袭击——持枪抢劫事件。在抢劫过程中，两名保安队员被杀，遂溪的一家烟馆遭到 14 名持枪人抢劫。

尽管安抚专员陈章甫常住广州，但他仍需借助参谋长周景臻上校的威望和活动来维持高雷的秩序。周景臻通常居住在梅菉，但也常动身去雷州和半岛南部。

8 月 12 日，周景臻前往广州，安抚专员在那里召见了他。

在徐闻地区，安抚专员行营（Bureau de la pacification）想尽办法开发森林，耕种至今仍被荒弃的大片土地。

四散的居民重新聚集在几个月来建造的 10 座碉堡周围，其他 73 座类似的碉堡将在方圆 2000 平方公里的富饶土地上建造起来。一年多以前，重要的公路网开始建立，目前，人们可以在干旱季节乘坐汽车从白雅特城前往徐闻（据 8 月 18 日的 *Tsiou Yin* 日报）。

还值得一提的是，徐闻县县长陈瀚华是赤坎公局长的堂兄弟，他还是广东省公安局局长何荦②（Ho - Loc）将军的朋友，因此，他能够得到广州的财政支持。

---

① 本政治月报原文缺失第 1 - 7 页，故下面的译文是从第 8 页原文开始翻译的。——译者注
② 何荦，字公卓。——译者注

广东的政治形势

《北京政治》（8 月 24 日）的编辑写道，统治西南的军阀立场坚决地欲与南京达成一致，准备好随时把“长袍人士”发起的任何失当行动当作乱党行为予以申斥。

在本月 20 日由广东大学校长邹鲁①主持的西南中央执行委员会例会上，陈济棠和李宗仁的态度证实了这一看法。

当萧佛成及其他几个国民党元老试图通过一个暗中破坏委员会工作的提案时，将军们却表示反对，他们反驳说，没有时间空谈，只能行动。

然而，如果我们现在就做出如下断定则是轻率的：军事首脑和西南政府的分裂已是既成事实；固执己见者将会败北；即将在 11 月 12 日召开的国民党第五次全国代表大会上，南北之间必定实现主义的统一。

胡汉民断定：“任何代表大会只要受到军事独裁的干预都会开不成。”②

（十六）法属印度支那联邦总督府关于广州湾租借地的政治月报③

档案馆卷宗号：GGI 64377

时间：1934 年 9 月

档案语言：法语

政治月报（1934 年 9 月）

接壤地区的政治形势

接壤地区的政治形势可以说是令人满意的，尤其是，如果我们考虑到目前驻扎在雷州半岛和高雷的正规军不超过 500 人的话。

但是，需要担心的是，某个意外事件（例如，台风造成作物歉收、冬天酷寒）使某个强大的匪帮像从前那样再次横行其道，就像近年来侵犯徐闻县和半岛大部分地区的海盗团伙。

---

① 1924 年，邹鲁任国立广东大学（现中山大学）首任校长。同年，邹鲁当选中国国民党第一次代表大会中央执委委员、青年部长、常委。——译者注

② 原文缺页，报告未完。——译者注

③ 本报告原文缺失第 1－8 页，故下面的译文是从第 9 页原文开始翻译的。——译者注

9 月 12 日 19 点 30 分，在遂溪县的 Po-How 村，一名租借地居民，也是一个鱼贩子，被两个人捉住，抢走若干皮阿斯特。到第 3 天，其中一个劫匪在新市市场（广州湾租借地）被逮捕，招了供，还举报了正被追捕的同伙。

9 月 17 日到 18 日的夜间，来自 Pak-Wo 市场的两个妇女在雷州郊区的小商贩家被扣留，遭到攻击，并被抢走 400 银圆。

第 2 天，被警察逮捕的二十来个流浪汉经过审讯后，被无罪释放，没有被控诉任何罪名。(9 月 24 日的 *Man Kouok* 日报)

9 月 20 日，麻章（遂溪县）警察在 Liou-Soui 和 Ly-Tio 村的大逮捕活动中逮捕了 12 人。简要验明身份后，只有两个人继续被扣押。

9 月 23 日下午 5 点，在参观 Hoi-Sai 大桥返回的途中，由安保员（Contrôleur de la Sûreté）陪同的 Hop-Pou 区区长险些死于谋杀。正当他们到达城西大门时，一个乔装成小贩的人朝他的方向扔去一个手榴弹，安保员被炸死，现场几个人被炸伤。

当即被击毙的罪犯佩戴着 Ly Tack Seng 名字的印章和第 19 军老兵的特殊标志。（据 *Kouok Wa* 报 9 月 25 日和 26 日报道）

在雷州，白糖定价的升高在民众中引起很大的不满，以至于在 9 月 10 日到 11 日的夜间发现两个负责白糖销售竞标服务的工作人员被刺伤。这是一种报复行为。

为了获得更高的土地税收益，广州政府目前在开展土地和农作物普查。在遂溪县，由 4 名土地丈量员负责附近地区的土地丈量工作。在这个过程中，没有发生任何事情。

在北海，由于既缺少正规军队又缺少自卫队，治安由盐警缉私队保障。在这个守卫不足的城市，持械袭击也时有发生。

（十七）法属印度支那联邦总督府关于广州湾租借地的政治月报[①]

档案馆卷宗号：GGI 64377
时间：1934 年 12 月
档案语言：法语

① 本政治月报原文缺失第 1－15 页，故下面的译文是从第 16 页原文开始翻译的。——译者注

政治月报（1934年12月）

南部地区上一次台风受灾情况调查委员会返回广州后，向行政事务局请求免除这些地区两年的土地税，以利于灾后重建。

财政局只是决定暂时延缓土地税的征收。（据12月12日 *Tsiou Yine* 报）

慈善署再次向海康和遂溪县寄去8000件棉衣，分发给受台风影响的难民。（据12月5日和15日 *Man-Kouok* 报）

随着雷州港贸易的改善，"Tsong-King"号轮船再次从事该城和香港之间的货物运输。这条航线的重新开通非常清楚地表明，海关这次的行动也不是徒劳无益的，因为对边境监督力度的加强迫使一大部分原来需借道赤坎和白雅特城港口的货运从现在起改道雷州。水东的形势也恢复如常，该港口位于租借地北部梅菉和电白之间，刚好连接起香港—广州的正规轮船航线。

处决前上校姚炳枢

按照广州的电报指示，安抚专员12月19日在安铺逮捕了前上校姚炳枢，未经判决便枪决了姚炳枢。

这是遂溪前任县长王英儒和国民党有影响的党员、广东省议会议员高在霜的政治报复。他们是发布处决命令的广州的公安局局长何公卓（Ho-Kong-Tsok）将军的朋友。①

① 原文缺页，报告未完。——译者注

附录一

人名、地名、官职和机构名译名对照

一、外国人姓名译名对照

阿格诺埃（Haguenauer）
埃尔莫特（R. V. James Ermott）
安德森（Anderson）
白立查（Edwin Alfred Pritchard）
巴尔旦（Baldait）神父
巴尔迪（Baldit）神父
巴莱（Ballée）
巴尼特（Victor Donald Barnett）
班内特（Victor Donald Bannett）
鲍罗廷（Borodine）
伯威（J. Beauvais）
比戈奈提（Bignotti）
布朗夏尔（Blanchard）
布罗拉尔德（John Joseph Cyril Brollard）
布舍龙（Boucheron）
德拉布罗斯（B. De la Brosse）
蒂拉纳（M. R. Tulasne）
杜美（Paul Doumer）
弗雷（Férez）
弗罗斯特（Richard Frost）
富尼耶（Fournier）
古博（Goubault）
戈捷（Gauthier）
汉斯（H. F. Hance）
赫林（James Henry Herring）
霍斯勒（Paul Hosler）
凯内尔（Paul-Michel-Achille Quesnel）
克劳泰默（Krautheimer）
克罗斯（George Edwin Cross）
莱昂纳尔杜（Leonardou）
莫里斯·朗（Maurice Long）
郎涛华（Tsang-Hoc-Tam），又称梁那道（Luong-Na-Dao）
勒布雷顿（Lebreton）
雷诺（L. Reynaud）
李特尔（Carl Ritter）
卢龙（Louron）
卢梅（Loumer）
鲁姆（E. Roume）

罗斯（Ross）
纳塔利·龙多（Natalis Rondot）
勒内·罗班（René Robin）
马尔贝蒂（Malberti）
马斯（M. Masse）
蒙吉约（Montguillot）
莫格拉（M. G. Maugras）
穆吉约（Mouguillot）
尼尔（Robert Edouard Neale）
佩里奥（R. P. Pélicot）
佩特查特凯（Petchatkin）
彭德尔德（Pendered）
普尔哈赞（Poulhazan）
普拉桑（Poulasan）
普里福伊船长（Capt. Purefoy）
齐默尔曼（P. Zimmermann）
热戈（Jego）
萨罗（Albert Sarraut）
塞拉尔（R. P. Cellard）
史密斯（Fratonly Staffert Smith）
时乐士（Snuggs）
施密特（J. C. Schmidt）
斯通（M. L. E. Stone）
索伦森（Jens Peter Sorensen）
卫匡国（Father Martini）
威廉斯（Williams）
威廉姆斯（S. Wells Williams）
维略特（M. Quilliot）
威妥玛（Mr. Wade）
韦西埃（Vayssieres）
西尔韦斯特雷（Silvestre）
夏德（F. Hirth）
肖纳（Shonner）
雅布耶（Jabouille）
尤维纳利斯（Juvenal）

二、中国人姓名拼译对照

陈炳焜（Tsang Ping Kouan）
陈德怀（Tsang-Tac-Wai）

陈凤起（Tsang-Fong-Hy）
陈汉光（Tsan Hong-Kong）
陈瀚华（Tchang-Hong-Wa）
陈济棠（Tsang-Tsai-Tong 或 Tsan-Tchat-Tong）
陈炯明（Tchen-Kiong-Ming，Tchang-Kouin-Ming）
陈觉民（Tchen Ko-Min 或 Tsang-Kok-Man）
陈可钰（Tsang-Ho-Yo）
陈铭枢（Tsang-Ming-Ku）
陈名溪（Tsang-Ming-Kay）
陈南（Tsan Nam）
陈荣为（Tsang-Yong-Vai）
陈如炳（Tang-Yi-Pin）
陈斯静（Tsang-Tse-Tsin）
陈学谈（Hoc-Tam 或 Tran-Hoc-Dam）
陈章甫（Tchang-Tchong-Pou 或 Tsang-Tchuong-Pou）
陈中华（Tsan-Tchong-Wa）
邓本殷（Tsang-Ping-Yim 或 Tang-Poun-Yan 或 Dang Ban An）
邓承荪（Tang-Sing-Sun 或 Tong-Sin-Sun）
邓祖禹（Tang-Tcho-Yu）
段祺瑞（Toan-Tsi-Joui）
冯铭锴（Fong- Minh- Kai）
傅秉常（Fou-Ping-Chang）
符梦松（Foung King Fon）
高在霜（Kho Tchoi Seung）
何公卓（Ho-Kong-Tsok），又名何荦（Ho-Loc）
何学林（Ho Hoc-Lam）
何衍章（Ho-Hin-Tchéong）
何应钦（Ho-Ying-Yam）
胡汉民（Hou-Han-Ming）
胡汉卿（Hou-Hong-Hing），字子余（Tsz-Yu）
黄二（Wong-Yi）
黄凯（Hoang Kai）
黄明堂（Wong-Ming-Tong）
黄宁保（Wong-Ning-Pao）
黄强（Wong-Kiong）
黄绍竑（Wong-Siou-Hong）
黄学增（Wong-Hoo-Tchan）
黄志恒（ Wong-Thi-Foun）
黄宗海（Wong-Tchong-Hoi）

蒋介石（Tchang-Kai-Sek）
蒋仰克（Tcheuong-Yeung-Yiou）
李福林（Li-Fou-Lin 或 Ly-Fouk-Lam）
李济深（Ly-Tsai-sam 或 Ly-Tchi-Tchim 或 Ly-Kit-Tchi）
李江（Ly-Kong）
李乔嵩（Ly-Khiou-Song）
李汝隆（Ly- Yi-Loung）
李宗仁（Ly-Tsong-Yan 或 Ly-Tchong-Yan）
梁公福（Leong-Kong-Fouk 或 Léong-Kong-Fock 或 Léong-Kouok-Mou）
梁国武（Leong-Tchong-Mou）
梁连岐（Léong-Lin-Ky）
梁禹畴（Léong-Yu-Ts'ao）
梁周武（Leong-Kouok-Mon）
林琛森（Lin-Tchen-Siuen）
林虎（Lam-Pou）
林树巍（Lam-Shu-Ngai 或 Lan Thu Nguy）
林云陔（Lam-Wan-Koi）
刘策楼（Lieou-Tseu-Lou）
刘起时（Lao-Hy-Shie 或 Lao-Hy-Si）
龙济光（Long-Tsi-Koang）
隆世储（Long-Sai-Tch'i）
卢成季（Lou-Tsin-Koui）
卢中海（Lou-Tchong-Hai）
陆荣廷（Lou-Yong-Ting）
吕春荣（Lu-Tcheun-Win 或 La Xuan Vinh）
马济（Ma-Tchai）
马佩（ Ma Poui）
莫宸崇（Mo-Tchen-Tchong）
南福彻（Ngan-Fou-Che）
申葆藩（Chen Pao Pan）
沈鸿英（Cheng-Hong-Ying）
沈耀光（Shim-Yao-Koang）
苏步濂（So-Po-Lim）
孙科（Sun Fo）
谭延闿（Tan-Hin-Kai）
唐继尧（Tang-Ky-Yao）
唐生智（Tsang Tseck-Sin 或 Tang-Chau-Tchi）
童昌朗（T'oan Tchang Léang）
汪精卫（Wan-Tchin-Wei）

王钜相（Hoang-Ky-Séang）
王懋功（Wong-Mao-Kong）
王英儒（Wong Yin Yi）
魏邦平（Ngaï-Pong-Ping）
吴丙章（Ngéou-Pin-Chiang）
吴经燊（Ngéou-Kin-Sin）
吴毓瑞（Ngéou-Yok-Soui）
吴佩孚（Ou-Pei-Fou）
萧佛成（Siou-Fat-Sing）
薛经辉（Sit-King-Fai）
杨文光（Yeuong-Man-Kong）
杨永泰（Tang-Yong-Tai）
杨正仲（Yeuong-Tching-Tchong）
姚炳枢（You-Ping-Ku）
余澈明或余志明（Yutchiming 或 Yu Tche-ming 或 Du-Tri-Minh），又名余定中（Yu-Tin-Chong）
余乃蕃（Yi-Nai-Hoang）
翟汪（Hock）
张锦芳（Tchang-King-Fang）
张文韬（Tcheong-Man-Tou）
赵德裕（Chao-Tek-Yu）
赵恒惕（Chao-Hang-Ti）
钟继业（Tchéou-Kouei-Sam 或 Tchong-Kai-Yip 或 Tchéou-Koui-Sam）
钟景棠（Tching King-Tang 或 Tohong King-T'ang）
周景臻（Tchao-King-Tseun）
周烈亚（Tchèou-Lit-A）
周则中（Tchiou-Tchek-Chong）
朱培德（Tchou-Pei-Tek）
邹鲁（Tchao-Lou）

三、土匪姓名拼译对照

陈永富（陈堪慈）（Tàm-Kham-Sai）
陈振彪（Than-Hing-Piao），又名陈定邦（Tsoung Tinh Pong 或 Tchen Ting Pang 或 Tsang Ting-Pong），匪名妃三（By-Xa）、造甲三（Tio-Cap-Xa 或 Tam-Kham-Sai）、石合三或石角三（Sek Kok-Sam）
李福隆（Ly-Fouk-Long），又名李炳南（Ly Pin Nam 或 LY-Pinh-Nam），匪名妃肥（By-Pouy 或 Dy-Pouy）
骆妃三（那练三）（Lao-Fa-San）
亚占（A-Tiam）

杨妃吊（Yang-Fi-Tiao）
杨裕隆 匪名四公（SY-Kong）或陈四公，妃三的叔叔
杨子青 或杨士青或杨士清（Yang-Tsen-Tsin）或杨正仲（Yeuong-Tching-Tchong），又名杨陈仔、陈仔、陈学昌，匪名妃陈仔（Bi-Tchan-Kia 或 By-Tan-Kia）
叶培兰（Yam-Tchat-Lo）

四、地名拼译对照

（一）广东

州市县
潮州（Trieu-Chau）
赤坎（Tchékam）
高州（Kau Tchao）
海康（Hoi-Hong）
化州（Fatcheou）
惠州（Wai-Tchéou）
雷州（Loi-Chau 或 Téomane）
廉江（Lim Kong）
罗定（Lo-Ting）
汕头（Swatow 或 Soa-Tao）
韶关（Siou-Kouang）
韶州（Shao-chou）
遂溪（Soui-Kay 或 Suitchi）
吴川（Outcheou）
信宜（Sin-Yi）
徐闻（Tsu-Man）
阳江（Yeunong-Kong 或 Yeuong-Kong）
肇庆（Siou-Hing 或 Chao-King）

区镇
安铺（On-Pou）
埠头（Potao）
淡水（Tam-Soui）
电白（Tin Pac）
佛冈厅（Fu-kung-t'ing）
黄略（Wong-Luok）
黄坡（Wampo）
江洪（Kong-Hong）
界炮（Kai-Pao）

乐民（Lock-Man 或 Lok-Man）
螺冈岭（Lo-kang ling）
麻章（Matchiong 或 Matchiang）
迈陈（Mai-chen）
梅菉（Moui-Lok）
南兴（Nam-Hing）
坡头（Po Tao）
石围塘（Chek-Wai-Tong）
水东（Soui Tong）
太平（Tai Ping）
通明（Téomane）
营仔（Yueg-tsai）
志满（Tchi Moun）

村、街道、市场
草苏村（Tchao-Sao）
潮河村（Tsiou-Ho）
陈家祠（Tsang-Ka-Ts'i）
赤坎仔（Tché-Kam-Kia）
赤兴（Tche-Sou）
东海奄里（Am-Ly）
甘园仔（Am-Houi-Kia）
后坑涧（Hao-Hang-Kan）
龙马村（Village de Long Ma）
龙屈村（Loung-Wat）
龙头岭（Long-Tao- Ling）
楼下巷（Lao-Hé-H'o）
麻坡村（Mo-Po）
麻斜（Matché）
南坡村（Nam-Po）
南头（Namtéou）
铺仔（Potsi）
曲界墟（Chu-chieh）
三合窝（San-Ka-Wo）
沙湾（Shawan）
圣林（Bois Sacré）
谭龙（Tam-Long）
桃园（Tou-Yun）
调神村（Téou-Sine）

调顺（Téou-Sien）
西园围（Saï-Houi）
新村仔（San-Tsun-Tchai）
杨家市（Yeuong Ka-Si）
英利市场（Marche de In-Ly）
云头坡（Oun-Tao-Po）
造甲村（Tcho-Kap）
造甲仔（Tcho-Kap—Kia）

（二）广西（Kouang-Si）

北海（Packhoi）
博白（Pok-Pat）
东兴（Tong-Hing）
陆川（Loc-Tsune）
钦州（Yam-Tchao 或 Am-Tchao）
梧州（Ou Tchéou）
玉林（Wat-Lam 或 Yu-Lam）

（三）湖南

衡山（Hang-Tchéou）
永州（Yong-Tchéou）

（四）海南

海口（Hoihai 或 Hoihao）
万州（Manchao 或 Wan-chow 或 Man-chow）

（五）越南

东京（Tonkin）
河内（Hanoi）
岘港（Turon）
芒街（Moncay）

（六）山河、湖泊、岛屿

艾格雷特运河（Aigrettes）
白沙山（Pak-Sa-San）
城月河（Sin-Tchi）
东海岛（Île de Tang Hai）
东海那河（La-Ho）
湖光岩（Massif de la Surprise）

雷州半岛（Île de Téou-Sien）
雷州湾（Baie de Mandarin）
南沙九小岛（ilots des Spratly）
硇洲（Naotchéou）
牛牯湾（Bou-Kéon-Wan）
通明河（Théomane）
乌石港口（Port de Ou-Chek）
斜离岭，又名雷公岩（Lei-kung yen）
斜阳岛（Tsé-Yéong）

五、轮船和舰艇名拼译对照

“八仙花”号（Hydrangéa）
“福广”号（Hok-Canton）
“广会”号（Kouang-Hoi）
“广金”号炮艇（Canonnière Kouang-Kam）
“广州”号（ Kouang Tchéou）
“吉雅”号（Gia）
“两广”号（Luon-Kuong）
“永顺隆”号（Yong Cheon Long）

六、官职、机构名拼译对照

（一）中国的官职、机构

总督（Vice-Roi）
道台（Tao-tai）
知府（Chih-fu）
同知（Tung-chih，即副知府 sub-prefect）
知县（sous-Préfet）
前知县（l'ex-huyen）
典史（Tien shih）
县（sous-préfecture）
慈善署（Bureau de bienfaisance）
公局（Kongkoc）
公局长（Kongkoc）
雷州重组办［Circonscription de Réorganisation（Leitchéou）］
绥靖公署（Bureau de la pacification）
广州外务主任（Directeur des Affaires Étrangères de Canton）
特派交涉员（commissaire des Affaires Étrangères）
上海海关总税务司署“缉私科税务司”（Secrétariat de l'Inspection général des Douanes à

Shanghai)
海关税务司（Commissaire des Douanes)
保卫国民党人民革命军第四支队总司令（Général en Chef du 4e détachement des troupes révolutionnaires populaires protégeant le Kouo-Min-Tang)
雷州镇守使（Commandant de Leitchéou)
总兵（Tsung-ping)
把总（Lieutenant)
守备（major)
参将（Colonel)
巡检（Hsun-chien)
绥靖处总办（Chef Général des groups pacificateurs)
善后总司令官或安抚专员行营主任或绥靖公署主任（Directeur de la pacification）重组办主任（Général directeur de la réorganisation 或 Directeur du bureau de réorganization ）
安抚使（Commissaire pacificateur 或 Gouverneur pacifiteur ）
安抚专员（ Délégué de la Pacification ）
安保员（Contrôleur de la Sûreté)
刑警队队长（Général de Brigade)
桂系（parti du Kouang-Si)
安抚军［Armée（An-Wou-Kien)］
护法军［l'armée dite du（Salut de la Patrie)］
粤军（Armée cantonaise)
正规军（réguliers)
农民军（Garde Agricole)
盐警缉私队（Troupes de la gabelle)
局兵（Agents de Kongkoc)
乡勇（milice)
民军（Partisan)
自卫队（Garde)
主力自卫队（Gardes principaux)
炮台（poste)
碉堡（blockhaus)

（二）法国的官职、机构

法国驻广州领事馆总领事（Consulat de France à Canton)
法国驻广州领事馆代总领事官（Gérant du consulat de France à Canton)
法属印度支那联邦总督（Gouverneur général de l'Indochine)
情报中心和公共安全部门（SCR，SG)
安保局（Service de sûreté)

高级驻扎官（Résident Supérieur ）
广州湾高级驻扎官（Résisdent supérieur charge de l'administration du Territoire de Kuang Chou Wan）
广州湾总公使（Administrateur en Chef du Territoire de Kouang-Tcheou-Wan）
广州湾商务主管（Administrateur chargé affaires à gouverneur général）
高级将领（Général Commandant supérieur）
高级指挥官（Commandant Supérieur）
指挥官（Général Commandant）
监察官（Inspecteur）
总检察官（Procureur Général）
蓝带兵（garde indigène）
警察部队（Force de police）
警察总队（Gendarmerie）
警察署长（commissaire de police）
舰长（Commandant）
代表驻地（Délégation）

附录二

部分文献原件展示

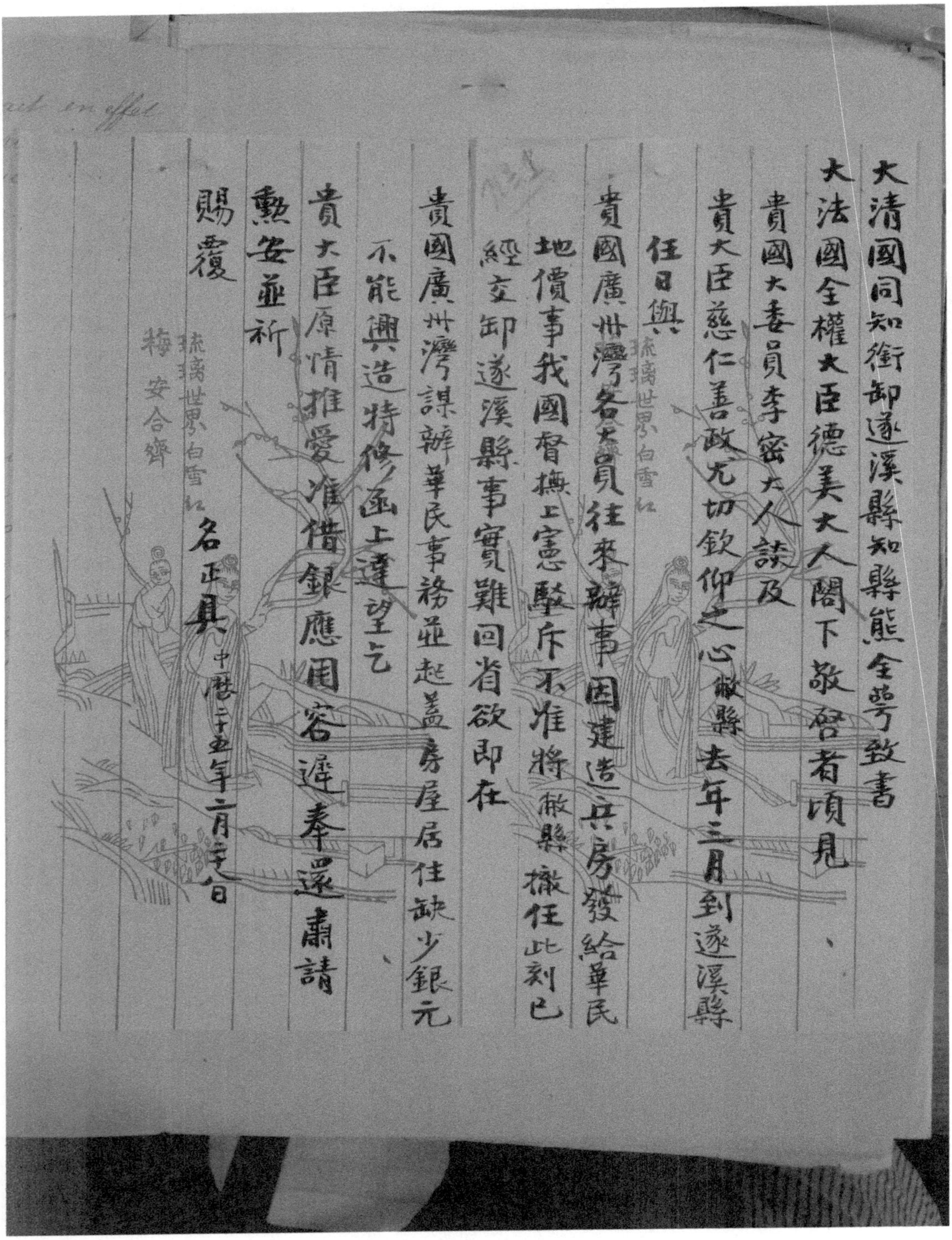

大清國同知銜卸遂溪縣知縣熊全萼致書
大法國全權大臣德美大人閣下敬啓者頃見
貴國大委員李密大人談及
貴大臣慈仁善政尤切欽仰之心敝縣去年三月到遂溪縣
任日與
貴國廣州灣各大員往來辦事因建造兵房發給華民
地價事我國督撫上憲駁斥不准將敝縣撤任此刻已
經交卸遂溪縣事實難回省欲即在
貴國廣州灣謀辦華民事務並起蓋房屋居住缺少銀元
不能興造特修函上達望乞
貴大臣原情推愛准借銀應用容遲奉還肅請
勳安並祈
賜覆
名正具
中曆二十五年二月[illegible]日

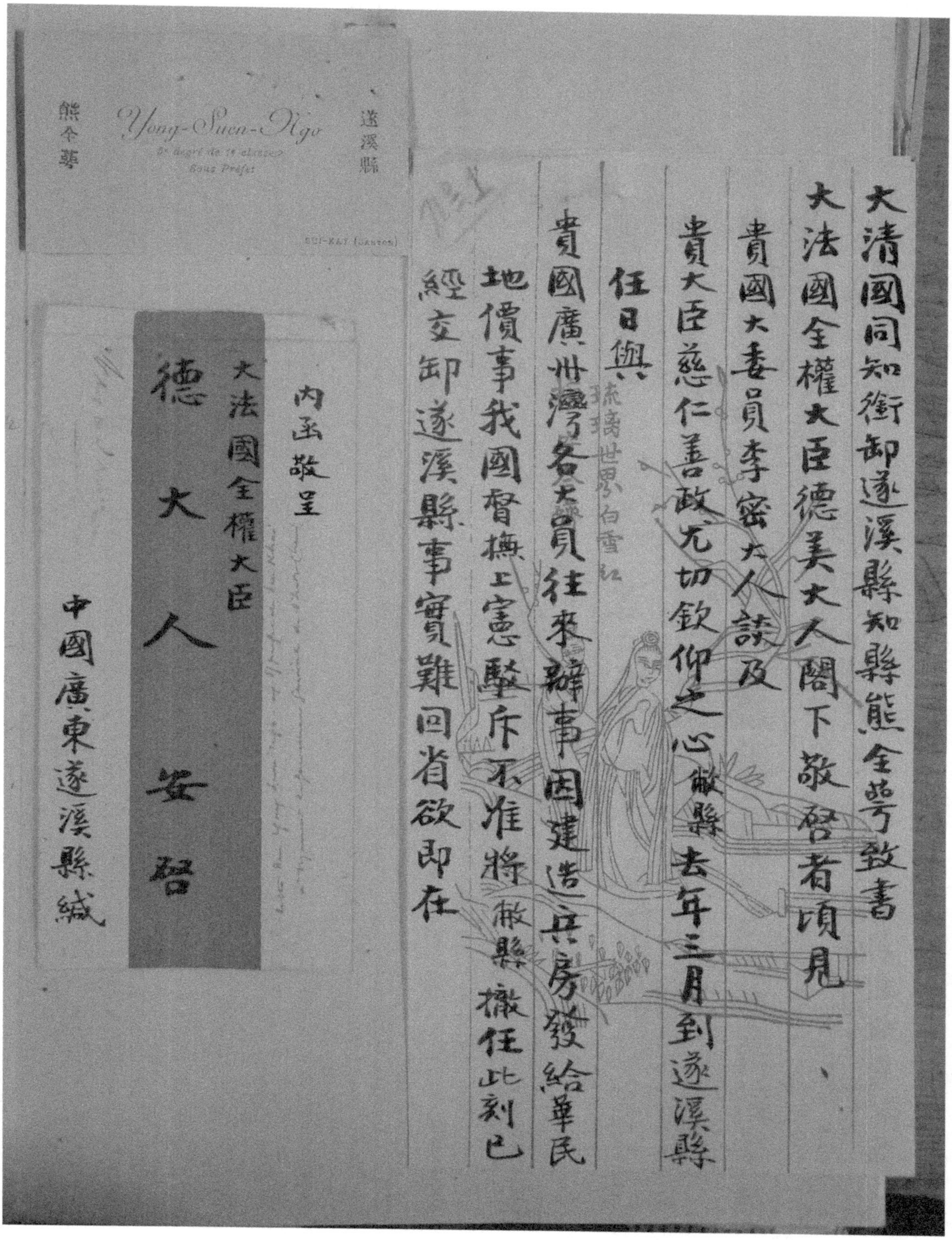
大清國同知銜卸遂溪縣知縣熊全萼致書
大法國全權大臣德美大人閣下敬啓者頃見
貴國大委員李密大人談及
貴大臣慈仁善政允切欽仰之心敝縣去年三月到遂溪縣
任日與
貴國廣州灣各大員往來辦事因建造兵房發給華民
地價事我國督撫上憲駁斥不准將敝縣撤任此刻已
經交卸遂溪縣事實難回省欲即在

內函敬呈
大法國全權大臣
德大人 安啓
中國廣東遂溪縣緘

熊令萼
Yong-Suen-Ngo
Sous Préfet
遂溪縣
SUI-KAI (Canton)

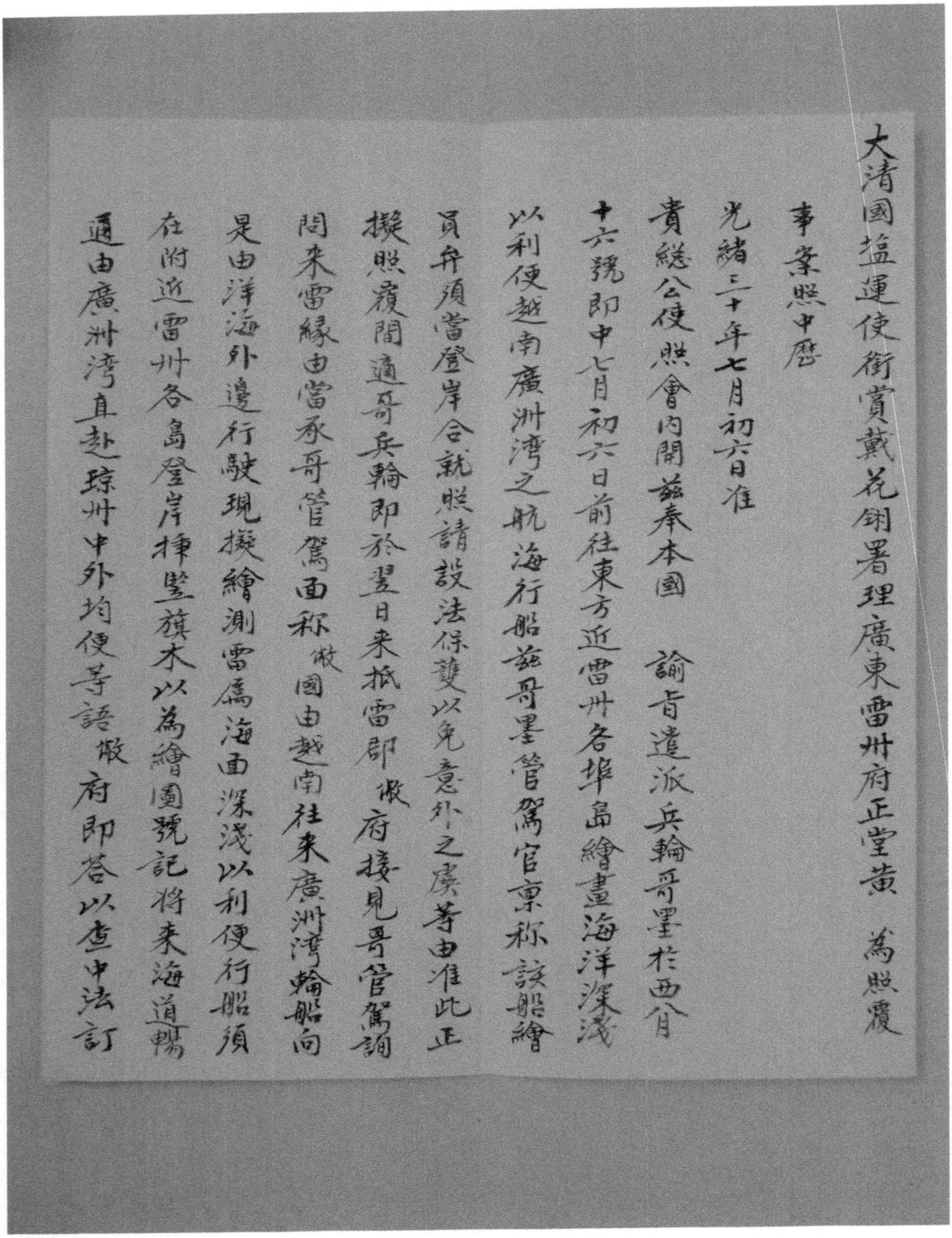
大清國塩運使銜賞戴花翎署理廣東雷州府正堂黄　為照覆
事案照中曆
光緒三十年七月初六日准
貴總公使照會內開茲奉本國　諭旨遣派兵輪哥墨於西曆
十六號即中七月初六日前往東方近雷州各埠島繪畫海洋深淺
以利便越南廣州灣之航海行船茲哥墨管駕官稟称該船繪
員弁須當登岸合就照請設法保護以免意外之虞等由准此正
擬照覆間適哥兵輪即於翌日来抵雷郡　敝府接見哥管駕詢
問来雷緣由當承哥管駕面称　敝國由越南往来廣州灣輪船向
是由洋海外邊行駛現擬繪測雷屬海面深淺以利便行船須
在附近雷州各島登岸揷竪旗木以為繪圖號記将来海道暢
通由廣州灣直赴瓊州中外均便等語　敝府即答以查中法訂

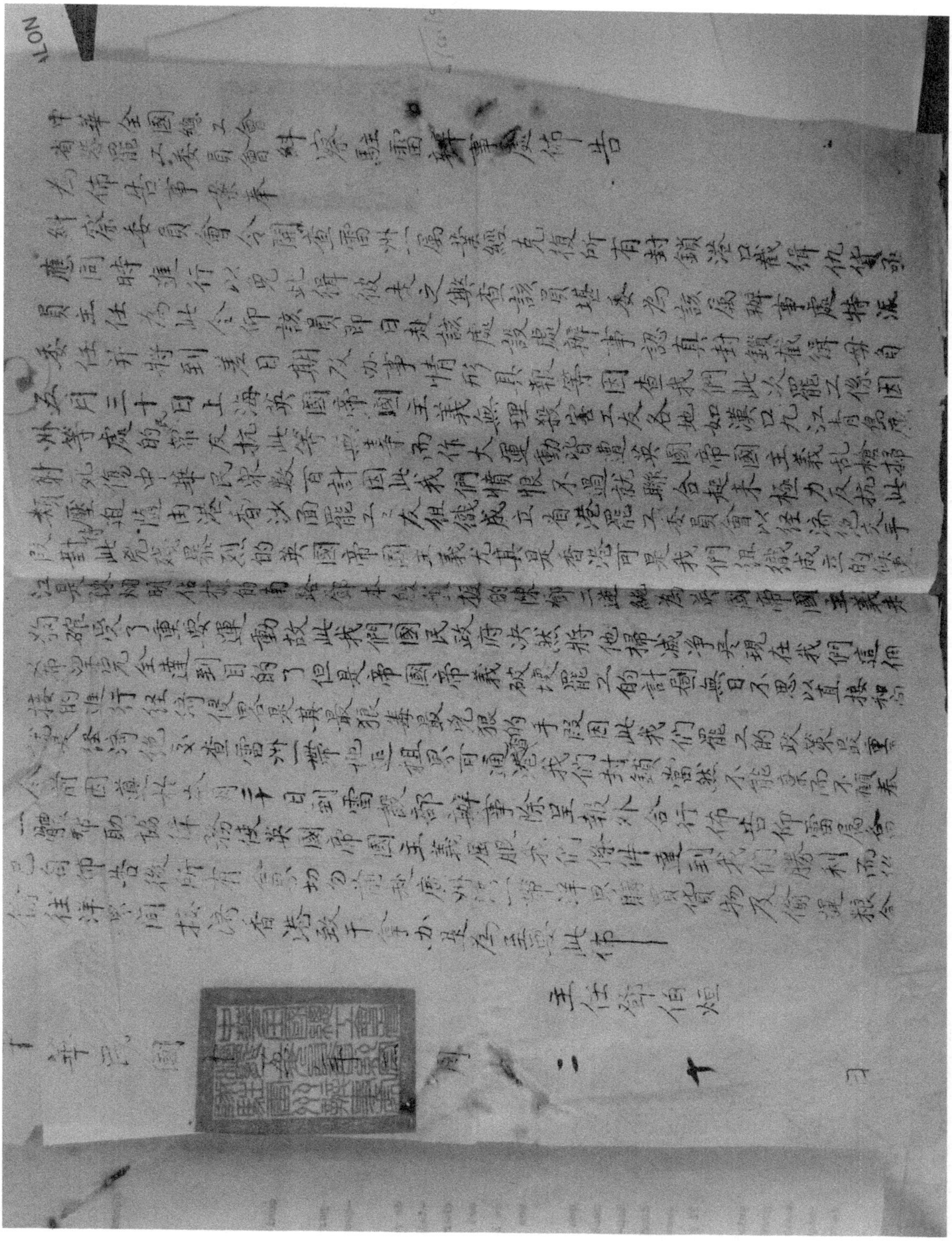

中華全國總工會
省港罷工委員會對[illegible]罷工事件佈告
為佈告事案奉
[illegible]
[illegible]
員主任為此令仰該員即日赴該處設處辦事[illegible]
[illegible]
[illegible]

主任[illegible]

[illegible]月二十日

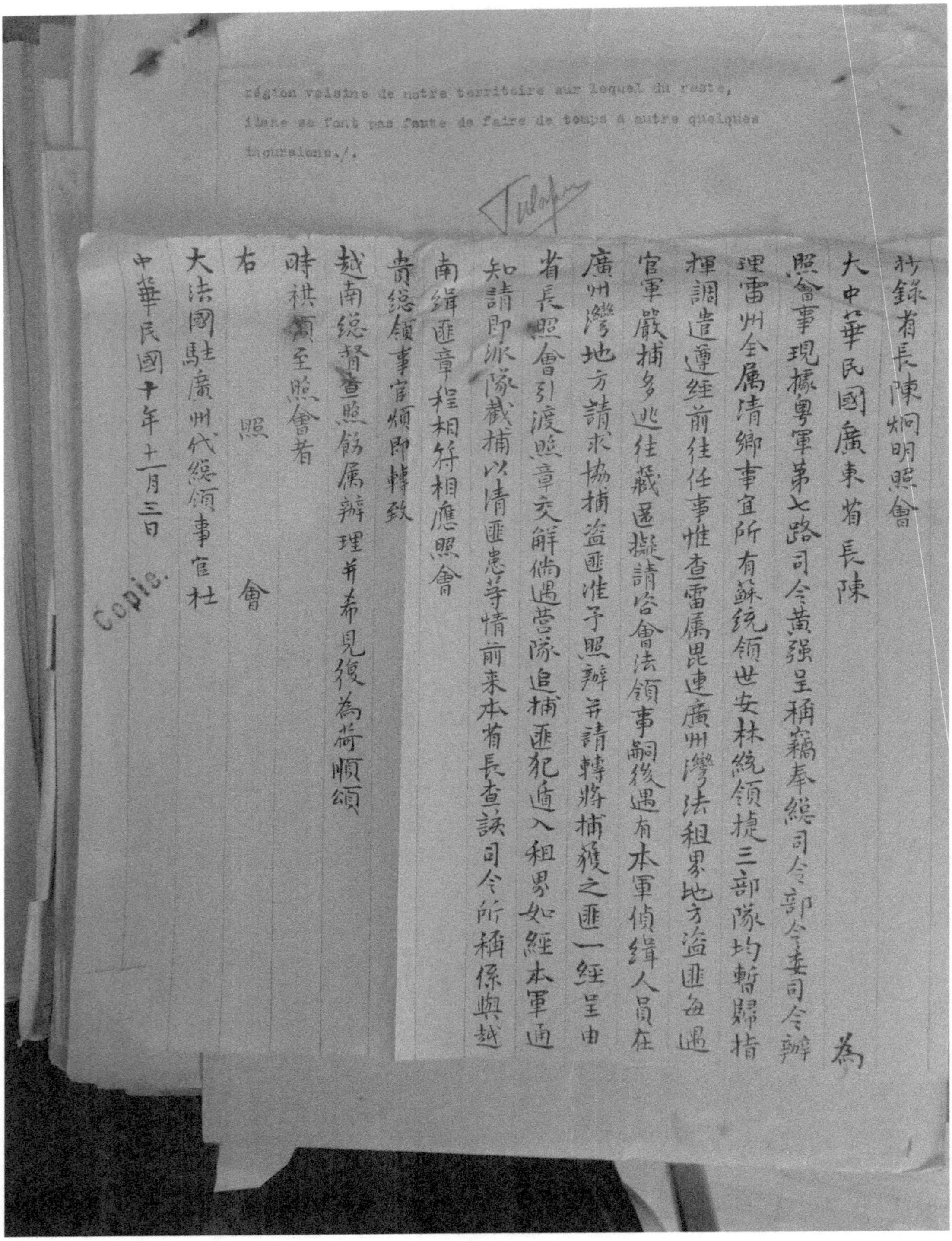
région voisine de notre territoire sur lequel du reste, ils ne se font pas faute de faire de temps à autre quelques incursions./.

抄錄省長陳炯明照會

大中華民國廣東省長陳　為

照會事現據粵軍第七路司令黃強呈稱竊奉總司令部令委司令辦理雷州全屬清鄉事宜所有蘇統領世安林統領捷三部隊均暫歸指揮調遣遵經前往任事惟查雷屬毘連廣州灣法租界地方盜匪每遇官軍嚴捕多逃往藏匿擬請咨會法領事嗣後遇有本軍偵緝人員在廣州灣地方請求協捕盜匪准予照辦并請轉將捕獲之匪一經呈由省長照會引渡照章交解倘遇營隊追捕匪犯逃入租界如經本軍通知請即派隊截捕以清匪患等情前來本省長查該司令所稱係與越南緝匪章程相符相應照會

貴總領事官煩即轉致

越南總督查照飭屬辦理并希見復為荷順頌

時祺須至照會者

右　照　會

大法國駐廣州代總領事官杜

中華民國十年十一月三日

Copie.

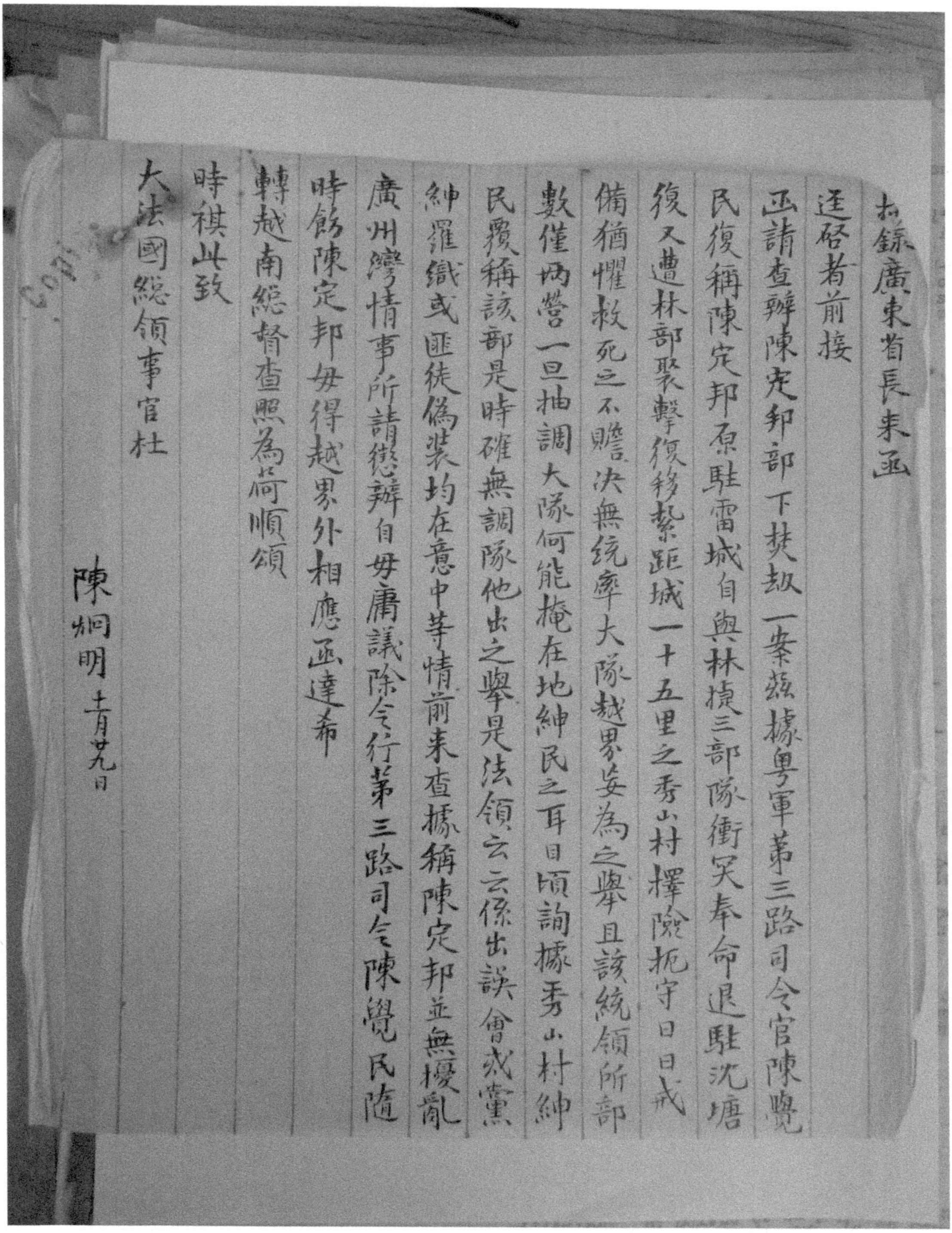
抄錄廣東省長來函

逕啓者前接

函請查辦陳定邦部下焚刦一案茲據粤軍第三路司令官陳覺民復稱陳定邦原駐雷城自與林捷三部隊衝突奉命退駐沈塘後又遭林部聚擊復移紮距城一十五里之秀山村擇險扼守日日戒備猶懼救死之不贍決無統率大隊越界妄為之舉且該統領所部數僅兩營一旦抽調大隊何能掩在地紳民之耳目頃詢據秀山村紳民覆稱該部是時確無調隊他出之舉是法領云云係出誤會或黨紳羅織或匪徒偽裝均在意中等情前來查據稱陳定邦並無擾亂廣州灣情事所請懲辦自毋庸議除令行第三路司令陳覺民隨時飭陳定邦毋得越界外相應函達希

轉越南總督查照為荷順頌

時祺此致

大法國總領事官杜

陳炯明 十二月廿九日

Copy

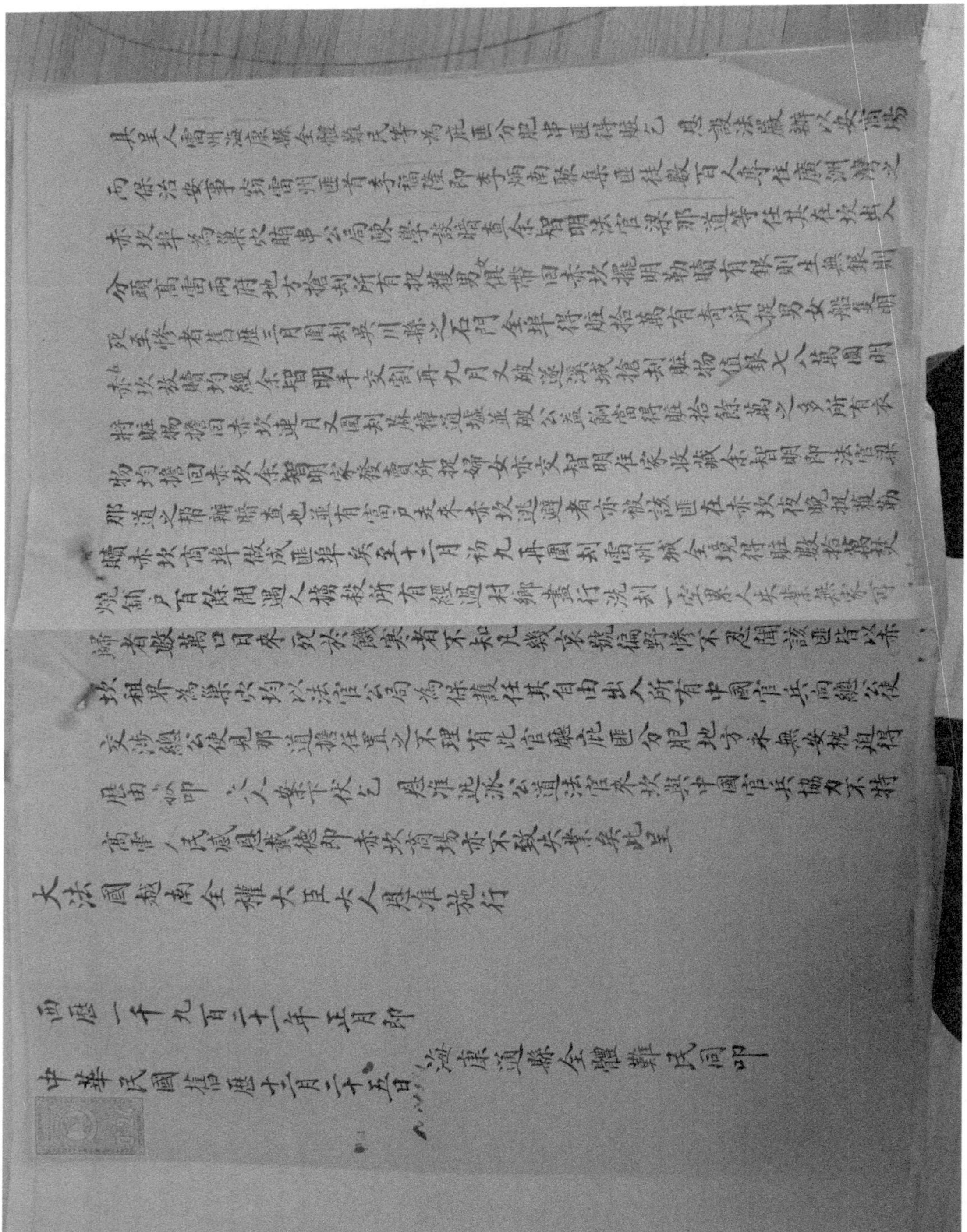
大法國越南全權大臣大人恩准施行

西歷一千九百二十二年正月卅

中華民國拾壹年十二月二十五日 遂溪縣全體難民同叩

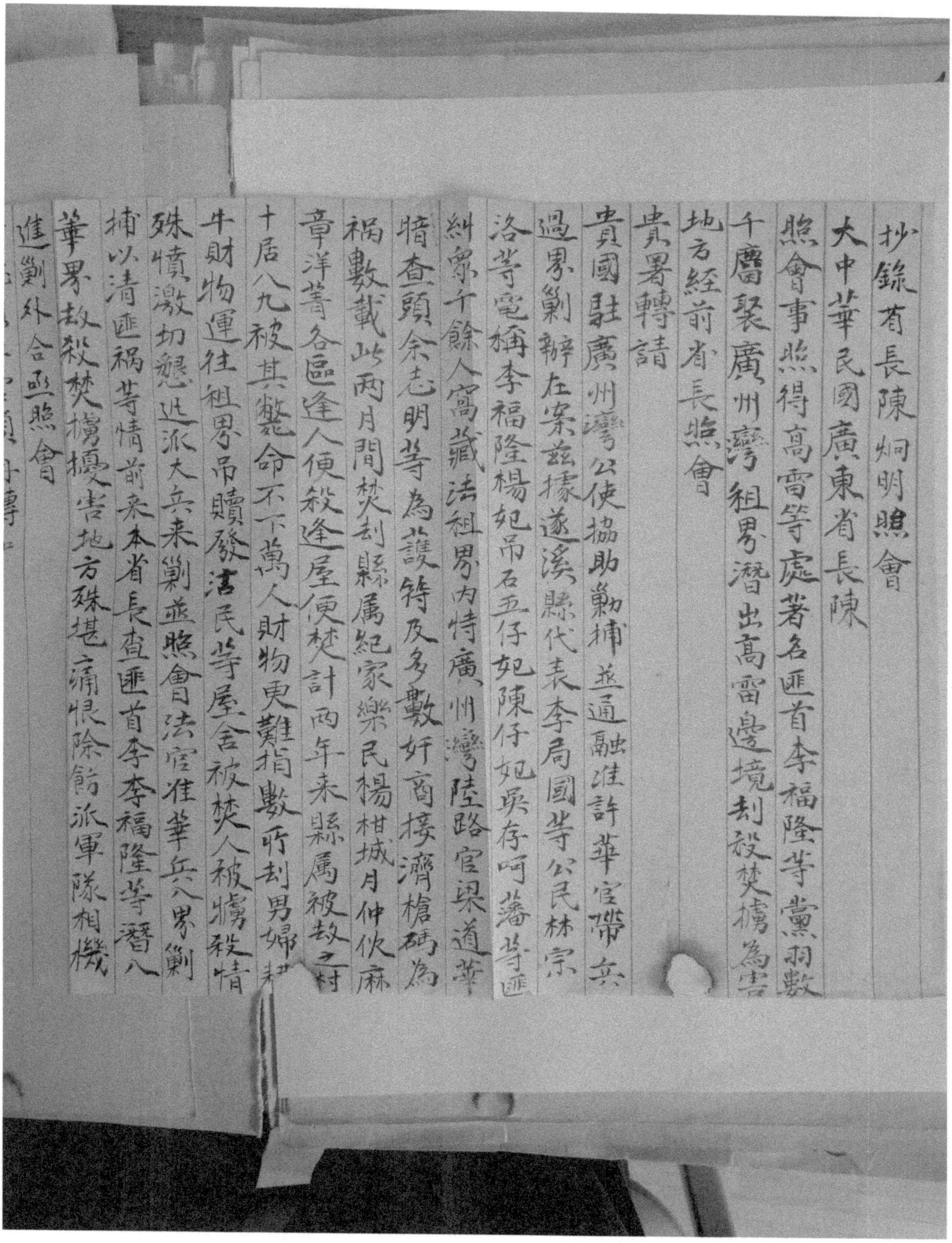
抄錄省長陳炯明照會
大中華民國廣東省長陳
照會事照得高雷等處著名匪首李福隆等黨羽數
千麕聚廣州灣租界潛出高雷邊境刦殺焚擄為害
地方經前省長照會
貴署轉請
貴國駐廣州灣公使協助勦捕並通融准許華官帶兵
過界勦辦在案茲據遂溪縣代表李局國等公民林宗
洛等電稱李福隆楊妃吊石五仔妃陳仔妃吳存呵藩等匪
糾眾千餘人竄藏法租界内恃廣州灣陸路官渠道華
犄查頭余志明等為護符及多數奸商接濟槍碼為
禍數載此兩月間焚刦縣屬紀家樂民楊柑城月仲伙麻
章洋菁各區逢人便殺逢屋便焚計兩年來縣屬被戕之村
十居八九被其戕命不下萬人財物更難指數所刦男婦耕
牛財物運往租界吊贖發渚民等屋舍被焚人被擄殺情
殊憤激切懇迅派大兵來勦並照會法官准華兵入界勦
捕以清匪禍等情前來本省長查匪首李李福隆等潛入
華界戕殺焚擄擾害地方殊堪痛恨除飭派軍隊相機
進勦外合亟照會

et des histoires, au Kong-koo de Taiping pour qu'il remette en liberté tous les individus arrêtés dans les jonques précitées.

Or, toute la bande dudit Tsang-Tsan-Piou a fait sa sincère soumission; les anciens méfaits ultérieurement commis par tout affilié de cette bande doivent, par conséquent, être considérés comme nuls.

Je vous serais donc très obligé, Monsieur le Kong-Koo, de vouloir bien faire une enquête sur le compte des individus arrêtés par votre jonque de police dans les barques de pêche au port de Sin-Tchoui-Kan pour voir s'ils auraient commis ou non quelque pillage (là-bas).

Vous voudrez bien soit les libérer si vous les jugez innocents, soit les faire conduire à ma disposition pour être interrogés et punis, s'ils sont reconnus coupables.

Je vous pris de décider sur cette affaire.

C'est dans cet espoir que je vous assure ma considération distinguée./.

Et mes sincères compliments à
M. Ming-Khai.

Signé: Hou-Hong-Hing.

Traduite, le 2 octobre 1920.
Le Lettré interprète,
Signé: Lo-Pao.

Inscription sur enveloppe:

Envoi de l'Etat-major du Commandant des 56e, 57e et 58e bataillons de l'Armée Cantonnaise "Yao-Kat"

Monsieur le Kong-koo
NGEOU-WOU-TS'IEN.

Pour copie conforme:

GOUVERNEMENT GÉNÉRAL
DE L'INDOCHINE

TERRITOIRE
de
Kouang-Tchéou-Wan

Nº 60-C

CABINET
de
L'ADMINISTRATEUR EN CHEF

République Française

S E C R E T

Fort-Bayard, le 30 septembre 1920.

L'Administrateur en Chef du Territoire de Kouang-Tchéou-Wan

à Monsieur le Gouverneur Général de l'Indochine

à

H A N O I

SCR & Enregistré le 7 octobre
Sous le Nº 1811

3 p-7

Au moment où je vous adressais ma lettre nº56-C du 17 septembre, la bande de Ly-Ping-Nam dit By-Pouy se trouvait aux portes de la ville de Leitchéou où elle sommait le Général Hou-Hong-Hing d'arborer le drapeau de Tchen-Kiong-Ming en promettant de se retirer de suite après cet acte de soumission.

Le Général HOU, malgré son embarras car il se prétend ami de Tchen-Kiong-Ming dont il a été Officier d'état major, ne crut pas devoir obéir à cette injonction. Il prit le parti de rappeler immédiatement à Leitchéou le bataillon de 300 hommes qu'il avait envoyé à SouiKay pour réoccuper cette Sous-préfecture.

En même temps, il faisait adresser des ouvertures à la bande By-Xa qui se trouvait dans l'île de Nao-Tchéou, comptant sur la rivalité des deux Chefs de bande pour trouver un appui sérieux dans celle de By-Xa.

D'autre part, il faisait dire à By-Pouy qu'il servait la même cause que lui, mais qu'il ne pouvait pas encore prendre ouvertement parti et il lui demandait de s'éloigner de Leitchéou.

Le bataillon de Soui-Kay ayant quitté cette localité.....

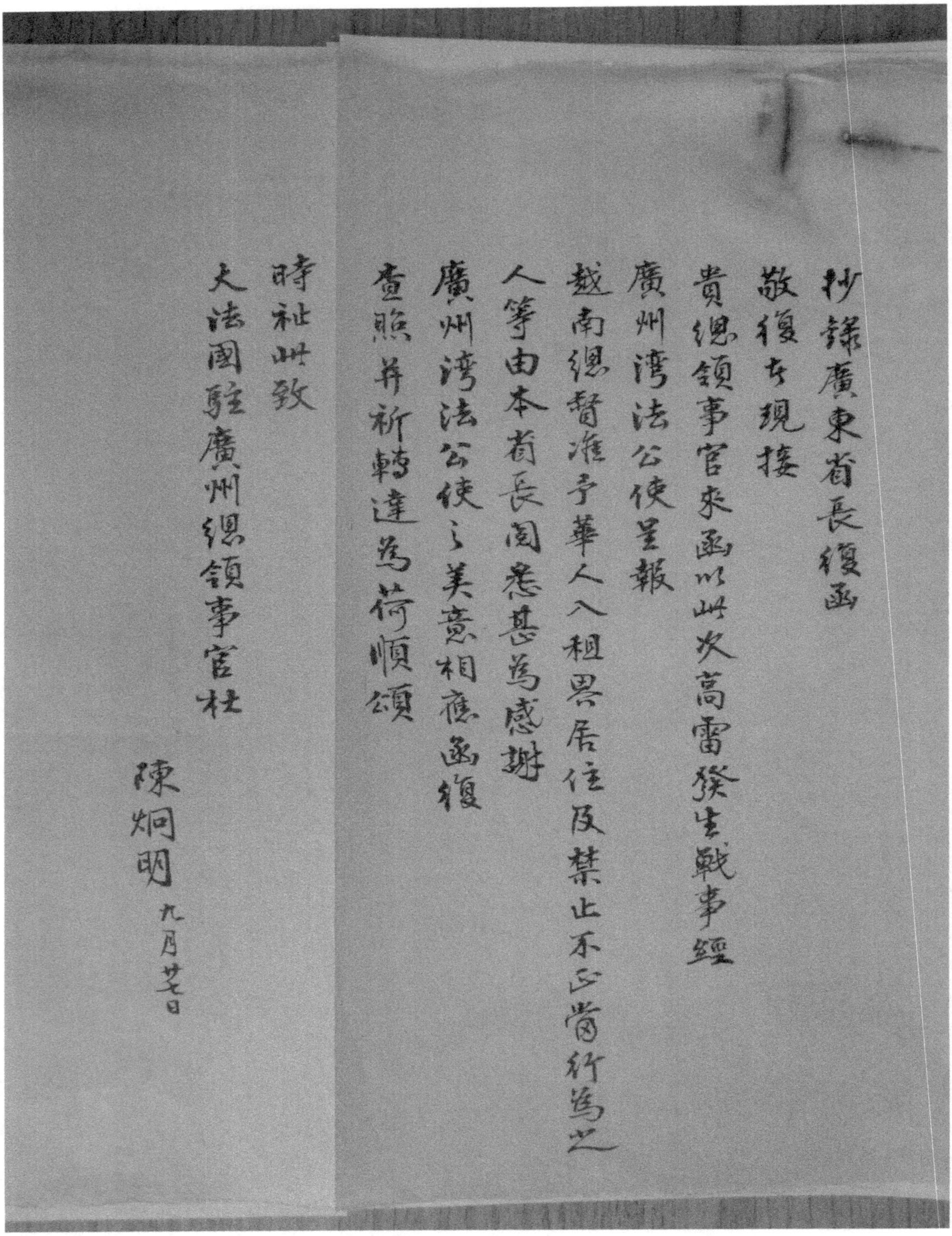

抄錄廣東省長復函
敬復者現接
貴總領事官來函以此次高雷發生戰事經
廣州灣法公使呈報
越南總督准予華人入租界居住及禁止不正當行為之
人等由本省長閱悉甚為感謝
廣州灣法公使之美意相應函復
查照并祈轉達為荷順頌
時祉此致
大法國駐廣州總領事官杜
陳炯明 九月廿七日

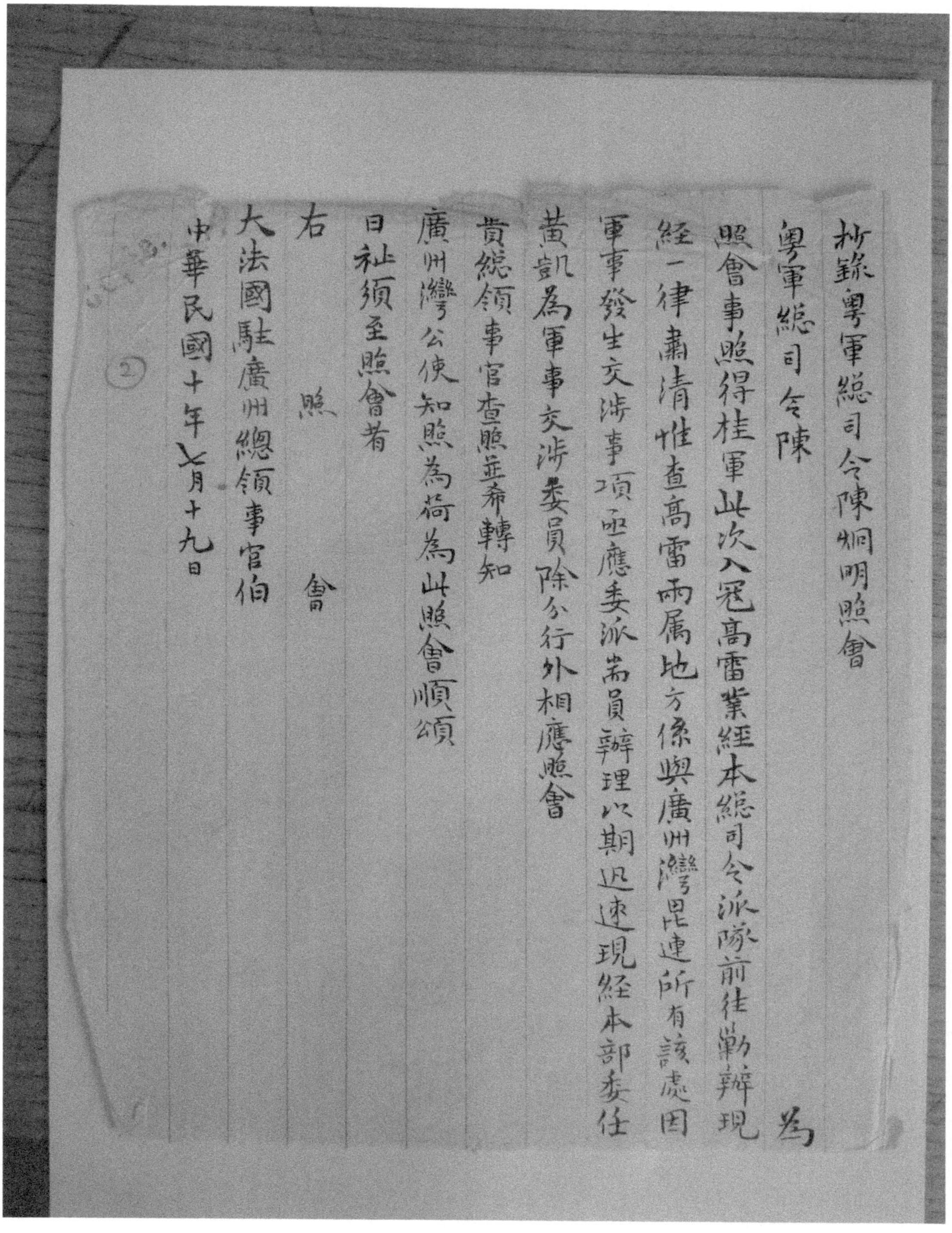

抄錄粵軍總司令陳炯明照會

粵軍總司令陳　為

照會事照得桂軍此次入寇高雷業經本總司令派隊前往勦辦現經一律肅清惟查高雷兩屬地方係與廣州灣毗連所有該處因軍事發生交涉事項亟應委派耑員辦理以期迅速現經本部委任黃凱為軍事交涉委員除分行外相應照會

貴總領事官查照並希轉知

廣州灣公使知照為荷為此照會順頌

日祉須至照會者

右　照　會

大法國駐廣州總領事官伯

中華民國十年七月十九日

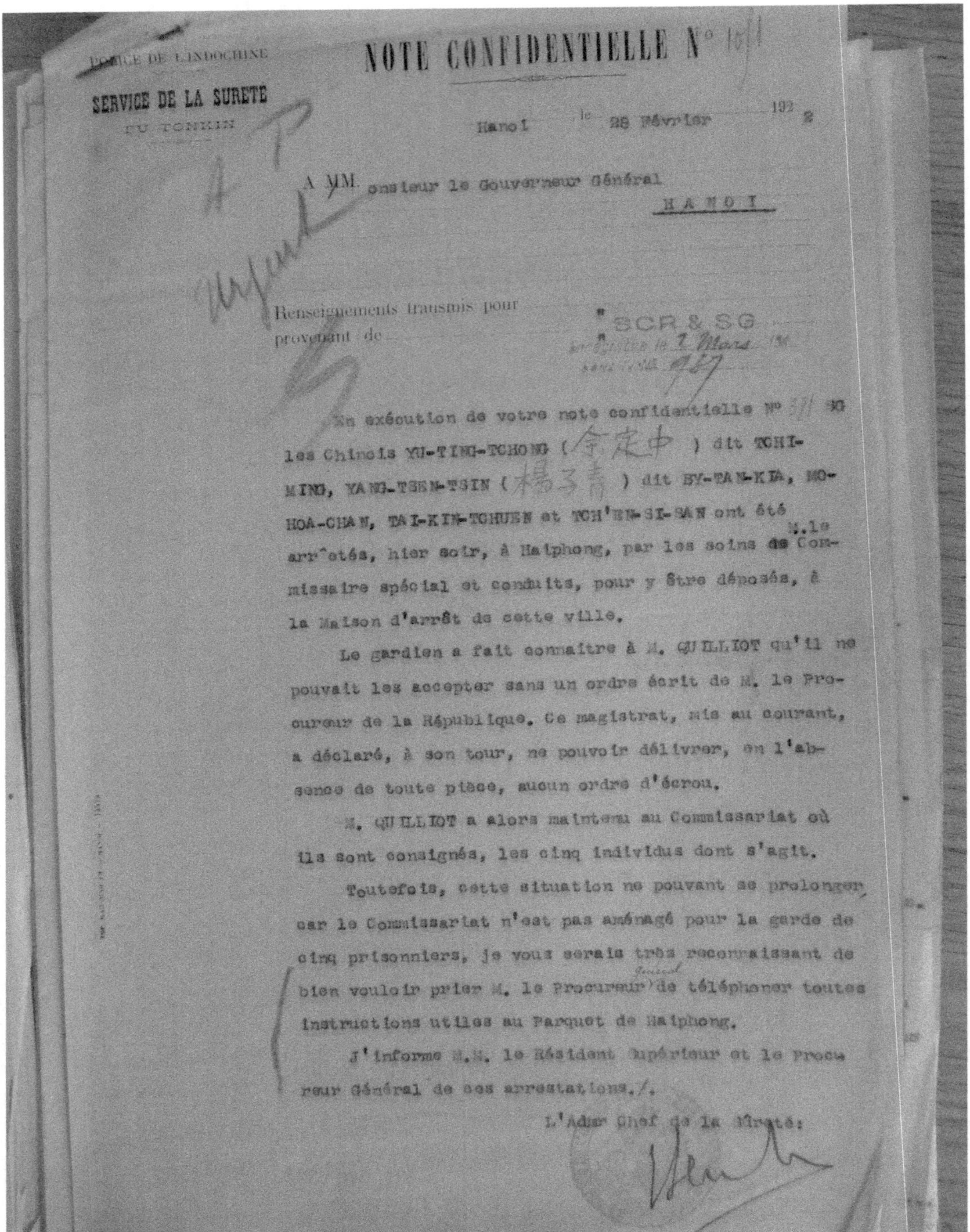

POLICE DE L'INDOCHINE

SERVICE DE LA SURETE

DU TONKIN

NOTE CONFIDENTIELLE N° 1011

Hanoi le 28 Février 1922

A MM. onsieur le Gouverneur Général

HANOI

Renseignements transmis pour

provenant de

SCR & SG

Enregistré le 2 Mars 192

sous le No 487

En exécution de votre note confidentielle N° 511 SG les Chinois YU-TING-TCHONG (余定中) dit TCHI-MING, YANG-TSEN-TSIN (楊子青) dit BY-TAN-KIA, MO-HOA-CHAN, TAI-KIN-TCHUEN et TCH'EN-SI-SAN ont été arr^etés, hier soir, à Haiphong, par les soins ~~de~~ M. le Commissaire spécial et conduits, pour y être déposés, à la Maison d'arrêt de cette ville.

Le gardien a fait connaitre à M. QUILLIOT qu'il ne pouvait les accepter sans un ordre écrit de M. le Procureur de la République. Ce magistrat, mis au courant, a déclaré, à son tour, ne pouvoir délivrer, en l'absence de toute pièce, aucun ordre d'écrou.

M. QUILLIOT a alors maintenu au Commissariat où ils sont consignés, les cinq individus dont s'agit.

Toutefois, cette situation ne pouvant se prolonger, car le Commissariat n'est pas aménagé pour la garde de cinq prisonniers, je vous serais très reconnaissant de bien vouloir prier M. le Procureur Général de téléphoner toutes instructions utiles au Parquet de Haiphong.

J'informe M.M. le Résident Supérieur et le Procureur Général de ces arrestations./.

L'Adm Chef de la Sûreté: